HERMES

在古希腊神话中，赫耳墨斯是宙斯和迈亚的儿子，奥林波斯神们的信使，道路与边界之神，睡眠与梦想之神，亡灵的引导者，演说者、商人、小偷、旅者和牧人的保护神……

西方传统 经典与解释
Classici et Commentarii **HERMES**
古今丛编
Library of Ancient and Modern
刘小枫◎主编

迷宫的线团
——培根自然哲学著作选

Filum Labyrinthi
The Works of Francis Bacon

[英] 弗朗西斯·培根 Francis Bacon ｜ 著
程志敏 ｜ 选编
方云箭 ｜ 译

华夏出版社

古典教育基金·蒲衣子资助项目

"古今丛编"出版说明

自严复译泰西政法诸书至 20 世纪 40 年代，因应与西方政制相遇这一史无前例的重大事件，我国学界诸多有识之士孜孜以求西学堂奥，凭着个人禀赋和志趣奋力迻译西学典籍，翻译大家辈出。其时学界对西方思想统绪的认识刚刚起步，选择西学典籍难免带有相当的随意性和偶然性。1950 年代后期，新中国政府规范西学典籍译业，整编 40 年代遗稿，统一制订选题计划，几十年来寸累铢积，至 1980 年代中期形成振裘挈领的"汉译世界学术名著"体系。尽管这套汉译名著的选题设计受到当时学界的教条主义限制，然开牖后学之功万不容没。80 年代中期，新一代学人迫切感到必须重新通盘考虑"西学名著"翻译清单，首创"现代西方学术文库"系列。这一学术战略虽然是从再认识西学现代典籍入手，但实际上有其长远考虑，即梳理西学传统流变，逐步重建西方思想汉译典籍系统，若非因历史偶然而中断，势必向古典西学方向推进。正如科学不等于技术，思想也不等于科学。无论学界迻译了多少新兴学科，仍与清末以来汉语思想致力认识西方思想大传统这一未竟前业不大相干。

"五四"新文化运动以来，学界侈谈所谓西方文化，实际谈的仅是西方现代文化——自文艺复兴以来形成的现代学术传统，尤其是近代西方民族国家兴起后出现的若干强势国家所代表的"技术文明"，并未涉及西方古学。对西方学术传统中所隐含的古今分裂或古今之争，我国学界迄今未予重视。中国学术传统不绝若线，"国学"与包含古今分裂的"西学"实不可对举，但"国学"与"西学"对举，已经成为我们的习惯——即"五四"新文化运动培育起来的现代学术习性：凭据西方现代学术讨伐中国学术传统，无异于挥舞西学断剑切割自家血脉。透过中西之争看到古今之争，进而把古今之争视为现代文教问题的关键，于庚续清末以来我国学界理解西方传统的未竟之业，无疑具有重大的现实意义和历史意义。

本丛编以标举西学古今之别为纲，为学界拓展西学研究视域尽绵薄之力。

古典文明研究工作坊
西方经典编译部甲组
2010 年 7 月

目 录

编者前言（程志敏） ………………………………… 1

论事物的本性 ………………………………………… 1
论海水的涨落 ………………………………………… 24
论本原和起源 ………………………………………… 41
瓦勒里乌斯·特米内斯 ……………………………… 88
迷宫的线团，或调查表 ……………………………… 132
宇宙现象 ……………………………………………… 142
对理智天球的说明 …………………………………… 178
天体理论 ……………………………………………… 228
对自然志和实验志的规划 …………………………… 245

编者前言

一

古今思想既有传承，也有断裂，今之所谓"创新"，也许古代早已有之，只不过名称不同而已。同样，今之所谓"守旧"，或许恰好是"反叛"，因为所守者仅在名称而已，其内涵已风马牛不相及矣。名同而实异者，最易误导人，让人往往有"草蛇灰线，伏脉千里"的错觉，但其所指已然大异其趣。比如，"自由"在古代也有外在的政治含义，但更多指内在的存在状态，即不为物役、不为形累、超然无羁、从心所欲的逍遥境界。而古希腊人所谓"平等"，只在比例，不在绝对的数值，因而在今人看来，古人比例上的平等违背了公平正义的原则，但在古人看来，现代人引以为傲的平等才是真正的不平等。

亚里士多德的"物理学"与今天的同名学科很难直接画上等号，毋宁说是"自然哲学"，其中不乏奇谈怪论，即便没有完全背离科学精神，也与真正的科学没有多大关系。但不可否认的是，后来更为科学和理性的知识体系就是从亚里士多德等人的著作中发展而来的。如果我们以现代的同名观念去理解古人，可能会与他们失之交臂。不幸的是，迄今大多数学者都有意无意在现代意义上理解古人，很容易认为古人的思想乏善可陈。

历史不仅惊人相似，且经常会重演：培根（Francis Bacon，1561—1626）的思想也遭到了同样的待遇。培根的科学思想与伽利略、牛顿、波义耳和开普勒等人的科学成就相比，显得粗糙、混乱而低级，大多为缺乏理论指导的私人实验，结果仅仅为经验积累和现象描述，虽不乏天才的奇思妙想，却算不得真正的学问，反倒近于"民科"。难怪科学史家柯瓦雷（Alexander Koyré，1892—1964）如此"恶毒"地评价培根：

> "培根是近代科学的创立者"是一种开玩笑的说法，并且是一种非常糟糕的玩笑，但许多教科书还在重复这样的玩笑。实际上，培根完全不懂科学，他盲目轻信而又完全缺乏批判精神。他的精神气质（mentalité）更接近炼金术与巫术（比如，他相信"感应"）。简言之，他的精神气质更接近于一个原始人或文艺复兴时期的人，而不是接近于伽利略，甚至也不接近于一位经院哲学家。①

柯瓦雷的观点在科学界和思想史界颇为流行，他们都认为培根在科学革命的历史上毫无建树，顶多算现代科学的宣传家或吹鼓手，绝非创立者。从某种意义上说，这样的判断完全正确，因为培根自己从未想过要当"开山祖师"或"宗派领袖"，而是以"鼓手"或"吹号人"（buccinator）自居。当然，培根这个比喻最初只是为了免责或避祸，却也非常形象而准确地概括了他自己的意图、使命和地位。

---

① 柯瓦雷，《伽利略研究》，刘胜利译，北京：北京大学出版社，2008年，页3注释7。另参柯瓦雷，《牛顿研究》，张卜天译，北京：商务印书馆2016年，页7注释。

培根知道自己的"新科学"在当时很难为人所接受,便以《伊利亚特》为典故,将自己打扮成"信使"或"传令官",认为自己可以免于被攻击,即如古语所谓"两国交兵,不斩来使",否则就违背了战争法。培根紧接着便说,他这位信使或吹号人不是要发动双方争斗,而意在劝和:他想把各种敌对的力量都团结起来,共同对付"自然",攻占它的堡垒,以扩展人类帝国的范围,让人类过得更好一点①——这是培根一生所追求的根本目标。只有在"造福人类"的崇高意义上,才能最准确地理解培根"自然哲学"的内涵。

人们之所以误解培根,原因很多,培根自己也脱不了干系。比如他刻意使用一些传统术语,让人觉得他依旧很传统,尤其让满脑子进步主义的现代学者视之为落后和陈腐的代表。培根与古人之间的关系颇为复杂,既不像他在《论古人的智慧》中所表现得那样"守旧",也不像他在《新工具》中所展现出来的那样"革命"。总体而言,培根虽然也在使用"自然哲学"和"形而上学"等一些旧词,却赋予其新鲜的含义,如他自己所说:

> 我请大家注意,我使用"形而上学"这个词的意涵,与大家已经接受的通常意义不一样。同样,我毫不怀疑,有判断力的人也很容易看出,在这个问题和其他特定问题上,我的概念和理解可能与古代有所不同,但我竭力遵守古代的用法。我希望,通过有序清晰地表达出我的见解,能尽量避免犯错,另外,无论是在术语还是观点上,我都热切且真诚地

---

① Francis Bacon. *De Dignitate et Augmentis Scientiarum*. In J. Spedding, R. L. Ellis and D. D. Heath (eds.). *The Works of Francis Bacon*. London, 1857—1874, vol. 1, p. 579 (Latin), vol. 4, p. 372 (English).

希望分毫不远离古代,只要能与真理和知识的进步保持一致。①

培根明确指出自己笔下那些传统概念已经有些新东西,但他仍然努力保持与古代的关系。当然,为了与真理和知识的进步保持一致,他有时会大胆地舍弃古人,甚至驳斥所有权威。从这个意义上说,培根的"自然哲学"与后世如谢林、黑格尔、石里克、费耶阿本德等人的"自然哲学"大相径庭,切不可以后起的内涵来简单理解培根的思想。

二

培根的自然哲学不是哲学的一个分支,也不是自然科学的代名词,更不是理工科学生瞧不起的半吊子哲学,而是哲学本身。人们通常以"第一哲学"为人类思想的最高殿堂,在这个殿堂中,形而上学就是至圣的神。② 但培根这里的情况却大不相同,自然哲学高于第一哲学,形而上学也不过其下属的组成部分。这大概也是培根颇不受后世愈发形而上学化的哲学家们待见的原因之一。

在培根的学科分类中,自然哲学既是世俗学问中最高的知识,也是所有知识的基础,它上面是自然史,再上面是物理学,再往上就是形而上学,但这还不是顶点,最高点乃是神的工作,

---

① Francis Bacon. *The Advancement of Learning*. Ed. & Trans. M. Kiernan. Oxford: Clarendon Press, 2000, pp. 80 – 81;朱琦译文,见《学问的进展》,北京:商务印书馆即出;下同。

② 如亚里士多德《形而上学》1026a,黑格尔《逻辑学》第一版序言。

即自然的综合规律——这已经超出了人类能力的范围。培根把哲学分为三个部分,形成三种不同的哲学:神圣哲学、自然哲学和人文哲学(human philosophy)。然后,他把自然哲学又分为两部分,一是矿产,一是熔炉,相应地把从事自然哲学的人分为了采矿人(或开荒者),以及冶炼者,前者负责挖,后者负责加工提炼。转用学术比喻,培根把自然哲学分为两部分,一是探究原因,一是产生效果。前者包括物理学和形而上学(即后物理学),后者是实验哲学或魔法哲学,尤其是一些实用科学(他那时就已经提出了"应用数学"的概念)。

思辨和操作各有长处,也各有短板,不可分割,必须合二为一。培根痛心于前人的聪明才智大多浪费在没有根基的思辨之上,故而刻意强调实验和经验,没有后者作为矿物原料,理论家就无法工作。因此,真正富有成效的自然哲学如一架楼梯,既能上,也能下:从经验上升到原因,再从原因或普遍的公理下降去指导新的实验,如此循环往复,知识就如同滚雪球一样不断长大。

自然哲学既不能在看似崇高实则空疏的思辨中归于无用,也不能急急忙忙寻求实用,而是展现为一个完整的过程。这个过程必须循序渐进,不能操之过急,妄想一步登天,必须"顺着这个真正的阶梯,沿着连续而未中断的也没有裂缝的梯级,从特殊的东西逐渐上升到低级的公理,然后到中级的公理,每一个都比前面的更高,最后终于达到最普遍的公理"(《新工具》1.104)。所以他实在见不得那些仅凭几条公理、几个范畴就敢于包打天下的流行做法(这种现象至今未见稍逊)。

因此,培根意义上的"自然哲学"要求研究者回到自然,因为"自然"而非书本和权威才是真正走出知识迷宫的线团。培根在自己的著作中翻来覆去强调"实事本身"(resipsas),其实早已开创了"现象学",尽管大概因为现象学更多地关注意识现象,后世的现象学家从来没有认真对待过培根。但意识现象在整个思想的对象体系中,其实微不足道。正如西方著名的培根研究专家所指出的,

> 对于培根来说,谦卑地浏览伟大的自然之书,意味着放弃在过分脆弱的概念和实验基础上构造整个自然哲学体系。①

培根的自然哲学本质上是"实学",即对人类的生活有着实实在在的助益,而不是一曲微妙而诱人的塞壬之歌。自然哲学不是要控制自然,而是要在尊重或服从自然的前提下改造和利用自然,以改善人类糟糕的生存状况。培根为此提出了一个颇受后人诟病的口号"征服自然",但其含义绝非如现代人所理解的那样。简单地说,自然本身奥妙无比,深不可测,人类必须动用实验手段才能理解它、接近它,从而利用它。

培根的立场接近《周易·系辞(上)》所谓"开物成务",也与荀子《天论》所谓"制天命而用之"心理悠同。为此,培根不惜引入饱受争议的"自然魔法"来佐证自然哲学。培根本人对"魔法"没有好感,毕竟中世纪和近代初期那么多关于"魔法"的著作充斥着迷信和混乱,其中的实验也太随意而轻浮,完全不能揭示事物的本质。但"自然魔法"在古代并没有虚妄和迷信之义,而是指自然智慧或自然理性运用,也就是解释自然奥秘的重要手段。

---

① 罗西,《现代科学的诞生》,张卜天译,北京:商务印书馆,2023年,页38。

三

但可惜的是，培根意义上的自然哲学一直都付之阙如，甚至西方一直都没有真正的自然哲学，这个判断现在看来似乎也没有过时。培根指出，

> 迄今我们尚未发现纯粹的自然哲学，有的都是遭到污染和腐化的：在亚里士多德的学园，受到逻辑的污染；而在柏拉图的学园，则受到自然神学的污染；另外，在新柏拉图学园，即普罗克罗斯和其他人的学园，则受到数学的污染。这只会限制自然哲学，而不是形成或产生它。但愿我们能从纯粹的、无掺杂物的自然哲学中获得更好的东西。(《新工具》1.96，何为译，下同)

培根对西方哲学史过于苛刻。在他看来，中世纪经院哲学家沉迷于只开花不结果的思辨，远离了自然哲学，既无根也无益。而古希腊的著名哲人，尤其是三位顶级思想家，苏格拉底、柏拉图和亚里士多德，在培根看来也各有各的问题。培根对亚里士多德全无好感，对他的批判几近"恶毒"，直接把他比作"智术师"。培根对柏拉图虽然稍有好感（因此不少学者认为培根算得上柏拉图式的哲学家，也有人认为他是尼采式的哲人），也无法接受柏拉图混淆了哲学和神学。

培根并不否认哲学与神学之间应该具有的紧密关系，这是他与后世哲学家的最大区别，也是他不必为后人因分裂科学与神学所导致的各种灾难负责的理由之一。但培根坚决反对哲学与神学或哲学与科学的杂糅，相反，他期望两者保持自己的特色，守住自己的边

界，在相互的批评和支撑中共同前进，而不是完全混同或相互抵牾，互相拆台。自然哲学的独立发展不仅无损于宗教的地位，反而能消灭过度的迷信，从而让宗教更为健康。反过来说，自然哲学的衰败和缺失，必然导致迷信盛行。自然哲学并非宗教的敌人，而是其最重要的营养物，两者合则两利，分必皆伤，却不能混为一体。

苏格拉底被西塞罗誉为伟大的圣哲，因为他"把哲学从天上唤下，并将其安置于城邦之中，甚至还把它导向家舍，又迫使它追问生活、各种习俗以及各种善和恶的事情"。[1] 苏格拉底转变了哲学的关注点，让此前的自然哲学让位于道德哲学，通常被认为是哲学史上的巨大进步，尤其让哲学更加关注人这个"主体"，从而为后世如笛卡尔意义上的"我"这种主体奠定了基础。西塞罗这种概括失之简单，毕竟苏格拉底并非不关注自然哲学和形而上学，但"苏格拉底把哲学从天上拉回人间之后，道德哲学变得愈发强盛，使人们的思想远离自然哲学"（《新工具》1.79）也是不争的事实，因此人们争论的只是如何理解这个事实而已。

培根没有彻底否认苏格拉底，他清楚这位圣人与智术师一样都在宣扬道德哲学，却与后者大不相同。培根更没有哪怕丝毫忽视道德哲学对于人世的意义：培根的全部理想都在于提升人类的生存处境，他怎么可能认识不到道德哲学的重要性？培根的《论说文集》副标题就是"Civill and Morall"（"民政与道德"），实际上其所有著作，包括所谓的科学研究，都有浓厚的道德说教的意味，其《论古人的智慧》中的"俄耳甫斯"神话就是最好的例证。

---

[1] 西塞罗，《图斯库鲁姆论辩集》，顾枝鹰译，上海：华东师范大学出版社2022年，页205。

颇为吊诡的是，培根猛烈批判苏格拉底，却在精神气质上与他遥相呼应，甚至可以说培根是在为苏格拉底这位"往圣"继绝学。培根强调自然哲学，也是要转变人类的思维，让人不再耽于高高在上的空疏思辨，能够脚踏实地从事扎实而有益的研究。难怪黑格尔是说，"我们可以借用西塞罗形容苏格拉底的话来形容培根：他把哲学理论［从天上］带到了世间的事物里，带到了人的家里。"①只不过黑格尔的话不是赞美，而是批评。近人的评价则得更为中肯，"培根的工作类似于苏格拉底把哲学从天上拉回地上，只不过培根不愿意为了道德和政治而完全放弃或牺牲科学"。②

培根这位"新苏格拉底"也有深沉的救世情怀，他看到人类迄今为止还生活在极为糟糕的状况中，最重要的原因在于没有真正的自然哲学，便动了恻隐之心，发下了菩提宏愿，打算救苦救难。他说：

> 我怜悯人类艰难的命运（humani generis miseratio）：他们四面八方都被无聊而无益的东西所包围。要说我自己的意图，我相信它们既切中肯綮，也远离空疏而轻浮的迷信。我确信，我的意图同样具有这些特性：子孙后代也许能够为满足这些意图增添许多东西，但他们会发现就这些意图本身而言，已加无可加。③

---

① 黑格尔，《哲学史讲演录》，贺麟、王太庆译，北京：商务印书馆 2017 年，第 4 卷，页 21。
② 约瑟夫·莱文，《人文主义与史学》，王伊林译，上海：华东师范大学出版社 2023 年，页 246。
③ Francis Bacon. *Historia Vitae et Mortis*. In *The Works of Francis Bacon*, vol. 2, pp. 158 - 159 (Latin), vol. 5, p. 266 (English).

最后一句近似于我国古代知识分子的狂妄与自信：圣人复起，不易吾言。《培根著作集》的编者之一深刻地认识到，培根"对人类痛苦的深切感受可见于其著作的每一页"。[1] 培根具体谈到自己那种特殊意义上的"自然哲学"，

　　自然哲学的任务，本身也是其久远而最崇高（nobilissimum）的任务，即在于修复或复兴（restitutio et instauratio）那些朽坏的事物，以及（的确是在一个更低的程度上）保持住物体的现状，并且延缓其解体和腐烂。[2]

四

培根知道真正的自然哲学还遥不可及，他自己也从来没有认为自己在这方面已经有所建树，他所谓"我并未提出任何普遍的或系统的理论，现在似乎还时机未到"（《新工具》1.116），绝非谦辞，而是事实。时机未到就拔苗助长，则会适得其反。正是这种"尚未"（nochnicht），我们才更有底气提出一个可能太过大胆的口号：回到培根！

倒不是因为培根在哲学上和科学上有什么伟大的建树，恰恰相反，历史上太多对培根的贬损都不是空穴来风，必定由来有自，只不过这些批评者没有意识到培根极为庞大的野心。在现有

---

[1] R. L. Ellis. General Preface to Bacon's Philosophical Works. In *The Works of Francis Bacon*, vol. 1, p. 58.

[2] Francis Bacon. *De Sapientiae Veterum. The Works of Francis Bacon*, vol. 6, pp. 647–648（Latin），p. 721（English）.

的培根形象中，他似乎是一个忘恩负义的小人、热衷功名的利禄之徒、毫无真才实学而只是善于为文的空想家。但这些颇带恶意的刻画都是十九世纪才有的，适逢西方学术发生重大的实证转折关口。而在此之前，培根一直被视为西方文明的恩人，他的私人药剂师兼秘书博伊内尔（Peter Böener）认为培根道德高尚，是"所有善良、平和、耐心的榜样"。①

无论后世如何评价培根，他汲汲于高官显爵一方面有其私人的原因（他生活奢侈，需要厚禄），另一方面也是想利用职务之便，并通过影响当时的国王，推动知识的扩展。他真正在意的也许不是世俗的成功或个体的飞黄腾达，而是全人类的福祉。培根在《新工具》中明确指出，

> 非凡的发现在人类行为中是首要的……因为发现的好处或可及于整个人类，而政治利益只能延伸到特定的领域；政治利益持续的时间不超数载，而发现的好处则万古长存。政治状况的改善通常会导致暴力和骚乱；但发现使人快乐，带来利益，而不给任何人带去伤害和不幸。(1.129)

在培根看来，所罗门之所以被后世铭记，不是因为他的权力和事功，而是他在知识方面的杰出贡献。培根给予发明家以极高的荣誉，超过了英雄人物和帝王将相，因为发明家惠及全人类，对后世也功德无量。培根在这里还谈到了三种"野心"：

> 第一种是那些在自己的国家贪婪攫取个人权力的人的野

---

① J. Spedding. *An Account of The Life and Times of Francis Bacon*. Boston：Houghton, Osgood and Company, 1878, vol. 2, pp. 654–655.

心；这是常见的且卑鄙的。第二种是那些努力扩大他们国家的权力和疆土的人的野心；这无疑有着更多的尊贵性，但依旧是贪婪的。但是，如果有人试图在事物的宇宙中更新和扩展人类本身的权力和疆土，他的野心（如果必须这样称之的话）毫无疑问会比其他人更明智、更宏伟。（《新工具》1.129）

人类的利益高于国家的利益，更高于个体的利益。培根是这么说的，也尽力践行了自己的主张。我们只有在这个意义上才能更好地理解培根的根本用意：他的所作所为不是为了一己私利，而是要重新带领人类返回那个无比美好的伊甸园。培根不屑于当一个书斋哲学家，也不甘于仅仅当一个实验员，而是要当人类文明的"大法官"。培根把自己一生工作命名为"伟大复兴"（instauratio magna），实际上就是要"重新创世"。

因此，我们所谓"回到培根"，首先就是要回到这样伟大的事业上来。培根知道这不是一时一地一代人所能克竟之功，但他是这件伟业的开创者，值得我们认真对待。尤其重要的是，他走在正路上，因而即便他只是一个微不足道的开端，也是我们必须回到的起点。简单地说，回到培根就是要告别各种形式的经院哲学，回到"实学"，回到经验，回到常识，回到经验与理性的统一，回到哲学与宗教的健康张力，回到事功，回到事实本身，回到博施济众的圣人情怀，回到"道法自然"的正确观念。

本书的翻译以十九世纪编定的 14 卷《培根著作集》(*The Works of Francis Bacon*. Eds. J. Spedding, R. L. Ellis and D. D. Heath. London, 1857—1874) 为底本，参考了《牛津培根著作集》(*Ox-*

ford Francis Bacon）。本书译者专攻培根有年，他的学位论文就是培根的自然哲学思想，这样扎实的研究基础无疑是翻译品质的保障，但错误也在所难免，祈求方家指正。

程志敏
2023 年 12 月 19 日
于江东寓所

论事物的本性

一 论物体的分区、连续性和虚空性

德谟克里特的原子学说既真实，又有益于论证。这是因为如果不假定一个原子，就很难在思想上把握或在言辞上表达自然真正的精妙之处，一如我们在事物中找到的那些。言归正传，原子这个词有两种意思，但彼此之间并没有太大的区别。它要么被认作最后一项（term），或分区（division）的最小单位，或物体的片段，要么被当成没有空隙的物体。对于第一种说法，我们可以安全无虞地确定两点：其一是，事物中存在着的碎片和碎粒比我们所看到的要精细得多；其二是，它们既不是无限的，也不是持续可分的。

一个人但凡勤于观察，他就能发现，持存物体中的微小粒子远比破碎或不连续物体中的微粒更精细。我们知道，只要放一点藏红花在水里并搅拌一下，花就能给一整桶水染上颜色，它和纯水的区别甚至用我们的肉眼都能看出。也就是说，藏红花在水中散得很开，精细程度丝毫不亚于最细的粉末。若用同样的方式往水中浸入相似份额的巴西红木粉、石榴花粉，或其他能高度着色的物质，则均无法达到藏红花的扩散效果，这足以证明藏红花的精细程度。所以说，那些把出现在阳光下的小物体当作原子的想法是很荒谬的，因为这些东西就像灰尘。而原子，正如德谟克里特本人所说，没有人见过，也没有人能见到。

而事物在气味中的这种分布则表现得更为奇妙。如果一点藏红花就能给一大桶水上色，那么，些微的麝猫香便足以充满两到三间大客房了。不要以为气味的扩散像光或热和冷一样不需要物质的交流，因为德谟克里特观察到，气味能附着于木材和金属等固态物体，久久不散；也能通过摩擦和洗涤被分散和清除。然而，任何有感官的人都不会轻言这一过程是无限的，因为此种分布或扩散是受到限制的，只能在一定的空间、界限和一定数量的物体内进行，上面的例子最能体现这点。

至于原子一词的第二种含义，它预设了虚空，并把原子定义为没有虚空的东西，亚历山大的希罗（Hero of Alexandria）否认存在一个集中的虚空，但坚称有分散开来的虚空，他的观察很好，很认真。因为据他观察，物体总是紧挨在一起，且根本找不到没有物体的空间，这种地方也不会被分配任何空间。更为直白的证据是，他还发现若将笨重僵硬的物体向上抛，使之背离自己的自然［位置］，它最终还是会落在地上，不会与它相邻的物体完全分离，他于是得出了这一确定的结论：自然厌恶一切大型或聚合的虚空。

另一方面，他注意到，若某物的同一质料先被收缩聚合，再被扩张膨胀，那么它们所占据填充的空间就不会相等，而是时大时小，他看不出物体在其位置上的进出之机理，除非存在着散置的虚空；物体被压缩得越不紧张，它就越松弛。这种收缩必须以下面三种方式中的一种进行：要么如刚才所说，排出与收缩成比例的虚空；要么先挤出此前混杂于此的其他物质；要么发生某种自然的（先不管是什么）凝结和稀化。只不过，挤出更细物体的过程似乎无止无休。事实上，当空气被挤出时，海绵和类似的多孔物体就会收缩；但大量的实验表明，空气本身的收缩相当可观。于是乎，我们是否能假设空气中较细的部分先被挤出，而后又会有另一种更细的东西被挤出，如此往复，乃至无穷呢？这种观点显然与事实不符，因为越细的物体越容易被收缩；而若收缩是由排出较细的部分完成的，那结果就应该是相反的。

至于另一种方式，即同样的物体，即使其他方面没有变化，但在紧密性和稀薄性方面多少还是有差别，毋庸赘言。这是某种肯定性的东西，却依赖于一个无法进一步解释的假设，就像亚里士多德通常所做的那样，他的断言一向如此。

因此，还有第三种方式，它假定存在虚空。也许有人对此有异议，认为物体无处不在，因而假设存在散置着的虚空是一件怪诞且令人难以置信的事情，但是，如果他冷静地思考藏红花给水上色，或者气味充盈整间屋子的例子，便不难看出，藏红花布满了水的所有部分。然而，如果比较一下这两样东西在混合之前的形态，就能发现水所占的空间远大于藏红花。如果在不同的物体中都能发现这一点，那么在物体和虚空中就更应如此了。

如实说来，希罗这个机械论者的猜想较之德谟克里特这样一位哲学家，还是稍有逊色。希罗因为没有在我们这颗星球上发现聚合的真空就直接否定了它的存在；然而，大气层无疑存在着更大的物体膨胀，因此我们没有理由说聚合的虚空不存在。在与此类似的调查研究中，人们应该时刻牢记，切莫因为自然的精妙绝伦而感到迷惑甚至怀疑，事实上，事物的部件和总量都是可被计算的。我们很容易把一千年说成是一千秒，尽管年是由许多秒组成的。再者，我们千万不要以为这是一个稀奇古怪的猜想，而不把它当成工作和使用的问题。我们看到，几乎所有的哲学家和其他重视经验与细节的勤恳劳作之人，以及那些切割自然的人，都被这些研究所吸引，尽管他们并没有圆满地完成这些事业。要知道，我们的哲学之所以毫无效益，最有力、最真切的理由莫不是它只抓住了流俗的辞藻和宽泛的概念，却与自然真正的精妙失之交臂，最终枉费心机。

二 论原子或种子的相等与不等

毕达哥拉斯的发明和见解大多具有这样一种特性，即适合在宗教领域建立一套秩序，而不适合在哲学领域开创一个学派，这已得到证实。他的风格在摩尼教的异端和穆罕默德的迷信中大行其道，颇负盛名，却不怎么受哲学家们的欢迎。然而，他认为世界是由数字组成的，我们可以将其理解为渗入自然之内的本原。

关于原子或事物的种子有两种观点，当然也不会有更多的看法了。其一来自德谟克里特，他认为原子的形状、位置和次序是不平等的，位置是原子在虚空里占据的地方；其二来自毕达哥拉斯，他声称它们完全平等且相似。将平等赋予原子的人必然会把一切事物都置于数字之中，除了它们连接的比例或数目之外，那些承认其他属性的人也会受益于独立原子的原始性质。接下来，与这一猜测性问题相对应、并可能决定它的实际问题还是德谟克里特提出的，也即万物能否从万物中产出。① 由于德谟克里特认为这和理性相悖，所以他仍旧坚持了原子的多样性。

但在我看来，这个问题好像还是不清楚，也与上一个问题无

---

① 卢克莱修，《物性论》，Ⅰ.784。

关，如果它被理解为物体的直接嬗变的话。适宜的提法是，万物是否皆要经过定期的循环（regular circuits）和中间的变化。无疑，事物的种子虽然相等，可它们一旦进入某些群体或结界，就会呈现出与物体相异的性质，直到那些群体或结界被消解。因此复合体的性质（nature）和情感（affection）可能与单质的一样，是它们直接嬗变的最大阻力障碍。至于德谟克里特，虽然他在研究物体的本原方面较为敏锐，但不那么擅长审查运动的原理，对此显得不甚专业，这也是所有哲学家们的通病。我不敢确定我所说的对种子或原子的最初状态的探究是不是所有研究中最有用的；我将其视作行为和力量的最高法则，是希望和工作的真正仲裁者。

与此类似，随之而来的是另一项研究，它的作用范围较小，但更接近事物和工作，那就是关于分离和改变的研究，也即，什么是通过分离完成的，什么是通过别的方式做到的。它是人类心智常犯的一个错误，这尤为体现在炼金术师的哲学中，并被加以夸大，把某些事物的产生归结为分离，可事实上它们另有原因。

举例而言，当水变成水蒸气时，人们会想当然地以为，这是由于水中较细的部分被排了出去，而较粗的部分被留了下来，就像木材中一部分随着火焰和烟尘被排出，另一部分留在了灰烬当中。人们也许会疑惑，水里也能发生同样的事情，虽然不那么明显。尽管有时水体会整个冒出来并被蒸发，但一些看起来像灰烬的沉淀物可能会附着在容器上。

但这种观察极具欺骗性。我们无疑可以肯定，整个水体都能变成气体，就算有东西附在容器上，也不太可能是发生了选择和分离，使较粗的部分滞留于此；更可能是某些部分（即使是一种完全相似的物质被排出）从它的位置接触了容器。水银的情况最能体现这点，它在完全挥发又凝结后不会损失丝毫。同样，灯油和蜡烛的脂油全然都易于挥发，且不会留下任何灰烬。因为烟灰是火焰燃烧之后而非之前产生的，是火焰的残骸，而非灯油或脂油的沉淀物。这为我们推翻德谟克里特关于种子或原子多样性的理论预留了一种可能的方式，我指的是在自然中的方式，这种方式比思想要容易得多，也更具吸引力，因为一般的哲学使其虚构的东西对所有形式都无动于衷且漫不经心。

三 论古人在探究运动与事物运动原理时的疏忽

对自然的探究有赖于对运动的思考和审查，这是人们工作的首要职责。至于那些研究或捏造事物惰性本原（inactive principles）的人，都是些信口开河惹是生非的家伙。所谓的惰性本原是指，它只告诉我们事物由什么构成，但不会说明它们由哪种外力（force）或以何种方式聚集在一起。出于行动和增进人类权能或操作的考虑，只知道事物的组成，而不知道事物变更和转化的方式及手段是远远不够，也没有太大用处。举个医生的例子（对万物本原的著名探究好像就是来自这些人的观念），一个知道蜜糖配料的人，就一定能制造出那种化合物吗？或者更进一步讲，一个能准确描述制造糖果、玻璃和布料的人，你会认为他因而具备了制造这些东西的技艺吗？话虽如此，人们的脑力主要还是用于研究审查这些死的东西，仿佛一个人的目标就是要检查自然这具尸体的解剖结构，而不是去探究活生生的她［译注：指自然，后同］的才干和权能。然而，在大多数的情况下，人们只能笼统地考察事物的运动原理；我发现人们在探究研讨最伟大、最有用的事物时是如此漫不经心消极懈怠，对此我感到无比惊讶。

现在，如若我们仔细考虑一下时兴的哲学，就会发现如下这些原则：质料因匮乏而受刺激；质料又因理念被塑形；类似的微粒相互聚集，原子在虚空中偶然撞击；斗争和友爱，天和地的交感，元素因符号化的性质而联合，天体的影响，同情和反感，秘密和特定的卓越性（virtues）以及属性，命运，财富，必然性——我认为，所有类似的泛泛之物，只不过是漂浮在事物表面的幽灵和假象，对它们的研究如竹篮打水，你们说，这能惠及人类吗？能增进人类的财富吗？我只能说，这些东西的确充实了，更确切地说，是丰盈了人类的想象力，但对工作的完成、物体的变易、以及运动的方向却没有丝毫作用。再说，对自然运动和强力运动（violent），内部运动和外部运动，还有运动之界限的参数和精妙所在，他们同样不得要领，没有抓住自然的真身，倒像是蜻蜓点水，不过草草了事罢了。

鉴于此，我们还是放弃研究这些问题，或者交给大众讨论，我们应该着手研究事物的欲动和意愿（appetites and inclinations）①了，要知道，我们在自然和技艺作品中看到的各种效果和变化均由

---

① appetite/appetitus，中世纪常用词，泛指欲望，既可指人的情绪欲望，也可指物体运动的内在倾向，如重的物体有向下运动的倾向，轻的物体有向上运动的倾向，这种观念源于亚里士多德总结的古希腊自然观，参《物理学》205以下；与此对照的是柏拉图哲学中的eros（即爱欲，柏拉图对此前作为男女欲爱的eros进行了改造，赋予了它一定的形而上学意涵，常指对所缺乏之物的欲求；区别于友谊之爱（philo），此词在亚里士多德那里常与友爱（philia）有关，一般指主动性的意愿，即"爱"的施加者是主动或出于习惯去做某事，被施加者可以是包含人在内的生命物，也可以是无生命物或抽象物，如哲学一词，便是爱—智慧（philo-sophia）；但两者的界限有时也并不明晰，如柏拉图也会赋予eros以爱智慧的内涵，这是由美的对象所激发的。可参考《尼各马可伦理学》1155以下，《会饮篇》204以下，《斐德洛》253以下）。培根在描述包含天体在内的物质运动的内在动力时常用此词，无特殊意涵，泛指动作施加者对动作接受者的内在冲力。

它们所构成和导致。另外，我们应该像对待普罗透斯（Proteus）那样牢牢地拴住自然，唯有如此才能正确地发现和区分各种各样的运动。运动，也即激励和约束，可被鞭策或束缚，物质自身的转换和转化皆缘于这般。

四　论常见的运动划分，既无用又粗糙

哲学中对于运动的划分似乎是庸常而无根据的，仅仅通过结果来区分事物，而无法通过原因来促进知识。因为生成、腐败、增加、缩减、更易和运载无非都是运动的作用和结果，人们很容易注意到事物的这些显著变化，并能（以一种足够呆滞的沉思精神）用若干名称加以区分。我这样理解他们的意思：当物体通过运动（先不管是什么类型的运动）向前发展到一定程度，获得了崭新的形式或失去了旧有的形式时（这是过程的一个阶段和完成），这种运动就被称为生成或腐败；若形式依旧存在，只是物体的数量和大小有所改变，便被称为增加或缩减；若运动的大小和范围，或外部边界皆保持不变，但质量、动作和激情发生了变化，则被称为更易；最后，若运动的形式和大小以及数量都不变，只是其位置有所不同，那就被称为运载。

然而，但凡对此加以深入且仔细地研究，就会发现这些仅仅只是运动的尺度，或是运动的周期和过程，甚至可以说是运动的任务，而绝无真正的差异。他们虽然指出了已经发生的事情，却鲜少提及发生的方式。换言之，这些术语虽是解释所必需，也合乎逻辑理性，但对自然科学毫无意义。要知道，所有的运动都以多种方式组成、分解、再组成；倘若我们要科学地研究自然，就必须找到更简单的现象。因为运动的原则、基础、原因和形式，

即每种物质的欲动和激情（passions），都是哲学真正的研究对象。随之而来的是运动的消极印象和积极冲动、约束和勉强、坦途和障碍、交替和混合、循环和串联……总之一句话，是运动的普遍过程。

至于那些喋喋不休的争吵、似是而非的论点、晦暗不明的揣测，以及华而不实的意见，都没有什么了解的必要。因为我们的事业所在，是通过适当的方法和宜于自然的运作，去获得激发、抑制、增加、缓和、繁殖、平息和停止易受运动影响的物质中一切运动的能力，进而保存、改变和改造物体。现在，我们应首先研究那些简单的、原始的和基本的运动，因为其他的运动均由此组成。可以确定的是，我们能发现多少简单的运动，就能增加多少人类的权能，从而使我们不再依赖特殊的、准备妥当的材料，并促进新事物的诞生。

当然，正如语言中的字词那样，所有的术语，无论种类多么繁复，都是由几个简单的字母构成的，正因如此，事物的所有行动和力量也都是由简单运动的若干性质和原始元素形成的。人类如此细致地审查自己那叮叮作响的声音，却对自然的声响浑然不知；就像在早先的时代（字母尚未被发明之前），人们只能察觉复合的声音和语音，却不会区分元素和字母，这是多么可耻的一件事情啊。

五　物质的定额，变化不会带来损益

万物恒变，却没什么东西会真正消亡，因为我们可以肯定的是，物质的总量永远保持不变。无中生有只能由全能的神完成，同理，将有复归为无也只能依靠全能的神。至于［物质］消失的方式,是保存之权能的失效,还是被主动消解,都无关紧要;只要造物主愿意,一切皆有可能。既然如此,为了防止思想的抽象化,也为了表明我不是在谈论什么虚无缥缈的东西,我须指出,我所介绍的物质是如此这般的,其性质诚如所言,一个物体含量较高,另一个物体含量(虽然两者所填充的数量相等)较少。举例来说,铅的量多,水的量少,而空气的则更少。这并非一个无法计算的或拿不准的比例,而是可以精准计量的,其精确的差值可能是两倍、三倍,甚至更多。因此,假如有谁声称空气可以由水而来,或者反之,水可以从空气中产生,我姑且都会听他的;但他若宣称一定数量的水可以变成同等数量的空气,我就无法表示认同了,因为这无异于说某物可化归于无。反之同理,如果说一定数量的空气(比如,我们可以往一个固定大小的膀胱里注入充足的空气)可以变成等量的水,这不啻在说无可以生有。鉴于此,基于这一前提,现在,我认为应该提出三条箴谏或建议,以便人们更巧妙地与自然打交道,更为顺利地对待自然。

其一是,人们应该经常要求自然作出说明,换言之,当他们察觉到先前显露于感官的物体消失不见时,在她(自然)向人们说明物体的去向和归宿之前,他们不应该接受或承认这一现象。但目前的情况是,这件事被做得极其懒散,人们的推断通常止步于视觉的观察,以至于他们甚至不知道火焰这种常见的东西最终会变成什么。要知道,觉得火焰最终会变成气体的想法是大错特错的。

其二是,他们发现,物质的本性中有一种不可抗拒的必然性,那就是维持自身,使自身不会消解为虚无。正因如此,他们要想发现并掌握它的终极操作和抵抗力量,就得不遗余力地烦扰(vexing)它、操控它。虽然这项建议看起来足够简单——没谁会否认这点吧——却相当有用,其中不乏许多干货。不过,如果你尚有耐心,就让我们一起观察它吧。那么,就这样吧。一个人在操作或实验中遇到的最大障碍,无疑是他很难在不减少或增加数量的情况下保存一定质量的物质,同时又对它施加压力和作用;但它可能会通过分离摆脱他所施加的强大外力。也就是说,存在两种分离:要么是逃逸,如煎煮时的情况,要么是返还己身,如乳制品中的情形。所以说,使物体发生深刻而彻底的改变,目的不外乎是用所有合适的方法来烦扰它,但同时又要谨防上面提到的那两种分离。人们只有防守住每一条逃逸的通道才能真正地束缚住物质。

最后,也即其三,当人们看到物体发生改变而没有任何物质的增减时,首先就要抛弃那种根深蒂固的错误观点,即变化只能由分离引起;其次,他们需要开始审慎科学地区分不同的变化——什么时候指分离,什么时候仅仅指无序和部分位置的更迭而无分离的发生,什么时候又指两种情况兼有。比如,我把一个青涩、尚未成熟的梨子置于手中,并对其进行挤压、拍打和加工,它就会因此变得甜美;又比如,我将琥珀或珠宝研磨成极细的粉末,使其失去原有的色泽,尽管如此,我相信,这些物体的各个部分只不过是换了一个新的位置而已,并没有因此而丢失多大一部分的物质。

此外还有一个错误须从人类的理智中根除,它的威力如此之大,我们一旦受其蛊惑,我所提到的那些事情就会陷入极其危险的境地。人们普遍认为,事物的精气(spirit)被热提升至更稀薄的程度时,即使在最坚固的容器内(如银盏或玻璃瓶),它们也会通过一些孔隙和密道逃逸出来,但事实并非如此。要知道,无论是空气还是精气,都会因为热的加入而稀薄,它们以及火焰本身都在使自己变得更细,无时无刻不在寻觅甚至开辟一个通道以求逃逸。然而,正如水无法通过非常小的孔洞,空气也不能从这些孔隙中逸出。因为空气比水稀薄得多,这也就要求那种孔隙得比可见的孔洞细得多。所以在一个封闭的容器内压缩空气也没有任何作用,如果这种排气是轻而易举或在其能力范围内。

但他们所说的是一个可悲的例子,或者更确切地讲,是一个可怜的例子,这正如庸常的哲学在探究细节时所作的推断。他们说,如果把一张点燃的纸放入杯中,再马上将杯口倒置,使其置于盛水的容器上,水随即便会被吸上来。因为当火焰和被火焰稀释的空气所占据的空间通过容器的孔隙逸出后,必然会有别的物体取代它们先前的位置;拔罐的机理亦是如此,容器因气体的散佚而吸附肉体。诚然,他们对于水或肉交替(succession)的判断是对的,但对其原因的解释却不得要领。因为并不是物体的释放,而是压缩带来了空间;因为火焰燃烧殆尽后所占的空间远小于熄灭之前,于是便有了需要填补的真空。这在拔火罐上最为明显。当人们想让它们更具吸附力时,就会用蘸过冷水的海绵去触碰它们,这样里面的空气就会因冷而凝结,从而占据更小的空间。

所以人们对此大可放心,不必为了随时准备逃逸的精气而感到苦恼;毫无疑问,即使是那些他们经常遗失的精气,比如气味、味道等,也未必能从禁锢它们的地方逃出来,它们只是被混淆于其中罢了。

六 论可见的静止,一致性和流动性

某些物体看起来静止不动,如果整体来看,这好像是对的,但若部分来看就错了。至于简单而绝对的静止，无论是部分还是整体地看，都是不存在的。所谓的静止，不过是对运动施加某种阻碍、防范和平衡的结果罢了。

举个例子，花园里那些底部被扎满小孔的浇水壶，（如果堵住上方的壶口）水不会从底部流出；这显然是由收缩运动引起的，而非出于静止的本性。水有下落的倾向，这源自它应然的能力。然而，壶的顶部没有别的东西可以代替它所占的位置，因此底部的水会被拉回来，并被顶部的水强行扣押。就像摔跤比赛中强者压住弱者使其不能动弹，即便如此，弱者还是会拼尽全力抵抗，他反抗的力量不会因此减弱丝毫，因为这股力量没有占到上风，而是被更强的运动牢牢控住。那么，我所说的假性静止对观察绝大多数的事物来说都是卓有成效的，它也能启发我们对固体和液体之本性，也即一致性和流动性的探索。

要知道，固体是静止的，不会离开它们所在的位置，而液体则是移动的，处于混乱之中，因为你不能像竖起木头或石头那样竖起水柱，更无法给水塑形。因此我们会自然而然地认为，水的上部有向下流的倾向（他们称之为自然的运动）；至于木头的这一部分，则有所不同。然而，这并不真实，因为木头的上部和水一样也有向下的运动倾向，倘若不是有更强大的力量把它拽住使其保持不动，它就会显化这种倾向。这当然是对连续性的渴望，或是对分离的逃避，既属于水，也属于木头，只是在木头中这种倾向胜过了重力，而水的这种倾向则没有。

即便是液体也有这种对连续性的渴望，这是毫无疑问的。比如，在气泡中，我们看到，水为了避免分离而把自己抛成半球形的薄膜。在漏斗中，我们看到，水为了延续自身，被抽出并弱化为一根细线，只求水体得以连续；但若其力量不足以维持连续的水线，它就会变成圆形的水滴，直径比先前的水线大得多。同样，我们看到，水很难被捣得粉碎，如果没有外部的冲击，它不会因为自身的自然重量而从非常细小的孔洞或裂缝中流出。由此可见，液体显然有着对连续性的欲动，尽管很弱；相反，固体中的这种欲动则很强，强到足以压倒自然运动的倾向或重性。

如果有谁以为木柱或石柱的上部没有向下流动的倾向，只是以完全相同的状态在支撑自己，那他很容易就能纠正自己的错误，只要他去观察柱子或其他类柱状物的情况——当它们的高度与其基座的宽度不相称，头重脚轻时，就不能站立，只会被自己的重量压倒。因此，那些很高的建筑必须搞成金字塔的形式，即基座宽大，往上则愈发狭窄。只不过，我们现在的研究还很难发现这种连续性倾向增减的本性是什么。

也许有人会说，固体的各个部分更密实紧凑，而液体的各个部分则更稀疏松散；或认为液体有一种固体不具备的流动性原则等等。但这两种说法都不符合事实。显然，雪和蜡尽管可被切割、塑造和留下印记，却远比液态的水银或融化的铅更稀疏，它们的重量比值足以证明这点。但若有人执意认为，雪或蜡虽然（整体上）比水银稀疏，但可能有某一部分更为紧密坚实。它们之所以在整体上更轻，是因为它们的本体是海绵状的，存在许多空腔，里面有许多空气。比如浮石的情况便是这样，就其大小的比例而言，它可能比木头轻，但若将两者都研磨成粉末，那浮石的粉末就会比木头的重，因为它现在已经失去了空腔。这些人的观察和反驳很有意思。那么，他们又如何解释融化了的雪和蜡呢？那里的空腔已被填满。那对于没有明显的空腔，却比许多液体还轻的树胶、乳香脂等物，他们又是如何说的呢？他们所谓的活力（spirit），是一种能使事物流动的力量和外力，这种说法乍看有道理，也是我们通常熟悉的想法，但实际上是错的，也很难实现，因为它不仅得不到理性的支持，甚至还与它相悖。事实上，他们口中的这种活力是（虽然这显得很奇怪）一致性而不是流动性的原因。雪的例子足以说明这点，虽然雪是水和空气的复合物，却通过混合获得了一致性，尽管这两者分离时都是流动的。

如若有人反对说，这也许是由于部分的水因冷而凝结，而非空气之介入使然，那么，泡沫这种像雪一样的物体或许能让他改变原有的观点，它就不是因为冷而凝结的。他若仍是执迷不悟，坚称泡沫中的情况亦非冷凝，而是搅拌冲击使然，那就让他看看孩子们的玩具吧：孩子们用管子或管状物，往掺有少量肥皂泡的水里呼进一点空气，使其更加黏稠，随之便会冒出许多奇妙的塔状气泡结构。事实上，物体在接触与其友善或相似的另一物体时，就会分解敞开自身；而在接触与之不友善的物体时，它们就会缩起来，把自己聚在一块儿。异体的贴合因而是一致性的原因。因此，我们看到，油水混合物的透明度在一定程度上不如两者分离时的那么好。另外，我们发现，被水浸湿的纸会自行溶解，进而失去其一致性（此前其孔隙中的空气使之一致性很强）；但被油浸润的纸则不尽如此，因为油和纸的相容性更差。糖等类似物体中的情况亦是如此，它们会放松自己以吸收水或酒，这一过程不仅是被动进行的，同样也是主动发生的。

七　论有知觉物与无知觉物之间的一致性

有知觉物（sensible）和无知觉物（insensible）的激情极为相

似，只不过前者比后者多了一种感知的意念（spirit）。比如，眼睛的瞳孔就像一面镜子或平整的水面，两者以同样的方式接收并反映光与可见事物的图像。听觉的感官与洞穴中的障碍物类似，那里能很好地播放各种声响。对无生命物的喜好与对有生命物的憎恶和反感（我说的是那种恰如其分的具体感觉），同嗅觉中令人愉悦的气味和令人不快的气味相对应。至于发生在味觉和触觉中的各种作用，不管是温和友善的，还是强迫暴力的，我们发现，它们也能发生在无生命的物体之中，因为后者有着与之相同的激情结构，能表达和理解这些东西。死物不会对发生在它们身上的挤压、延展、腐蚀和分离等类似的活动有所感觉，我们也只能通过一些显眼的结果来领会其意。活物则不然，它们能依靠对痛苦的感知区分出各种不同性质的暴力活动，这无一不在证明意念的存在。根据这一原则，我们就能知道动物还有什么其他感官——除了肉眼可见的那些之外；对整个动物族群而言，究竟有多少种感官，它们又有着怎样的作用。因为只要提供必要的感官和精神，再对物质之激情加以公正的区分，就能得出感官的数量了。

八 论强力运动，一种事物各部分受不可见之压力作用后的抛射和扩散运动

强力运动（他们如此称谓），如石子、箭头和弹丸等类似的抛射物在空中的飞行运动，便是其中最常见的一种。然而，奇怪的是，人们在观察探索的过程中却对这一运动置若罔闻，轻视对其本性和力量的研究，由此造成的失误也带来了不小的亏损。因为它有无限的用途，是火炮、发动机乃至整个机械行业的生命和灵魂。事实上，绝大多数的研究者都认为这种运动是由强力所致，并将其与

自然运动区分开来，但他们的调查也就止步于此了。

亚里士多德及其学派所特有的教学方式和科目其实就是在教人们怎么张嘴说，而不是怎样动脑想——也即通过臧否他人的观点来放松自己，而不是在思索的过程中解释和满足自己。另一些人则更勤勉一些，他们的立场是，两个物体不能占据同一个空间，由此得出结论——较强者推动，较弱者让位；让位或飞行的具体情况是，如果所施加的外力很小，且只推一次，那么运动便难以为继，只有物体稍微隆起罢了；但若外力很大，且在推动物体移开后还持续一段时间，直至这股外力逐渐减弱，那么便可实现抛射了。然而，那一学派的影响甚大，乃至积习生常，遂成旧俗，他们只关注事物的开始，而不在乎它们的过程和结局，仿佛开端即意味着一切。于是乎，他们的研究就在这样一种轻率的不耐烦中草草收场了。他们知道物体受制于开始那一瞬间的击打，却不知道物体被推动后的过程，更无法解释为什么停止扰乱物体的力后它的运动仍能继续，这就是所谓的知其然而不知其所以然了。

还有一些更勤奋的人在坚持研究，他们观察到，风等类似事物的力量如此之大，足以将树木连根拔起、把塔楼夷为平地。他们觉得，初始的冲力脱离物体之后，是空气在带着抛射物运动，其作用过程是，空气聚集自身并冲到被移动的物体身后，借此力量，物体就像水中的小舟一样被推向前。他们的确会抓重点，并能把自己的猜想付诸行动，不过，他们没能找到真相。

现在的情况是这样的。主要的运动可能是物体被投射之后的过程，它精细到无法用肉眼察觉，而且人们也不够用心，只是匆匆一瞥，自然也就很难看到了。但敏锐的观察者却能轻松地发现，坚硬的物体极不耐压，并对这股力量异常敏感；它们一旦被迫离开其自然应在的位置，就会以最快的速度释放自己并恢复原状。为了做到这一点，物体的各个部分，从被击中的那部分开始，会以前后相继的方式互相推动、彼此挤压，就像有什么外力在作用一样；于是物体的内部产生了一种持续且强烈的（尽管这并不可见）震荡和骚动。我们看到，玻璃、硬糖等类似的易碎品就是这样，若用锋利的铁具切割分解它们，其他未被工具触及的地方几乎一瞬间就会直接开裂。这很好地证明了压力运动是会被传递到邻近部位的，此种力量遍及全身，专挑脆弱的地方下手，使之断裂，虽然它无处不在，但我们很难察觉，等我们反应过来时，它们早就碎裂了。再者，我们看到，如果折弯一根铁丝、一条木棍或一支羽毛（或类似的既灵活又有弹性的物体），用手指和拇指夹住两端，它马上就会跳开。显然，运动的原因不在物体的端点，因为我们用手紧紧摁住了它。至于承担强力的中间部分，为了释放压力，它开始运动了。通过这个例子，我们无疑可以排除空气冲击的作用，因为我们并未击打空气使之运动。

  还有个简单的实验也能证明这点，用手指捏住一颗新鲜滑溜的卵石，慢慢增加挤压的力，然后把它弹射出去。在这个例子中，压缩取代了击打的作用。这一运动所呈现出来的效果是，抛射物在向前飞行的过程中不断地绕圈旋转。换言之，它们前进的路线是螺旋状的，也即一边走，一边转。当然，我对这种螺旋运动持怀疑态度，它如此迅捷的同时又这般自由，好像很熟悉这些事似的，是否有某种更高的运动原理在支配着它呢。但我觉得造成这一结果的原因就是我现在所说的这样，而不是别的。施于物体之上的压力会立马激起各个部分也即微粒的运动，因为它们会想尽一切办法来释放压力，解放自己。或许正因如此，物体才不仅在一条直线上被驱使向前飞行，它也试图在其他方向上释放压力，因而旋转起来，两者都有助于使其自由。

对固体而言，这是某种隐晦深奥的事情，但对软体而言，它便是明显可感的运动。比如，我们用榔头敲击蜡或铅等软体物时，它们不仅会向前，也会向四周凹陷，所以坚硬而有阻力的物体既能沿直线飞行，也能向其他方向旋转。事实上，软体的变形运动和硬体的局部变形运动都依据同一原理，因此，通过观察软体的形变，我们极其顺利地理解了硬体在逃散和飞行时的激情。同时，我也不否认，除了这种运动（即主要的运动），空气的输送也发挥了一部分的作用，借此，主要的运动得以被协助、阻碍、转向和指引。因此空气的力量也不容小觑。对强力运动和机械运动（目前尚未有人注意它）的这种解释可被视作实际操作的基础。

九　论火器运动的原因，对它的研究尚付阙如

对火器的原因，及如此强大且高贵的运动的解释是不完善的，而且最重要的部分还有所不足。他们说，火药在转化为稀薄化的火焰时，自身会膨胀，并占据更大的空间，因而使——否则，要么两个物体会重叠，要么会穿透彼此的边界，要么会破坏元素的形式，要么是部分的情势与整体性质相反（这些都是会被用到的短语）——相反的物体被驱逐或冲出。他们说的有些道理。因为物质的欲动和激情在这类运动中也有一定的作用。然而，他们在没有想清楚现实的各种可能性之前，就想当然地把问题归结为物体膨胀的必然性，这是不对的。

我们知道，火药粉被点燃后，它的本体确实应该占据更大的空间。不过，火药本体未必能以如此之快的速度打上火花，这取决于前面一系列的运动冲突及对决结果。无疑，要想通过这种运动赶走如此坚实的固体，迫其就范，就不得不展开一场激烈的较

量。如果固体更强，它便不会让位，换言之就是枪管哑火，子弹卡壳。因此，如果你用硫磺、樟脑等类似的东西替换火药，它们很快能着火，反之，若（因为紧凑的物体不利于点火）把它们研磨成粉状颗粒，再往里面掺一些杜松灰或其他易燃的木屑，（如果不加硝石的话）则很难马上打出火花，因为如此密集的抵抗物会阻碍并抑制点火运动的发生和作用。

事情的真相便是如此。你会发现此处所研究的运动是双向、复合的。因为除了点火外，还有一种更强劲、更猛烈的运动，我们知道，前者主要是硫磺粉在起作用。至于后者，则主要是硝石，它的天然湿气能与一定量的柳木炭发生反应——膨胀（就像加热水能产生蒸气一样），并（这是最首要的一点）以最快的速度及最猛的力量飞离热源和打火点，随即为火星子开辟一条通道，使之迸出枪口。我们发现，干燥了的月桂树叶或常春藤叶被火炙烤时所产生的劈哩啪啦声就是上述这一运动的雏形；盐的情况则更像，因为它的性质极为接近我们这里所研究的对象。湿蜡烛和新木柴燃烧时所产生的爆裂火花也是常见的例子。但水银的情况最为明显，它是一种非常天然的物质，就像矿泉水一样，其力量（若将其置于密闭空间并点燃的话）丝毫不亚于火药粉。其实，我是想用这个例子来告诫人们，恳请他们在探究运动的原因时不要只抓住某一点就大放厥词，而要开阔眼界，经过一番深思熟虑后再扎根于自己的研究。

十 论月上区和月下区之物体在永恒性和易变性方面的差异（这尚未被验证）

人们普遍认为，宇宙应当被划分为不同的圈层，并由此引出月上系统和月下系统，只要它能自圆其说，我们也不是不能接受。无疑，尽管月球上下连同其中的物体各有分殊，但两者的共同倾向、激情和运动则更为突出。因此，我们应该尊重而不是忤逆自然的统一性，即使在思考中也不应轻易地违背它。但更进一步的观点是——他们认为，天体不会被改变，而月下区的基本物质会。后者就像一个寻欢作乐的荡妇，总在寻求新的花样（forms）；前者则像勤俭持家的主妇，喜欢恒久而纯洁的婚姻——这是一种毫无说服力且流俗的观点，源于肤浅的表象和迷信。在我看来，这实在谬论，不过是些捕风捉影的看法罢了。

要知道，天上并没有他们以为的那种永恒性，地上也没有所谓的易变性。我们暂且无法断定天上是否有变化，因为这已超出人类观察的极限；换言之，想看的东西过于精细，要看的距离又太遥远。空气中显然存在着各种各样的变化，如热和冷、气味和声音，这些都是不为人所见的。举个不恰当的例子，假如把我的眼睛放在月球的轨道上，隔着这么远的距离，它还能看到地表所发生的一切吗？比如机器、动物和植物等类似事物的消息变化（由于距离的原因，这些东西还不如最小的螨虫大），这显然是不能的。不过，只要星体足够大，就能忽略距离的问题，因为我们确实看到过这种情况，彗星便是最好的证明——当然，是那些与恒星保持固定关系和稳定结构的彗星，比如在我们这个时代出现过的位于仙后座上的那些。

至于地球，当我们深入其内，穿过地表及其邻近部分的地壳后，也能看到像天体一样永恒的实存。可以肯定的是，地心稍有变化，就会引起我们居住的地方发生超乎想象的动荡。当然，大多数的地震、海啸和火山喷发都不来自很深的地方，而是由目之所及的地方所致，因为这些事故只发生在地表很小的一部分区域。反之，它延伸得越广，就越靠近地心。因此，我们很少能见到大地震（我的意思是波及范围广，而不是震动强度高的大地震），这种现象类似于我前面提到的彗星，它们也很罕见；如此说来，就像我一开始说的那样，天与地在永恒性和易变性上确实没有太大区别。但若有人被天体运动表面的均衡性和确定性所打动，以为它们是形影不离的永恒伴侣，那就看看海洋吧，潮起潮落不也同样遵循着几乎恒定的规律吗？

最后，如果还是有人坚持认为，我们无法否认这一事实，即"地表及其附近的区域有着无尽的变化，而天空却非如此"，我会这么回答——首先，我们并没有说它们方方面面都一样；其次，如果我们把所谓的大气中上层的区域视作天空的表层或内层，就像我们把包含动物、植物和矿物的区域当成地球的表面或外层一样，那么，我们会发现，那里也有各种各样不同形式的生成和变化。因此，我们可以说，几乎所有的骚乱、冲突和失序都只发生在天地之间。这有点像在政治事务中经常出现的情形：两个王国的边境烽火连年，内地却海晏河清。没有人会以宗教为理由批驳这种观点，因为只有傲慢的异教徒才会给天体赋予这种不朽的特权。虽然圣经并未赐予天空和大地以同等的祝福和恩典，却使其皆分到了永恒和腐败。我们读到，"太阳和月亮永远坚立，如天上确实的见证"①，我们还读到，"一代过去，地却永远长存"②。但这两者都是短暂的，因为神谕暗示了这点，神说，"天地要废去，但我耶和华的话却不能废去。"③ 我说这些话不是为了引进什

---

① 《马太福音》89∶36-37。培根引文有改动。
② 《传道书》1∶4。培根引文有改动。
③ 《马太福音》24∶35。培根引文有改动。

么新的观点，而是意识到我们并非没有经验，只是太过相信权威，喜欢按其指示对万物和区域做近乎怪诞的划分，这是对真理的僭越，也是我们思考自然的最大阻碍，将不利于真哲学的发展。

论海水的涨落

古人曾经的尝试已遭后人摒弃，却被现代人再次拾起，但又因莫衷一是的意见而分崩离析，得不到阐释。对于海水涨落的原因，二流的猜测通常将其与月球关联，因为它们与月球运动有着某种相似之处。但较为勤勉的研究者则能在一些蛛丝马迹中找到确定无疑的真相。为避免混淆，我们首先要区分海洋的运动，尽管有些人肆无忌惮地增加其种类，但实际上已知的海洋运动只有五种，除了其中一种不合常规外，其余均恒定不变。让我们将第一种看成是所谓洋流的随意和不断变化的运动；第二种是出现在海洋中的剧烈运动，海水在两岸交替前进和后退，一天两次，但也不完全如此，这样的差异构成了月度周期；第三种则是每月一次的运动本身，别无其他，它就是第二种所说的，能将昼夜运动带回同一时间；第四种是半月一次的运动，半月和满月时的潮水高于四分点时的潮水；第五种是半年一次的运动，二分点的潮水会异常之高。

现在，我们主要关注第二种情况，即海洋的六小时剧烈运动，或昼夜运动，其他的情况我们也会兼顾，只要它们有助于解释第二种运动。那么，首先，就洋流[①]运动而言，毋庸置疑的是，海水要么

[①] 它们是猛烈的，区别于海洋的自然运动，也即，它们由外因产生，诸如风，及海床和海岸的不规则运动。培根在将洋流从"自然的、主要的海洋运

在狭窄的地方被挤压，要么在开阔的地方任意扩张，或如汇深渊、奔涌向前，或惊涛拍岸，或在海底平稳地滑动，或被沟壑与暗礁搅动，或与其他洋流汇聚、百川归海，或被风，尤其是季风（一年当中特定季节出现的大气环流）①驱动，由于这些或其他类似的原因，海水流动的次序和方向，以及流动的速度和距离有了多种不同的情况，从而产生了所谓的洋流。因此，大海深处千沟万壑、纵横交错、暗礁密布，海岸、海滨、海湾、海峡蜿蜒绵亘，其中岛屿星罗棋布，蔚为大观，其功能繁杂，在这些障碍物或开阔地带以及深渊的相互配合下，驱使水流向北、向南、向东、向西直冲。

因此，我们姑且将这种特殊的、看似随机的水流运动放置一旁，以免干扰我们即将进行的研究。没有人能以洋流运动来否认我现今所说的自然的、主要的海洋运动，这非我所想。洋流只是一股被挤压或释放的水流。如我所言，它们与水和陆地的位置，以及风向有关。此外，我的这番言论应当被铭记，并反复琢磨，因为我正在研究的这种海洋的一般运动是如此温和谦恭，乃至完全服从洋流的安排，变得井然有序，并被它们的暴力支配和推动。从以下事实可以看出，这一点极为明显：我们只能在岸边感受到海水涨落的简单运动，而在远洋，尤其是一望无际的海上，却无法察觉。合理的解释是，海潮的力量较弱，故而会被洋流淹没甚至完全覆盖，当其随着洋流的方向运动时，能在一定程度上助力洋流运动，但当其运动的方向与洋流相反时，也会稍微抑制洋流的运动。

动"中抽离出来时，很可能想到了两极的自然暴力。此处的语言已然彰显其意图，海洋"自然的"运动也是"普遍的"（catholic），也即，海洋蕴含物质的普遍激情，这也驱动着天空的每日运动。

① 这些风被归类为周期性的风，与地中海季风一样。

所以，撇开洋流的运动不谈，我必须继续研究那四种恒定不变的运动：六小时一次的、每月一次的、半月一次的，及半年一次的。在这些运动中，似乎仅有六小时一次的运动影响并引发了海潮，每月一次的运动似乎只是对其加以限制并使之恢复，而半月一次和半年一次的运动则会加剧并强化它。涨潮时淹没的那段海岸会在退潮后重现，海水涨落的时间、力量和数量均不一致，而这恰是其他三种运动可视的原因。所以，如我所愿，我们必须正确、单独地考虑这种同样的涨落运动。首先，不容置疑的是，我所探讨的这种运动无非由以下两种情况组成：要么是水流上升和下降的运动，要么是渐进的（progression）运动。① 现在，我说的上升和下降的运动，与水壶中沸腾的水涌起又回落的运动类似。而渐进的运动，则与水在盆中从一边移动到另一边类似。但后者显然不是第一种运动，因为在世界的不同地区，潮汐的时间也不同，也就是说，当一些地方涨潮时，另一些地方便会退潮，反之亦然。现在，如果水流不是从一处前进到另一处，而是从深处沸腾，那么，它们就应当在各个地方同时上升，尔后同时下降。我们看到，其他两个运动，即半年一次的运动和半月一次的运动，在全世界都是同时行动并运作。所有地方的海水都会在春分或秋分时涨高，而不是只有部分地方（比如只有热带地区）在春分或秋分时涨高，半月一次的运动同样如此。所有地方的海水在新月和满月时的高度都比半月时高。所以在这两种运动中，水似乎确实明显地有涨有落，就像天体的情况一样，有远地点和近地点。

---

① 渐进运动与上升运动之间的区别很可能是潮汐的原因，参阅 E. G. R. Taylor, *Late Tudor and early Stuart geography 1583—1650*, London, 1934, p. 90。

现在，就我研究的主题，即海水的涨落而言，情况就大不相同了，这也是渐进运动最可靠的证据。此外，若将水流的上涨看成是一种上升运动，我们就要更为谨慎地注意它是如何发生的。膨胀的原因要么是水量的增加，要么是固定数量的水延展开来或者变得稀疏，要么是固定数量或同一水体的简单上升。而第三种原因现在必须彻底否定，如果水就这样升起，那地面和水底之间必然会留下一段真空，没有什么东西能够填补。或者要求地底有多余的水涌出并上升。① 但实际上，如果只是延展，也即由松弛的状态进入更为稀疏的状态，或是由其他一些靠近它的东西之欲动（appetite）所致，也就是这些东西引出了水流，进而将其升到更高的位置。而这，无论是沸腾还是稀疏，又或是与某一更高物体结合的水，只要水量适中，并且给它充分的时间使其膨胀或聚集，就显得不那么突兀。因此，在普通潮汐与接近半月一次的或是正好半年一次的潮汐之间，观察到过多的水量是合理的，只要不大于涨潮和落潮之间的差值，并且有充足时间让水量逐渐增加。但如此巨大的一团水应该爆发出来，以供观察海水涨落间的差异，且这种情况应在极短的时间内发生，也即一天两次——就像阿波罗尼奥斯（Apollonius）那个愚蠢的理论所言，地球在呼吸，且每六个小时呼出一些水，而后再将其

---

① 培根在《新工具》（第2卷，第36则）中以同样的顺序列出了这三种可能性。前两种本文亦有讨论，而《新工具》没有。第三种本文没有讨论，但《新工具》有扩展讨论。根据本文，第三种是"留下一段空白"，因为它会在海水和海床之间留下真空。培根在《新工具》中将磁吸力当作抬起海水的力量。这种力量要么是 A. 作用于整个海洋（但本文已给出反驳理由）；要么是 B. 主要作用于海洋中部，以致海洋边缘潮水下降。值得注意的是，这两本书都否定了真空的可能性。

吸入——这是一个相当大的困难。

我们不应该被一个轻率的实验动摇，据说某些地方的部分水井会随海水涨落而起伏，这不免让人怀疑封闭在地洞中的水也以同样的方式沸腾，在此情况下，膨胀就不能轻易地归因于水的渐进运动。对这一问题的解答很简单，当潮汐来临时，海水可能会堵住地球上的许多空洞，并填满一些空旷地带，将地下水倒回去，同时不断拍击封闭空间中的空气，形成推动力以抬高井水。因此，并不是所有的水井都会发生这种情况，实际上，很多水井都不会这样，除非整个水域的沸腾都与潮汐发生的节奏同步。但恰好相反，这种情况少之又少，几乎算得上奇迹，毫无疑问的是，水井与海洋之间的开口和通风口鲜有不被封锁或堵塞的。回顾某些人说过的话，这也并非没有道理，即当海水泛滥时，靠近大海的深矿中的空气会变得浓稠，有窒息的危险，由此看来，这显然不是海水沸腾（因为没见过），而是因为空气倒流了。

另有一个实验至关重要，不容忽视，它与这个问题紧密相关；分量十足，完全值得回答：仔细观察可知——不是偶然注意到，而是经过一番严谨的探究和发现——欧洲和佛罗里达对岸的水在同一时间从两岸退去，且当这些水流向佛罗里达时，它并未离开欧洲海岸，如前所述，这显然就像水盆里的水一样，同时在两边上升和下降。但是，我接下来将在讨论海洋的进程中详述对这一反对意见的回答。现在，问题的要害在于，从印度洋涌入的海水受到旧大陆和新大陆的阻碍，从南到北被挤过大西洋；所以它们同时靠近两岸也就不足为奇了，就像海水将它们推入河口与河道时的情况一样，在此情况下，海水的运动相对于河流显然是渐进的，与此同时，河水两岸也被淹没。我敢于大方地承认（我希望人们注意并铭记这点），假如人们发现秘鲁和中国的海岸与上述欧洲和佛罗里达的海岸同时涨潮，那我肯定会摒弃此前有关渐进运动的观点。因为倘若南大洋和大西洋的对岸同时涨潮，世界上就不会再有其他海岸退潮的水量能与之相等了。① 但是，在此问题上，凭借经验（我已将这一问题呈递于经验），我是相对有信心的。我确信，如果我们对世界上每个地方都了如指掌，那么这个问题就能得到公平公正的解决，换言之，在任意一个时刻，地球上某处的退潮都对应着另一处的涨潮。因此，我认为，我们最终得出这样的结论，海水的涨落是一种渐进运动。

现在，我们要探究的问题是引发海水涨落的原因，以及维持这种现象所需的条件。所有浩荡的运动（只要它们同样有理可循且恒定不变）都不是孤立的，借用天文学的概念，它们并非自发产生，而是在宇宙的某股力量推动下产生。因此，这些运动，无论是半月一次的上涨，还是一月一次的复原，似乎都与月球有联系，而半年一次的春分或秋分时的运动则与太阳有关，类似地，水流的上升及下降与诸天体之远地点和近地点有关。但请注意，我们不要草率地认为，那些在运动周期，甚或是运行方式上相互对应的事物，其性质就一定是上下从属，其原因就一定是一致的。我并未鼓吹月球或太阳是其下与之类似运动的原因，或宣

---

① 培根在《新工具》（第2卷，第36则）那里用这种反对渐进运动的观点阐释关键事例的学说。他补充道，应该询问巴拿马和利马（秘鲁首都）的居民，地峡两边的潮汐是否在同一时间发生。如果潮汐的确如此，那么渐进运动的假说便不成立了——而仅当地球静止不动时成立。只要地球在移动，就会出现一些渐进式堆积的水，直到它再也无法承受，才会回落。培根很晚才在《新工具》（第2卷，第46则）中提及伽利略的潮汐理论。培根可能并不熟悉拉丁美洲的地理环境。

称太阳和月球（正如常言道）掌控①海洋的那些运动（尽管这种想法很容易被人们接受，因为他们尊崇满天繁星），但就每半月一次的运动而言（若观察无误），这种关联就变得异常奇怪且新颖了，也即新月和满月时的潮汐会受到相同的影响，而月球则受到相反的影响。还能找出其他一些事例来证明，有关控制的诸多幻想皆为虚妄，正确的结论是，这些一致性源于基本［神所赐的］物质的激情以及诸事物的原始组合，不是那种一物降一物式的统摄关系，而是它们有着共同的起源与因果关系。

尽管如此，无论如何，我以上所说仍旧正确，自然乐于和谐一致，几乎不能容忍任何单调或离群的事物。因此，我们得看看，还有哪些运动与六小时一次的运动相互关联。首先，我们须得研究月球，及此运动之性质和规律如何与月球相互绑定。但事实却是，我们什么也看不到，除了每月一次的复原：六小时一次的周期（我现在正在探究的这个问题）与每月一次的毫无瓜葛，同样地，海水的涨落看着也全然没有遵从月球的激情。无论月球是圆是缺，无论它在地球之下还是之上，无论它的位置是高是低，也无论它位于子午线还是其他地方，潮汐的行动完全与这些变量无关。

因此，暂且将月球按下不表，让我们把视线放到其他一致性的例子上。现在，在所有天体运动中，昼夜运动显然最短，它在最短的周期——即 24 小时之内完成。因此，将我们正在研究的

---

① 培根在此想证明，天体运动与潮汐的相关性并不代表前者是后者的原因，而是所有运动都共享同一个因果系统的运作，它们是"一致的"（consent）。此处的问题所在不是强迫和服从，而是一致与和谐。对比一下培根所说第一运动的"虚构"，在他看来，这一想法似乎意味着行星从属于一个不是自己上级的力量。

海水运动（比昼夜运动的时间短四分之三）与昼夜运动相提并论是合适的。但这并未真正解决此问题。令我印象更为深刻的是，海水运动是以一种与昼夜运动成比例的方式来划分的，所以，尽管海水运动比昼夜运动慢了无数个等级，但仍然可与之相称。昼夜运动以六小时为单元间隔为四份，如我所言，我们在海水运动中找到了这种间隔，其与月球运动的量度相吻合。[①] 我极为重视这个想法，这一运动与昼夜运动是同一种运动，于我而言，这几乎就像一个神谕。故而以此为基础，我将继续研究其他问题；我认为三则探究便能理清所有问题。第一个是，昼夜运动是止于天空的范围内，还是下降并深至较低的区域。第二个是，海洋是否像天穹一样，有规律地自东向西移动。第三个是，潮汐每六小时一次的往复运动是在什么地方以什么方式出现的，其与昼夜运动的四分之一相吻合，而与月球运动并非成比例地相同。

现在，对于第一个探究，我认为自东向西的自转运动或旋转运动并非天穹的运动，而明显是宇宙的运动，是大流体的主要运动，从高空到深海有一个相同的倾角，但速度（高速和慢速）却大不相同；然而，如此一来，物体越接近地面，其速度越随之有规律地降低。我们可以先将其视为一个可行的观点，即这种运动不仅在天上，也足以在恒星与月球（这远大于地月间的区域）间一显身手（也会适当减弱）；因此，自然绝对不会突然停止这种一致性，这种一致性已然散播了如此之远，并逐步减弱。天体的情况实则如此，从以下两方面的困难可以看出。我们能够轻易感受到诸行星的昼夜运动，那么，除非所有行星都拥有这一自然且适当的运动，否则，我们只能放弃第一动因（primum mobile）或

[①] 也即每月一次的潮汐周期。

者地球自转的观念了，但第一动因的说法完全与自然相悖，从物理学的角度上看，自转的意见亦是不经之谈。因此，这便是天上的情况。

但当我们将其置于脑后，这种运动在较低位置的彗星上又尤为明显，尽管它们处于月下区，也显然是自东向西旋转。即使它们各自有着独立而不规则的运动，但它们做一样的运动时，仍在以太内用相同的方式旋转。它们的运动并不局限于热带地区，亦无规律可循，有时还会向两极移动，可是它们的转向依旧是自东向西。此外，它们的这种运动，即使被削弱了很多（因为越靠近地球，它们旋转的圆周就越小，其运动速度相应也就越慢），但仍时刻保持活力，以至于能在短时间内跨越很长的距离。此类彗星在二十四小时内绕地球及低空一整圈后，还余下一到两个小时。

但当我们继续下降来到地表时，地球的运动不仅体现在其性质和功能（这抑制并平息了圆周运动）的交流，还体现在其实质微粒于蒸气和厚重呼气中的物质渗透，虽然这种运动被极大地削弱，聊胜于无，但也并未消耗殆尽，而是处于一种迟缓的潜伏状态。现在人们开始意识到，在热带地区航行时，会有持续不断的微风自东向西吹来，而最能感受到空气运动的地方是远洋，那里的空气本身（与天空一样）也是以更大的圆周在旋转，因而更为迅速，以至于那些想要西风的人更多是在热带以外的地方寻找和发现它的。因此，即使最接近地面的空气也在运动，但它现在变得懒散，且难以察觉，以至于热带以外的地区几乎感受不到它。然而，即使在欧洲热带以外的地方，当天空平静而晴朗的时候，我们也能在海上注意到某种微风，它跟随太阳，也属同一种现象；我还猜测，我们在欧洲经验到的，也即东风急切而干燥，西风温和而湿润,是基于以下两个事实,一方面,前者从陆地吹来,后者从海洋吹来,另一方面,当东风与正常的空气运动方向一致时,会促进并激发这种运动,进而使空气消散和稀薄;而西风向空气运动的反方向吹时,会使空气转向自身,进而变厚。我们不应轻视一般观察所得之事,即当逆风吹到地表附近时,高处的云大多自东向西移动。但它们并非总是如此,这是因为间或出现的逆风,有些在上面,有些在下面,而那些在上面的风(如果它们是相反方向的话)会干扰空气的真正运动。因此,这种运动并非时刻在天上。①

接下来的第二个探究是,水是否有规律地、自然而然地自东向西流动。当提到水时,我指的是聚集在一起的或大量的水,它们无疑是自然的一个部分,且大到足以与宇宙的构造一起发挥作用。我全然相信,这种相同的运动从属并存在于大量的水中,它

---

① 培根的一个经典说法,即昼夜运动的速度随着与地球的接近而降低,是"宇宙性的",也即,它不局限于天空,而是渗透到月下区。"物理学意义上的理由"排除了这种昼夜运动是地球的可能性;培根在此可能是暗示那些认为地球有轴向运动的人之所以这样想,是因为这个假设有助于计算。轴向运动是"自然的",且它涉及的物质通过"一致"或"许可"来运动。在月球的下方区域,"较低的彗星"参与到现已减弱的昼夜运动中来。在更低的地方,这种运动被"实质微粒"(immissione materiali particularum)和来自地球的其他影响进一步减弱,这些影响极易让人想到吉尔伯特的"流射物"(effluvia)概念,但它仍表现在热带地区自东向西吹来的微风中,在合适的条件下,甚至可以在高纬度地区感受到它。Acosta 也提到过:参阅 *The natural and morall historie of the East and West Indies... Written in Spanish by Ioseph Acosta, and translated into English by E. G.*, London, 1604, p. 128:"在热带地区以外的海上,在火热的区域内,东边风雨交加,并无逆风影响……另一个奇观是,这些东风永不停息地刮着,且常出没于靠近航线的地方……这就是为什么他们从西班牙到西印度的航程比返回西班牙的航程更短、更轻松、更有保障。"

的运动速度慢于空气，因为水流较之空气实，厚实但也因此比空气的运动更明显可见。因此，就目前而言，我将满足诸多实验中的三个（这些实验必须充分且具有典范意义），它们能够证明以下事实：第一个是，我们发现从印度洋到大西洋的水明显在流动，这种运动以更快的速度和更强的力量流向麦哲伦海峡，那里有一条通往西方的路。同样地，我们在世界的另一端也发现了一个浩荡的运动，它从塞西亚（Scythian）流向不列颠海。水流的这些运动明显自东向西反转，对此问题，尤其需要注意的是，海洋仅在这两个地方开放，并能形成一个完整的圆周，与此相反，在世界的中间地区，它们被旧大陆和新大陆的两道屏障所阻隔，从而被迫（如同江入海口）进入那两条由南向北延伸的通道，它们在大西洋和南大洋间，这对自东向西的运动没有任何影响。因此，当我们专门观察上述世界的外部地区时，我们就能如实把握水的真实运动，那里的水不再被阻隔，可以顺畅通过。对第一个实验的讨论就到此为止。第二个如下。

假设直布罗陀海峡口的潮水在某一时刻上涨，那么很明显，圣文森特角的潮水比直布罗陀海峡的潮水来得晚；而菲尼斯特雷角晚于圣文森特角；雷岛（île de Ré）又晚于菲尼斯特雷角；努瓦尔穆捷岛（Noirmoutier）晚于雷岛；接着是英吉利海峡晚于努瓦尔穆捷岛；随后是诺曼底海岸晚于英吉利海峡口。目前为止的情况还算正常，但在格拉沃利讷（Gravelines），这个顺序就完全变了（且是在一个相当大的范围内），潮水上涨的时间与直布罗陀海峡口不相上下。对此我参考了第一个实验。我认为（如我说过的那样），印度洋和塞西亚海那里的海水自东向西畅通无阻地流着，而在大西洋和南大洋那条通道，海水被横在路上的陆地所强行驱逐并改道，从北到南纵向延伸，除了向两极流动，别无其他出口。但是，这种从印度洋向北的水流，与另一边的，即从塞西亚海向南的水流截然不同，因为它们的水流力量与数量不同。所以，直至不列颠海的整个大西洋都受印度洋漂流的影响，而仅有大西洋的上半部分，也即靠近丹麦和挪威的那部分，才受塞西亚海的影响。

事实的确如此。旧大陆及新大陆这两块地的分布形状和延伸方式是北部宽阔，南部尖锐。因此，海洋的情况正好相反：海在南部占据了广袤的地方，向北（环绕欧洲、亚洲和美洲）只有一小块地。所以，这一从印度洋转回大西洋的巨大水流，或多或少，接连不断地被强迫，并朝北流向不列颠海。而来自塞西亚海的那部分小得多的水流，在其向西流向美国后方的水路上也有一个自由的出口，除了我提过的不列颠海以外，水流都无法向南流动。现在的情况是，在这些相反的运动之间，终究会有一些它们相遇并交汇的地方，那里潮水上涨的顺序会陡然改变，正如我说过的那样，它发生在直布罗陀附近，即在印度洋和塞西亚海的潮水相交的地方。

此外，许多人观察到，荷兰附近的逆潮能引起某种汹涌的波涛，它不仅会出现在我提过的高潮反转时刻，也能在特殊且可见的实验中观察到。倘若如此，我们将回到这一观点，即越是靠近大西洋向南延伸接近印度洋的海岸地区，其高潮就越是领先，这是印度洋的实际运动；而越是靠近向北延伸的那部分（直至公共边界，再被相应的塞西亚海的巨浪驱赶回来），其高潮就越晚，越是滞后。事实的确如此，从直布罗陀海峡到不列颠海峡的渐进实验清楚地表明了这一点。因此，我还认为，非洲海岸先于直布罗陀海峡涨潮，相反的顺序，挪威先于瑞典涨潮，但我目前尚未通过实验或历史记录确定这点。

第三个实验如下。如果一侧封闭的海域（我们称其为海湾）自东向西延伸，这与海水的真实运动方向一致，它们就会有汹涌澎湃的潮汐；而如果它们向另一个方向延伸，潮水则悄然无息。红海的潮水极为猛烈，波斯湾一路奔流，潮水越往西越猛烈。而这个最大的海湾，即地中海，它的部分地区（第勒尼安海［Tyrrhenian］、黑海、马尔马拉海［sea of Marmora］），以及波罗的海，整个都转向东边，基本上水平如镜，碧波浩渺。但这种对比在地中海的部分地区尤为明显，当海湾向东或向北弯曲（如在第勒尼安海及我提过的那些海域）时，流淌平缓，并无大风大浪，而当它们转向西边，如在亚得里亚海（Adriatic）那般，则有可观的潮水。对此，我们或许能补充一点，地中海那般轻微的退潮来自大洋，而涨潮来自对岸，因此，与其说海水源自大洋的回流，不如说是从东边的通道流来的。以上便是我在第二则探究中用到的三个实验。

尽管如此，允许我补充一条与此前所说内容一致的证据，但它更为深奥：我将这种自东向西的运动与水流联系在一起，这不仅能从天空的一致性（我已经说过这点）中得出——在那里同样的运动极为兴盛且有力，还能从地球的一致性中得出——在那里这种运动似乎戛然而止了。因此，这种倾向或运动具有真正的宇宙性，且上至九霄，下至地底，尽皆如此。对此，我的理解是，这场自东向西的循环理所应当（它的确如此）发生在南北两极。现在，吉尔伯特（William Gilbert）勤勉的研究已为我们发现了整个地球，以及未软化的（如其所言）、坚硬的且健硕的自然（我们称其为地球的）所拥有的方向，或是朝北朝南的向磁极性，它隐匿于自然之中，但却在大量细致的实验中呈现出来。尽管如此，我还是要对这一观察进行限定，并特此说明，这一性质仅属于地表周围的外层凝结物，而无涉其内部（地球是一块磁铁的想法仅是突发奇想，因为地球内部的物质不可能如我们肉眼所见的那样，要知道，我们这里的一切事物均因太阳及诸天体的影响，变得松懈、激动或者平和，而诸天体的力量无论如何也无法触及地球内部的事物，使其行动与它们一致）。但我们现下要处理的问题是，地球外部的镶嵌物或凝结物似乎与天空、空气及水流的循环行动相一致，就像连贯且确定的物体与液体和流体的行动相一致；也即，它们并不是在两极旋转，而是使自身趋向并转向两极。因为每一个旋转的球体都会绕着一个固定的极点转动，因而既可以说在移动也能说固定不动。当旋转的力量被自身的连贯性或自我决定性（self-determining）所困时，这种自我指向（self-direction）的特性和吸引力仍旧存在，且被强化和集中；结果是，坚硬物体所拥有的方向及向磁极性与柔软物体在极点上旋转是一样的。①

　　还有第三个探究：潮汐每六小时一次的往复运动是在何处以什么方式出现的，是什么与昼夜运动的四分之一相吻合，具有我上面提过的差异？为了理解这点，我们假设整个世界现已被水淹没，就像大洪水（the Flood）时期一样。我想，此时的水流应是在一个完整且无障碍的轨道上，每天都会自东向西移动一定距离（事实上，不会有很长的距离，因为地球周遭这种运动的力量已然减弱了），因为已经没有陆地会阻碍或限制它了。我们进一步假设，有一块从北向南延伸的干涸的孤岛，这种形状和位置极大地抑制并阻塞自东向西的运动。我认为，海水先会在一段时间内

---

① 培根试图将向磁极性等同于宇宙的昼夜运动，吉尔伯特将向磁极性与地球运动相联系。

保持其笔直且自然的路线,但当遇到那一座岛时,又会被迫返回,它们会在相同的间隔内回落。因此,一天只有一次洪水潮,同样地,也只有一次退潮,每次大概需要十二小时。现在,我们再假设(现实正好也是这种情况),这块干涸的陆地被分成两座岛屿,也即旧大陆和新大陆〔南大陆(Southern Land)或格陵兰岛或新地岛(Nova Zembla)的位置对此影响甚微〕。再进一步假设,这两座岛屿几乎刚好穿过世界的三大区域,在它们之间流淌着两个大洋,即大西洋和南大洋,它们除了向两极流动,永远无法相通。由此可得,这两个障碍物向整个水域传递并暗中推动了两次往复运动的性质,也由此产生了昼夜运动的四分之一。也就是说,因为水流两边受阻,一天内会发生两次海水的涨落,以六小时为一个周期,因为前进两次同样也会后退两次。事实上,如果这两座岛屿像大小相等且轮廓笔直的圆筒或圆柱一样在海水中伸展开来,那么,这种现在显得被陆地和海洋的复杂方位所迷惑和遮蔽的运动,便很容易向所有人澄清和显明了。

此外,要猜出这种运动适合以何种速度运动,以及一天内能走的距离,也并不困难。假如(通过估算)我们选取其中一些较少山峰或洼地,且毗邻大海的海岸,并测量高水位线和低水位线之间的距离,再根据每天的四次潮汐将这一距离乘以四,而后根据同一海域对岸的潮汐将此结果翻倍,接着根据所有海岸的高度再将结果增加一点,因为这些海岸比实际的海沟总要高那么一点。我们按此做完一切计算,就能得到一个水球在一天内可以覆盖的距离(它肯定不会特别长),前提条件是水流运行畅通无阻,且它总是绕着地球一圈又一圈地做着渐进运动。至于那个与月球运动成比例,且因此造成月度周期的差异,我相信,之所以如此,是因为海水涨落的间隔并不完全是我们的六个小时,正如并不是所有行星的昼夜运动，比如月球，正好就是二十四小时。所以说，海水涨落的间隔并不是一个恒星日（也即昼夜运动，二十四小时）的四分之一，而是月球的昼夜运的四分之一。①

若干任务

探究非洲海岸的高潮时间是否先于直布罗陀海峡。探究挪威的高潮时间是否先于瑞典，同样，挪威的是否早于格拉沃利讷。

探究巴西海岸的高潮时间是否先于新西班牙和佛罗里达。

探究中国海岸高潮的时间和水量是否与秘鲁相同，以及非洲和佛罗里达的低潮时间与水量是否一样。

探究秘鲁海岸和新西班牙海岸的高潮时间相差多久，特别是美洲地峡与其他的有何差异；此外，秘鲁海岸与中国海岸的高潮时间如何对应。

探究不同海岸的潮水高度及时间。虽然潮水的高度主要由沿岸洼地产生，但也与海洋的实际运动状态相关，它们或是推波助澜，或是阻碍向前。

探究里海（这是一个极其巨大的内陆水域，且没有出海口）是否会受潮汐运动的影响，以及受哪种的影响。我个人的猜测是，里海每天只有一次潮汐，而不是两次。如此一来，当西边被淹没时，东海岸就没水了。

探究世界各地，在新月和满月，及春分与秋分时的洪水潮是

---

① 此处培根表达的论点，即以天体的昼夜运动代替六小时一次的和每月一次的运动［以作为潮汐间隔单位］。

否同一时间发生。我所说的同一时间,并不是指在同一时刻(因为我已经说过,时刻会因水流在岸边的渐进运动而变化),而是指同一天。①

局限

这项探究并未完全解释清楚海洋的月度运动与月球运动之间的一致性,也没解释清楚它们之间是一种从属关系,还是有一个共同的原因。②

关联问题

目前的研究涉及地球是否有昼夜运动这一问题。假如海洋的潮汐运动会被地球的昼夜运动大幅减弱,那么,地球本体就是不动的,或者至少可以说,它的运动远远慢于海水本身的运动。

---

① 对比半月一次的与半年一次的潮汐。
② 培根明确表示每月一次的运动不是海洋服从月球的结果。

论本原和起源

——基于丘比特和卡卢姆的寓言,或者巴门尼德和特勒肖,尤其是德谟克里特在处理丘比特寓言时的哲学

古人讲述的关于《丘比特,或爱神》(*Cupid, or Love*)的故事并非指同一个人。事实上,他们自己提到的两个丘比特,彼此相差甚远,据说一个是最古老的,另一个是最年轻的神。我在此讨论的是古代那位。他们说这个爱神是所有神中最古老的,也即比一切事物都要古老的神,除了混沌之神卡俄斯,他们声称后者与爱神同生共长。此外,爱神在没有父母的情况下出现,但自己却从卡俄斯之中孕育出众神和万物。据说,他自黑夜所生下的卵中诞生。在寓言中他的形象大多是一个长着翅膀、手持弓箭并光着身子的盲人小孩。但他最主要、最特殊的能力是,可以使双方的身体结合,并掌管着以太、陆地和海洋的钥匙。古人还传颂着另一个年轻丘比特的故事,他是美神维纳斯的儿子,人们在传颂中将老爱神的特征赋予了他,又补充了许多他自己的特征。

这则寓言连同下面这篇天空之神卡卢姆的寓言,似乎以一种简洁的方式阐述了关于万物本原和世界起源的学说,它与德谟克里特所主张的哲学出入不大,只是看起来更加严肃、清醒和坚定。即使他是最敏锐和最细致的,但他的思想仍已随之而去,它们不能将自己的理智限制在一定的范围内,对自己的认知也没有

充分的把握。这则寓言的确蕴含一些道理，虽然它们本身与真理沾边，但却显得很像那些任由理智胡乱联想、不经可靠的证明步骤就得出的结论。

我认为，即使在最古老的时代也有这种错误。我们在开始就必须明白，这里所提的东西完全是根据人类理性的权威和感官的信誉而推进和总结的，因为更好、更可靠的神的道（Divine Word）把光明带给了凡人，所以人们直接拒绝承认神谕的消亡和失效。那么，这个和丘比特同时代的卡俄斯，象征着未被创造的质料的总量或聚集。但质料本身的力量和性质，以及万物的本原，都体现在了丘比特的身上。他是在没有父母的情况下冒出来的，换言之，他的诞生没有原因。因为原因就像是结果的父母，这是一个家喻户晓的比方。

我们看到，原初质料及其对应的卓越性（virtue）和运动（action）在自然中没有原因（除了神之外），因为在此之前没有任何东西出现。换言之，在自然的秩序中，不存在任何有能力的或先于它的东西，随之而来的结果既没有种属也没有形式。鉴于此，无论这个质料及其能力和运作最终如何，它都是一种主动的、超越理性范围的东西，必须按照它本来的样子去理解，而不能用任何先入为主的观念来判断。即使它的存在方式可以被知道，它仍然不能通过原因被发现，因为在神之后，它就是原因的原因，而本身并无原因。自然中的原因有一个真实而且确定的限度，当我们说到自然的终极力量和实证规律时，追问或编造它的原因与不追问从属事物的原因一样，都是无知的庸人和肤浅的哲人的品性。这就是为什么古代圣贤会把寓言中的丘比特说成是无父无母，也即没有原因的。

现在，这里有很多东西——事实上，我倾向于认为这是所有事情中最重要的。最能败坏哲学的事情莫过于探究丘比特的父母,换言之,哲学家们并未接受自然事物范围内的本原,将其当成实证性的学说和实验性的信仰加以接受,而是从语句的规律、辩证法和数学的琐碎结论、普通的概念,以及诸如此类的超自然的胡思乱想中推导出它们。因此,哲学家们应该时刻告诫自己,丘比特没有父母,以防他们的思想误入虚无之境;因为人类的理智容易被这些高度概括性的东西所迷惑,它滥用了事物的性质和自身,在奋力追求更远的事物时,又拘泥于眼前的事物。心灵因其狭隘的本性而惯于被那些熟悉的、能突然闯入心扉的东西所感动,当它触及那些按照经验来说是最普遍的事物却又不想滞留于此时,就会发生这样的情况。最后,就像奋力追求对自然而言更熟悉的事物一样,它转向那些对它影响最大或纠缠最深的事物,并假装这些事物比那些普遍事物本身更像原因,更能指导。

我们已经说过,事物的首要本质、力量以及丘比特是没有原因的。现在,我们必须思考这个不允许有原因的事物的存在方式。这一样式本身也很含混,我们从这则寓言当中得到了警示,它从容地假装丘比特产自黑夜所生下的卵。当然,神学家宣称,

> 神造万物,各按其时成为美好,又将永恒安放在世人心里,然而神从始至终的作为,人不能参透。①

本质和自然的最高法则贯穿于事物变迁的始终(这似乎能用"神从始至终的作为"来形容),即神施加在原初粒子上的力量从它的增殖中产生,并形成了各种各样的事物,它能短暂地触及人

---

① 参圣经拉丁通行本《传道书》,3:11:"Cuncta fecit bona in tempore suo, et mundum tradidit disputationi eorum, ut non inveniat homo opus quod operatus est ab initio usque ad finem."

类的心灵,但不能真正地进入它。现在,黑夜之卵是一个非常令人高兴的典故,丘比特的形象已被尽览无余。① 因为由肯定的结论得出的事物似乎是光明的后代,而由否定的和排除的结论得出的事物则是被慢慢挤出来的,仿佛来自幽暗的黑夜。换言之,这个丘比特的确是黑夜所生的卵,因为对他的认识(所有可能的认识)都是通过排除和否定得来的。但用排除所得的证明是一种无知,就其所包含的内容而言,像是黑夜。② 鉴于此,德谟克里特给出了一个令人钦佩的主张:原子或说种子,以及它们的卓越性,与任何受感官支配的东西都截然不同,但它们的非凡之处在于,它们的性质是完全黑暗而且神秘的。因此,他对它们说道,

> 它们不像火也不像其他任何东西
> 除了那些能把物体送到
> 我们的感官或经由我们的触觉感受的;③

又对它们的卓越性说道,

> 但在孕育万物时最初的开端应当
> 保持神秘和黑暗的性质,
> 以免有什么东西起来反抗和反对它们。

---

① 见《学术的进展》(第 2 卷,第 7 节):"知识犹如金字塔,历史是它的地基。那么,自然哲学的地基就是自然史;地基往上一层是物理学;紧挨着顶点的是形而上学。至于那顶点,'自始至终都是上帝的工作',即自然的综合规律,我们不知道人类的研究能否企及它。"

② 培根利用排除法,将此词的意思归为 A. 归纳逻辑中的一个步骤;B. 卵的孵化。

③ 卢克莱修,《物性论》,Ⅰ:687–89。这段引文是准确的。

因此，原子不像炽热的火花、水滴、气泡、尘埃，也不像微量的精气或者以太。它们的力量和形式也没有用于形容较大体积之物体的那些性质，如重或轻，热或冷，密或稀，硬或软，因为这些和其他类似的卓越性都是组成和复合的产物。① 同样地，原子的自然运动不是所谓的自然的落体运动，或与之相反的运动（撞击），或膨胀和收缩的运动，或冲力和连接的运动，或天体的旋转运动，或任何发生在其他较大物体上的简单运动。②

话虽如此，在原子的物体中存在着所有物体的元素，在原子的运动和卓越性中存在着所有运动和卓越性的开端。但在这个问题——即原子的运动与较大物体的运动之比较上，该寓言似乎与德谟克里特的哲学有所不同。因为我们发现，德谟克里特不仅与这则寓言相抵牾，就这个问题而言，还和他说的其他事情相抵牾，事实上更是自相矛盾。他应当把异质的运动归于原子，同时也该把异质的物体和异质的卓越性归于原子。③ 然而，这则寓言进一步表明，我所说的这些排除性的东西是有尽头和限度的，因为黑夜不能永远在孵化。当然，它只属于神，当用感觉去探究他的性质时，排除的尽头不太可能是肯定。但这里的情况略有不同，即在适当的排除和否定之后，一些东西被肯定和确立，如同一颗卵被孵化，需要经过适当的孵化期；黑夜孕育出卵，卵又诞生出丘比

---

① 卢克莱修，《物性论》，Ⅰ:778 – 80。这段引文是准确的。对培根来说，真正最初的开端是"卓越性"，如重、轻等后面会提到的，在那里，培根开始通过说"什么不是精气"来说明"什么是精气"。
② 卢克莱修，《物性论》，Ⅱ:62 – 332。
③ 卢克莱修，《物性论》，Ⅱ:83 – 5：
　　质料、产生事物的物体，
　　事物的种子或原初物体，
　　因为万物以它们为起点而获得存在。

特，也就是说，从无知中也可以引出和提取事物的一些概念，而且还是清楚明白的概念。因此，关于原初质料的那种可能的证明，我认为我想到的证明最符合这则寓言的意义。所以说，我们必须继续讨论丘比特，也即原初质料及其属性，它们被包裹在这般的黑夜当中；我们必须搞清楚这则寓言对它有什么启示。

我并非没有意识到，这种观点对人类的感官和思想来说异常艰难，几近煎水作冰。事实上，我们清楚地看到，这样的危险在德谟克里特讨论原子的哲学中就已经发生过，因为它对自然的切入比较尖锐和深刻，与通常的概念相去甚远，故而被庸俗的大众视为不成熟的理论，在与他们喜闻乐见的其他哲学的较量中完全败下阵来，以致差点绝迹。不过，事实上，此人在他所处的时代享有无以复加的崇高威望，由于他拥有包罗万象的知识而被称为全能运动员（Pentathlus），并被普遍地认为是所有哲学家中最伟大的自然学者，故此他也获得了魔法师（Magus）的雅称。① 我认为，不管是靠亚里士多德的毒手尊拳和恶意中伤（他用奥斯曼人的方式为自己的哲学王国开疆拓土，哪怕杀光他所有的兄弟也在所不惜，但即便如此，他仍旧是那么忧心忡忡，如其所言，他生怕给后人留下任何可疑的蛛丝马迹），还是单凭他那些蛮横无理的诽谤，或是借由柏拉图的崇高威望和正派作风，都不能完全抹

---

① Diogenes Laertius, *Lives of the eminent philosophers*, 2 vols. （Loeb Classical Library）London and Cambridge, Mass., 1925, II, pp. 446 - 447 (IX. 37)："塞拉绪卢说，'如果《对手》（*Rivals*）是柏拉图所作，那么德谟克里特就是那个不同于俄诺庇得斯（Oenopides）和阿那克萨戈拉的无名人物，他出现在对话中，和苏格拉底讨论哲学，苏格拉底对他说，这位哲学家像全能运动员 [πεντάθλῳ]。事实上，德谟克里特对哲学的方方面面都很精通……'"但第欧根尼并没有说德谟克里特被当成魔法师，只说他是"波斯袄教僧侣和迦勒底人的学生"（II, pp. 442 - 443 [IX. 34]）。

杀德谟克里特的哲学。但是，当亚里士多德和柏拉图的哲学盛行于各大学派，并因教授们夸诞的宣讲而备受追捧时，德谟克里特的哲学却在更有智慧的人，以及那些献身于缄默和严苛沉思的人那里受到了极高的尊崇。当然，在罗马人志学的时代，德谟克里特的哲学尚且大行其道，因为西塞罗但凡提到他时都会给予最高的赞誉，不久之后，我们发现了诗人书面的纪录和颂扬，诗人似乎是根据他所处时代的判断来评价德谟克里特的（诗人一般都这样），

>他的智慧告诉我们，
>伟大的人，和那些注定树立不朽丰碑的人，
>可能出生在一个傻头傻脑、苦风凄雨的国家。

因此，不是亚里士多德和柏拉图埋葬了这种哲学，而是盖萨里克（Genseric）和阿提拉（Attila）等野蛮人把它推向了谷底。因为在那个时代，当人类的学问遭遇海难时，亚里士多德和柏拉图哲学的这些木板，因其材质的轻浮和虚妄而得以保存并流传至今，那些较为坚固的木板反倒先沉了下去，几乎遭人遗忘。但对我来说，从被忽视中拯救德谟克里特的哲学大概是值得的，主要是因为它在大多数事情上与上古时代的权威保持一致。因此，首先，丘比特被描述为一个特定的人，他们把幼儿、翅膀、弓箭等特征都放到他身上，后面我会单独再讲这些。

但与此同时，我假定古人已经规定原初质料（比如能成为万物本原的那些东西）具有形式和属性，而不是抽象的、潜在的和不成形的东西。当然，被剥夺的和被动的质料似乎只是人类心灵的虚构，因为对人类心灵来说，那些东西（抽象、潜在、无形式

的）最好理解，它们自身也最易被人类的心灵把握和改变。① 由此可见，形式（他们如此称呼）似乎比质料和动力更具现实性，因为前者是隐匿的，后者是可变的（fluctuates）；前者没有明显的受力活动，后者没有持续的静止不动。相比之下，其他的形象则被认为是既明显又不变的。如此一来，最早的和普通的质料好像就是配件和基质；无论什么运动都不过是形式的发散，形式是第一位的。

形式和理念在本质上的统治似乎就是从这里开始的，也即加了一层幻想。接着又加了些许迷信（像往常一样，错上加错），他们还带来了抽象的理念和他们的尊严，充满了信心和威望，这群做梦的人都快超过清醒的人了。但这些事情大多业已消亡，尽管我们这个时代有人试图在其自然的衰落中托举并复兴它们，他们的勇气可嘉（在我看来），不过很难成功。而且，如果没有偏见的阻碍，我们很容易看出，把抽象的东西设定为一个本原是多么地不合理。尽管有人坚持认为分离的形式确实存在，但没有人认为分离的质料也是如此，更不会有人把质料当成本原。从幻想的东西中构建实体似乎是艰难且反常的，而且也不符合对本原的探究精神。

我们不去追问，如何在思想上轻而易举地理解或区分实体的性质，但我们要问的是，现实中最初的和最简单的能衍生出其余实体的实体是什么。现在，原初实体的存在应当不亚于那些从它衍生出来的实体，某些方面更是如此。因为它是自我持存的（self-subsisting），其他事物依它存在。但事实上，他们对这个抽

---

① 培根当然相信物质有其自身的运动原则——这尤为体现在精气物质的运动中。

象事物的说法,并不比"认为世界和所有事物均由范畴[①]之类的辩证概念(比如由本原)构成"的说法自洽多少。因为无论认为世界是由质料、形式和缺乏构成,还是认为由实体及其相反性质构成,都没有什么区别。但是,几乎所有的古人,恩培多克勒、阿那克萨戈拉、阿那克西美尼、赫拉克利特以及德谟克里特,尽管他们对原初质料其他方面的看法各有不同,但他们一致认为,质料是活跃的,存在某些形式并能赋予在质料上,而且在质料内部就有运动的原则。没人对此持有非议,除非他想完全摒弃经验。因此,所有人都把他们的思想交给事物的本性。

然而,柏拉图把世界变成了思想,亚里士多德又把思想变成了文字,人们的研究恐怕在那时就开始喜欢逞口舌之快、专攻翰墨,而放弃了对真理更为严格的考察。如此说来,似乎此类学说更应该作为一个整体加以谴责,而不是个别地被驳斥,因为它们来自那些大言侃侃却胸无点墨的人。这种抽象的东西仍属口舌之争,而非宇宙的问题。

但是,一个正确而有条理地进行哲学研究的人必须解剖自然,而不是从中抽象出某种东西(因为那些不愿意解剖自然的人只能对其进行抽象),他必须贯彻原初质料与原初形式相统一,同时也与我们所发现的运动之第一原则相统一的理念。因为对运动的抽象也孕育了关于灵魂和生命等类似的漫无边际的幻想,好像这些情况不是由质料和形式来满足的,而是取决于它们自己专

[①] 对《物理学》中亚里士多德之范畴概念的评述见 John E. Murdoch, 'From the medieval to the Renaissance Aristotle', *New perspectives on Renaissance thought: essays in the history of science, education and philosophy in memory of Charles B. Schmitt*, ed. John Henry and Sarah Hutton, Duckworth: London, 1990, pp. 163 – 176, pp. 171 – 175。

有的原则。但质料、形式和运动原则绝不能被拆开,只能加以区分。我们应该知道,质料(无论它是什么)是如此被装饰、潜存和形成的,以至于每一种卓越性、本质、动力和自然的运动都可能是它的结果和分支。我们也不必担心事物会因此失去能动性,或担心我们无法理解周围的变化,稍后我会对此做出解释。现在,寓言证明,原初质料以这样的方式获得某种形式:丘比特是一个人,但质料作为一个整体,或质料的总量,曾经没有形式,因为卡俄斯没有形式,丘比特是一个人。这与经文的记载非常吻合。因为经文没说神起初创造质料,乃是创造天地。①

这则寓言还对创世工程之前的事物状态增添了一些描述,其中明确提到了土和水,这是形式的名称,但总的来说,这团东西还未成形。尽管丘比特在寓言中被描绘成一个人,可他仍是赤身裸体的。因此,在那些坚持质料是抽象的人之后,紧接着的是那

---

① 培根在此表达了和其他地方一样的意思,即质料绝非亚里士多德所说的纯粹潜在,或失去了一切性质的原初物质,相反,它是被创造出来的具有确定属性的东西,并由此流溢出自然万物的性质。因此,丘比特不是抽象的东西,而是一个具象的人,也即一个个体。同样,原子论者们也赞同这种观点,他们将特定的性质归于永恒的基本粒子,这些粒子在宇宙形成的刹那就已经存在了。培根自然是没有跟着原子论者的步伐;相反,他按照圣经的说法,认为物质是被创造出来的,且带有特定的性质和力量。因此,"混沌"并不是指未成形的单个物质,而是不同种类的被造物的混合状态。圣经对这些不同种类的存在物早有记载,天和地(或说土和水)是在神创世六日之前就已存在的实体,培根将其视为物质完成赋形后(informed)的范畴的名称。于培根而言,"混沌"意指由此类已被赋形的物质之碎片组成的大杂烩,神后续的创世活动也要从这碗大杂烩中提取材料以构成宇宙的结构。培根曾两次声明,混沌只是尚未成形的"整体"(ex toto)或"次整体"(secundum totum),也即宇宙秩序的缺乏。《天体理论》似乎提过从创世之混沌中生发出来的物质的种类。

些把它弄错的人（但以相反的方式），他们给质料披上了外衣。在我已经讲过的关于适用于原初质料的，以及关于质料本身的异质性的证明中，我简要地提过这一点。但现在正好到了我着手处理这件事情的时候。

因此，我们必须看到，那些把万物本原建立在有形式的质料上的学派、把原生和赤裸的形式归于质料的学派，还有那些给质料加上套子披上外衣的学派，分别是谁。现在，我们发现，对此共计有四种学派的观点。持第一种观点的学派认为，事物有某一本原，而该本原的可变化性和可分配性构成了实体的多样性。持第二种观点的学派认为，事物的本原实际上是单一且固定不变的，而实体的多样性则源自这一本原的大小、形状和位置的差异。持第三种观点的学派认为，事物有许多本原，实体的多样性被归结为这些本原的混合（temperamentum）和结合。持第四种观点的学派认为，事物有无数的，或至少是数目繁多的本原，它们是具体且成型的；这些本原不必设计任何东西来解释事物的多样性，因为它们从一开始就区分了自然。

在我看来，以上观点只有第二个流派能代表原生、赤裸的丘比特之真实面貌。而第一种说法隔着一层面纱，第三种穿着大氅，第四种实则披着斗篷，几乎看不到它的真容。为了更好地解释这则寓言，上面的每一种说法我都会简单地说上几句。

因此，首先，在那些建立了事物的一个本原的学派中，我没有找到一个声称土是本原的人。这诚然是因为土的性质，它安静、迟钝、不活跃，而且在身位上服从于气、火和其他元素，所以没人会接受这种说法。尽管如此，最古老的智慧却将大地之神置于混沌之神的旁边，先让她成为母亲，再是天空之神的新娘，世间万物皆产自他们的结合。但是，不能因此理解成古人曾把土作为实质性的本原,而应认为它是图式或系统的本原,也可以说成是它们的起源。① 因此,我把这个问题交给接下来的卡卢姆的寓言,我将在那里探究起源,但在此之前,我会先探究本原。

泰勒斯认为水是万物的本原。因为他看到质料散落于湿气当中,而湿气就是水。因此,把实体的卓越性和力量,尤其是它们生成和恢复中最主要的元素设定为万物的本原是合理的。动物在潮湿的环境中进行繁殖,植物的种子和果核也是如此,只要它们还活着,没有破损,就会变得娇嫩柔软;金属也会融化流动,就像大地的浆水汁液,也可以把它们说成是一种含矿的水流;雨露或河流的灌溉使大地肥沃和复苏,泥土似乎不过是水的渣滓和沉淀物;空气显然是水的蒸发和膨胀;此外,火就其自身而言并不能生产,根本持久不了,除了湿气以外它也得不到任何滋养。火焰和火在肥厚的湿气中才能持续燃烧,这似乎是一种对水的熟化和凝结;同样,水的本体和质量遍布宇宙,作为万物的依托;海洋环绕着大地;地下有大量的淡水供应,从中流出的泉水和江河像静脉一样带着水淌过地表,横贯其内。

大气层聚集了大量的蒸气和水,就像另一个水的宇宙,也是它们使下方的水和海洋得到修复和更新。他甚至认为,天上的火在啃食这些水和蒸气,因为它们既无食物维持生计,也得不到别的东西滋养。他还认为水的微粒(也即水滴)和宇宙有相同的形状,即圆形和球形;除此之外,在空气和火焰中也能注意和观察

---

① 从《天体理论》中表达的意思来看,土是一个"图式或系统"的本原是有意义的,如果土不是固定的"分离、离散系统"(dissolvitur & spargitur systema)的话。此处采用了图式三种含义中的其中一种,也即宇宙的结构。

到水的波动；最后，水的运动是放松的，既不迟缓也不格外急促，鱼和水生动物的繁殖也极为丰富。

但是，阿那克西美尼认为气是万物的本原。因为如果在寻找本原时要考虑占比的话，那空气在宇宙中似乎占据了最大的空间。除非确实存在一个独立的真空，或我们接受天体与月下区的物体是异质的迷信说法，① 否则，从大地的表面到天空的尽头，除恒星或流星所占的空间以外，似乎都充满了空气的实体。现在，我们所处的星球较之周围的天空就像一个点。但是，在以太中不是仅有一小部分的空间挂着星星吗？因为离我们越近的地方星星的数量越少，乃至寥寥无几，越远的地方星星则越多，可谓恒河沙数，但与星际空间相比，星星所占据的空间仍微不足道，因此宇宙间的一切事物都好像在一个近乎无限的空气汪洋中拍浮游荡。不少的空气和精气在地球的水域和空隙中占有一席之地并长居于此，水由此获得流动性。除此之外，它们有时也会扩散和膨胀；不仅地球的多孔性是事实，而且它的颤抖和震动也是被挤压的风和空气存在的确切迹象。

那么，如果本原需要一种它特有的中间性质来确保自身的千般变化，那么我们肯定能在空气中找到它。空气就像事物的共同纽带，不仅因为它无处不在，可以进入并占据空缺的间隙，更是因为它似乎具有一种中间和无差别的性质。因为它是这样的物体：能吸收并传递光、暗以及各种色调的颜色和晦暗的日食；能以其高超精准的振动来区分音乐和（更令人吃惊的是）发音的印象和特征；能维持各种不同的气味而不混淆它们，除了普通的甜

---

① 培根反对亚里士多德区分月上区和月下区的说法，培根在这里似乎是把自己的观点夹杂在对阿那克西美尼哲学的总结中。

味、臭味以及令人发闷的味道和刺鼻的味道等，还有一些特殊具体的，比如玫瑰或紫罗兰的气味；同样也有热、冷、湿、干这些众所周知的全能性质；是水蒸气、油气、盐精以及气态金属悬挂和漂浮的地方；最后，是传递天体光线的地方，也是各种事物结合或疏离、化合或分解的地方。所以空气就像混沌的第二种形态，许多事物的种子在其中活动、飘荡、相互作用与测试。

最后，如果你认为事物的生长能引导你找到万物本原并使之显现，那么空气便再好不过了，至于空气、精气和灵魂的名字，在实践中时常会被混同。这还算情有可原，因为呼吸是生命在其成熟形式中不可分割的部分（也即除了胚胎和卵中的生命雏形），比如当水面结冰时，鱼儿就会窒息。哪怕是火也需要周围空气的激活才不至于熄灭，这一过程就是空气被摩擦、激活，然后点燃；另一方面，水看起来就像凝结并向内压缩的空气。[1] 大地也一直在释放空气，在变成气体的形式之前不需要经过水的状态。

赫拉克利特的观点更为敏锐，但缺乏可信度，他认为火是万物的本原。因为他并不寻求一种中间性质（通常是极为不稳定且易腐败的）去构成事物的本原，而是追求一种高尚且完美的性质，它可能是腐败和变化的终点。现在，他发现，事物最大的变化和混乱存在于坚固并且一致的物体之中。因为这种物体可能是有机的，比如机器，按形状分又有无数种，比如动物和植物。

然而，只要我们近距离地观察，就会发现，即便是非有机体，也是千姿百态的。动物的所谓相似部分之间的差异有多大呢？大脑、晶状体、眼白、骨骼、膜、软骨、神经、静脉、肉、

---

[1] 培根在《新工具》（第 2 卷，第 12 则、第 36 则）中对此持完全否定的态度。

脂肪、骨髓、血液、精子、精气、淋巴和其余部分。还有蔬菜的各个部分，根、树皮、茎、叶、花、和种子等。诚然，化石不是有机物，然而，它们在单一物种中均有不同的复合体，而且彼此之间表现出非常丰富的多样性。

因此，实体广博的多样性是眼前如此之多事物得以显现的基础，这些东西似乎都是固态的自然物，然而，对于液态的物体而言，有机图式的力量就不那么显著了。因为在整个可见的自然中，我们都看不到液态的动物或植物。因此，这纷繁的多样性和液态的性质有着云泥之别。话虽如此，液态的性质中仍有不少的多样性，这体现在熔化的物体、汁水、蒸馏水等类似的多样性中。但在气态物和气体中，多样性会有更大的限制，一种事物之间难以区分的相似性取代了它。当然，有时我们用来辨别液体的颜色和味道的能力完全消失了，但辨别气味和其他一些东西的能力依然还在，只是以一种短暂、混乱和不太连贯的方式存在，因此，一般来说，物体越是接近火的性质，其多样性就越少。

可一旦我们达到了更为纯粹的火的性质，那么所有的器官、属性以及差异就都无关紧要了，自然似乎聚集到了金字塔的顶点上，达到了其对应活动的极限。因此，赫拉克利特将这种点燃或迸发的火焰称为和平，因为它带自然进入了统一的状态。但他把生成称为战争，因为它领着自然走向了多样性。

此外，为了尽可能地解释这一过程（由此，事物像潮水一样起起落落，从多样到统一，又从统一到多样），他说道，火的凝结和稀薄有如下原理：对燃烧的稀薄化是自然直接和渐进的运动，而凝结化则是自然的一种倒退和衰落。他认为这个过程是由命运决定的，而且发生在一定的时间范围内（按照事物的总和），所以在某个时刻，这个转动着的世界会变成一团活火，接着再是恢复、燃烧和再生，如此这般永恒轮回。然而，他为燃烧和熄灭做出了不同的安排（如果有谁认真研究此人和他的判断，就会发现这是一个没有营养的传统）。至于燃烧的次序，他与一般的看法没有任何不同：稀薄和衰弱将从土到水，从水到气，再从气到火；但返回的路径有所不同，显然，他把顺序颠倒了。因为他认为火熄灭而产生了土——就像火的某种残渣和烟灰，这些东西又会孕育并收集湿气，水由此而出，水继而又释放了气。所以火能直接变成土，而无须逐步进行。

这样的，或者比这更好的思想源自那些专注于事物的单一本原，简单地观察自然而不吵吵嚷嚷的人。这类人的确应该受到称赞，因为他们只给丘比特穿一件衣服，使之最接近赤身裸体的状态，而且是一件（如前所述）如面纱般轻薄的衣服，肯定不能太厚实。

现在我用丘比特的外衣表示某种属于原初质料的形式，我们可以认为它与一切次级实体的形式大致相仿。但要驳斥他们关于水、气和火的说法并不困难，因为这些说法并无特别牢靠的基础，我好像也没有理由单独而不是笼统地讨论它们。因此，首先，这些古人似乎并未采用一种非常精妙的方式来探究本原；他们只是从可见的和显眼的物体中找出最卓越的那一个，他们把自己琢磨出来的东西当成万物的本原，仅仅是出于它非凡的卓越性，而不是因为它真的或实际如此。他们认为有价值的性质是唯一一种可以说是表里如一的性质；而其余的性质别无二致，只是外在表现各有不同，所以他们要么用比喻的方式娓娓道来，要么受蛊惑而胡言乱语，因为他们过分执拗于那种更有力的印象，以至于完全忽略了其他印象。

但是，真正的哲学家应当对一切事物都冷眼旁观，最小、最稀有、最孤独的实体与最大、最常见、最热闹的实体有同等的可能成为事物的本原。尽管我们人类对经常遇见的实体印象更深,可事实上,自然的恩典遍及万物。但如果他们选择本原是出于简单的而非出类拔萃的卓越性,那就会陷入一种相当麻烦而且模棱两可的修辞当中,因为他们所主张的东西既非自然的火,也非自然的气或水,而是某种概念性的奇思妙想,它们虽然也被称为火、气、水,但却名不副实。

此外,他们同样也遇到了支持抽象质料的人所面临的困难;因为后者全然接受潜在的和幻想的质料,而前者只是部分地接受。

再者,他们认为质料对某一事物(也即他们的本原)来说是形式的、现实的,但对别的事物而言只是潜在的。这种单一的本原似乎并不比抽象的质料更有吸引力,除了以下这点——它能给人类理智呈现一些东西,使人类的思想更稳定、更满意,并让本原自身的理念变得更具现实性,尽管所有其他事物的理念会因此变得更加玄奥和晦涩。当然,那时范畴(Prœdicamenta)还没有开始主宰哲学,它本可以给予抽象物质的本原以实体之范畴的关照和保护,使之得到庇护。[①] 因此,没人敢去想象一种显然是臆造的东西,但他们根据感觉建立了一个本原、一些真切的实体,这种做法太过放纵,不切实际。因为他们没有发现,自己其实甚至没有发明任何东西来解释由于什么欲动(appetite/appetitus)或刺激,又是什么原因、手段或诱惑,使他们的本原从自身衰退,又从别的地方再次复原。

[①] 有关亚里士多德"范畴"的讨论,见亚里士多德,《形而上学》,983a – 984b。

但是，既然宇宙中出现了如此庞大的对立属性，如密和稀、热和冷、光和暗、有生命的和无生命的，以及其他种种，[①] 它们彼此攻伐、轮番倾轧、互相残杀，假设所有这些都是从某种物质性的来源中产生，但活动样式仍未知，这似乎是一种疯狂的推测和对理智之探究的废弃。如果这些东西本身由感官确定，我们就必须忍受它，尽管它的活动样式是隐匿的，反之，如果理性的力量可以挖掘出某些更加方便可靠的方式，我们也许就不得不放弃表象了。但我们绝对不该接受那些既非感官察觉又非理性所能解释的实体。

另外，如果事物有某一本原，我们应该在所有事物中都能看到它的一些迹象，以及它的优先地位和主导程度，我们不会遇到任何与之截然相反的重要事物。进而言之，它应当在事物之中而非与事物分离，以便自己更易与其他事物发生关系，并使自己向周围蔓延。但我们并未在这些观点中发现这一点。土被隔离开来，与本原分庭抗礼，它似乎具备并培养了与这三种本原相反的性质，它那种静止而不透明的性质会与火流动而清晰的性质相对立；同样地，它密集而坚硬的性质与气稀薄而柔软的性质对立；它干燥、僵硬和粗糙的性质与水湿润而柔顺的性质对立；另外，土本就处于中间位置，其余的元素则被晾在一边。此外，如果事物只有一个本原，就事物的生成和消解而言，它的性质应当对这两者一视同仁。本原分化为万物，万物又归复于本原，这般生产消亡就是本原的自然。

但情况并非如此，因为这些物体，比如气和火似乎不适合为

[①] 在培根的哲学中，正是这种二元对立构成了自然字母表中的图式谱系或说简单元素。

质料的生成提供养分，但它们能自行消解。另一方面，水是富饶且利于生成的，但不太适合甚至有违分解或复原，事实上，只要一会儿不下雨，我们就能看到这种情况。再者，腐烂本身并不能将事物还原成干净天然的水。但迄今为止最大的错误在于，他们构建了一种有朽、必死的本原。当他们引入那种把自身的性质屏蔽或搁置在复合体之外的本原时，有朽的本原就出现了。

> 因为任何东西的改变如超过其界限，
> 就等于原来那东西的立刻死亡。[①]

但我现在更需要这样的论证，按照之前的顺序，我的讨论现在已经轮到了第三个流派，他们主张事物有多种本原。看起来，这一流派颇负盛名，但也饱受非议。因此，我将逐一考察他们的观点，而非笼统地一笔带过。

因此，谈到那些坚持事物存在多种本原的流派时，我会把认为本原无限的人撇在一边。因为无限的话题属于卡卢姆的寓言。但在巴门尼德这样的古人看来，事物存在两个本原，即火和土，或说天火和土。因为他认为太阳和恒星才是真正的火，它纯粹而清澈，不像我们地上的火那样残缺堕落，倒像被扔到地上摔成残废的火神伏尔甘。事实上，特勒肖（Bernardino Telesio）在我们这个时代复兴了巴门尼德的这些观点，他是一个强大的人，他利用逍遥学派的推理（如果他们的推理真有什么意义的话）反对他们，但他这种积极的响应也有不足，比如他善于打破却拙于建立。现在鲜有文献能详尽地记载巴门尼德的发现。尽管如此，普鲁塔克（Plutarch）在其《论原初的冷》（*On the Primal Cold*）一

[①] 卢克莱修，《物性论》，Ⅲ.519–20。此处的引用是准确的。

书中清楚地表达了类似的观点,这篇文章似乎摘抄了现在已经散佚的一些古文。① 其中包含大量的猜测,相比发表这些猜测的作者本人,前者的论断反而更为敏锐也更顺耳,特勒肖正是受此启发,将这些猜测熟练且充分地运用于他对事物之性质的评述当中。

该流派的学说如下:原初形式和原初能动实体的原初实质是热和冷;虽然它们以非实体性的形式(incorpo-really)存在,但却是被动、潜在之质料的基础,这些基础能滋养实体性的物质,并驱动它们运动,尽管它们自身缺乏动能;光是热的迸发,至于耗散的热,则能通过聚集而倍增,变得强大、可被感知。类似地,冷会引起辐射之自然的逃逸和混乱,进而引发黑暗;稀和密犹如一张相互交织的网络(texturas and telas),正如热和冷的关系;事实上,

---

① 作为对帕特里奇(Patrizi)的回应,帕西奥(Telesian Antonio Persio)接受了巴门尼德的观点,即热和冷是事物的两种本原,并对此补充道,这是特勒肖和巴门尼德唯一的相似之处。后来,帕特里奇本人也煞费苦心地指出了特勒肖和巴门尼德的哲学之间的差异,康帕内拉(Campanella)也将特勒肖和巴门尼德的哲学关联起来。把帕特里奇与巴门尼德和特勒肖相关联的讨论见 A. L. Puliafito, *Metafisica e scienza nella* Nova de Universis Philosophia *di Francesco Patrizi da Cherso*, unpub. diss. Università degli Studi di Firenze, 1986, p. 407; 同上,"La fisica telesiana attraverso gli occhi di un contemporaneo: Francesco Patrizi da Cherso", in *Bernardino Telesio e la culturanapoletana*, ed. Raffaele Sirri and Maurizio Torrini, Guida Editore: Naples, 1992, pp. 257 - 270, pp. 262 - 265。十六世纪对特勒肖与巴门尼德的批判见 Garin, "Telesiani minori", pp. 202 - 204。普鲁塔克对冷的讨论见 *Moralia*, 15 vols. (Loeb Classical Library) London and Cambridge, Mass., 1927 - 69, XII, pp. 225 - 285; 也见 *Francesco Bacone: dainaturalisti Greci a Telesio*, ed. Enrico De Mas, Laboratorio Edizioni: Cosenza, 1988, pp. 119 - 121。(这本书的大部分内容都是《论本原和起源》,即本文的拉丁语原文,对开页兼意大利语翻译。)培根对巴门尼德的了解基本源自《明哲言行录》,"他认为有火和土两种元素,前者担负工匠的职能,后者做他的质料。人类生息繁衍乃以太阳为第一原因;构成万物的热和冷超过了太阳本身。"

热和冷是它们的创造者和杜撰者，冷使之凝结变厚，热使之分离变薄；这种交织的纹理图式让物体获得了一种预备或敌对的运动倾向，也即，在稀薄的物体中是就绪且友好的，在密集的物体中则是敌对且不活跃的。因此，热通过稀薄来激发运动，冷通过密集来抑制运动；因此存在着四种同质配对的性质，而且它们分为两组，保持着我所说的那种相互关系（如热和冷是源头，其他事物由此而出），但始终勾连、不可分割。这四种性质，热、光、稀和可动的对立面是冷、暗、密和不可动。第一组的位置和舞台位于天体、恒星、特别是太阳上，第二组则被放在地上。从天体上完美、完全的热和它高度展开的物质来看，它格外的热、亮、稀和可动。反之，从地上完全、未加反应的（unrefracted）冷和收缩到极致的物质来看，又格外的冷、暗、密、完全不可动甚至极其害怕运动。

天体在高处保持着它们完整且完全的性质，其间不乏多样性，但彼此之间完全不会发生纷争；大地的深处或最深处也有类似的恒定性质，但在靠近外圈极限的地方又会有对立的物体相互接近、聚集，进而击打、折磨并排斥对方。因此，天体就其整体和实质而言是热的，并完全没有任何与之相反的性质，只是有的地方更热，有的地方不那么热。因为恒星体的温度是非常高的，而星际之间的区域则稍次之。另外，有些星体本身也会比其他的星体更热，燃烧得更猛烈，亮度随之也更大，至于与之相反的冷——无论何种程度的冷，都不会出现在那里；尽管那里允许多样性的存在，但相反的性质还是不行。

然而，我们绝不能从普通的火中得出关于天体的热或火的结论，因为后者是完整且原生的。而我们这里的火却脱离了它应在的自然位置，颤抖着被对立的性质包围，以至于要靠乞食才能延续自己的存在，处于一种逃逸的状态。天上才是它真正应在的地方，那里没有任何相反性质的物体会攻击它，它是恒定的，所以不需要其他东西的滋养，而是通过自身或与其类似的东西维持运转，还能不受干扰自由地进行其他适当的运动。

此外，天上到处繁星点点，只是有些更亮，有些稍次。因为在现今已知的可以计量的恒星中，有些只在晴朗的夜晚才能看到，这是因为银河中存在一批集中起来的小型星体群，它们结合在一起时会发出一种白色的光，但它们单独存在时就黯然无光，不可否认的是的确还有许多我们尚未观察到的星体，事实上，所有恒星都能发光，但即便璀璨如满天星斗，其光芒——紧密而且浓缩——也无法跨越如此遥远的距离来到我们这里。[①] 再者，整个天空都由稀薄的实质构成，比较松散，也没填充太多东西，但即便如此，有些地方的物质会铺得很开，有些地方则稍次之。

最后，我们发现，天体是最典型的可移动物体，它们能进行旋转和自转运动；圆周运动没有终点，或者说其本身就是终点，而直线运动却有终点，其终点是其他的东西，比如，可能是静止。因此所有的天体都在做圆周运动，无一例外，然而，即便如此，我们知道天体的热量、亮度和密度并不均匀，所以它们的运动也是如此，而且更为显眼，因为这种差异更能吸引我们的注意，甚至可以将其转化为计算。圆周运动可能有不同的速率和方向；速率有快有慢；方向可能既有完美的圆圈，也有螺旋状的轨

[①] 特勒肖其实并没有说银河是由诸恒星构成的，只说了银河里面有一些恒星，帕特里奇认为，有一些星星我们无法看到，但偶尔能在晴朗的夜空中观察到它们。培根在总结特勒肖的学说时，明显是想到了帕特里奇、吉尔伯特和伽利略。培根有时候似乎是把特勒肖当成了与他同时代的人，以为对方会知道他那个时代才会知道的一些知识。

道，但这种形状会导致天体不能完全复位（因为螺旋线是圆和直线的组合）。现在，这样的情况就在天上发生着，也即有不同的速率、离心点和螺旋轨道。因为固定的恒星和行星分别以不同的速度运行；行星的运行轨迹显然介于两条回归线之间；天体所处的位置越高，其运行的速率就越大，走过的轨迹也就更接近螺旋形。①

如果直接按照我们看到的那样设定一个单一的、自然的、简单的昼夜运动，并接受螺旋线运动的存在，而不是强行构建一个便于数学计算的完美圆环，并在方向问题上简化那些矛盾的运动，把由东向西（他们称之为"第一运动"），再从西往东（他们认为对应于行星的那种运动）的运动看成单一的运动，这需要通过前进和退后来缩减返回的差值，通过螺旋运动缩减对应于黄道带极点的差值，那就肯定会出现我说的这种情况。② 例如，月球显然是行星中最低的，同时也是最慢、最稀薄、最开放的天体，其运动方向呈螺旋形。这一流派对天体那个部分之性质的看法大致如此（鉴于它和相反物体的距离），即稳定不变的。但特勒肖并未明确表示他对旧有边界的看法，他是否认为所有位于月球之上的事物，连同月球本身的性质都是如此，或与之对立的力

---

① 此处应该是培根的笔误，培根其实是认为星球的位置越低，它的运动轨道就越像螺旋形。

② 尽管特勒肖否定了单独的周期运动的存在，但他的文章中并没有提到阿帕泰吉（Alpetragian，即 Alpetragius，十二世纪末天文学家，曾修缮过托勒密的行星运动体系，其著作 *On Astronomy* 拉丁文译本盛行于 13 世纪的欧洲）的物质学说。培根并未严格地概述特勒肖的哲学：有的地方是对原文的摘抄，有的地方则是培根自己的随性发挥，按照他的想象在"转述"特勒肖的话，其实是他自己的联想，有的地方又会将特勒肖以外的哲学家放进对特勒肖思想的转述中。

量能否到达更高的地方。

至于地球（这里聚集了诸多相互对立的性质，是它们表演的舞台和场所），他同样断定其最大的部分是未受污染和干扰的，即使天体也不能影响那里。但他也说，我们没有理由去窥探它的种类。我们需要做的仅仅是去确定它被赋予了这四种性质，即冷、暗、密和静止，而且这些性质绝对丝毫不会衰退。

他把事物的生成放在地球的表面，即那个像外皮或外壳（corticem, aut incrustationem）的部分，并假定我们所知的——无论以何种方式认识的——所有实体，哪怕是最重、最硬和最深的，比如金属、石头和海洋，均由土构成，或是通过一定程度的改变，或是通过天体热量的加工，它们已经吸收了一些热量、辐射、稀薄性和可动性，相应地，其性质也介于太阳和纯粹的土之间。因此，随之而来的结论是，纯粹的土必然位于海底的最深处、矿井的最低点以及所有生成的事物之下；在纯粹的土和月球之间，或者更高的地方，存在一种由气和土的混合和反应所构成的中间性质。① 于是，在充分强化了两个王国的内部后，特勒肖发动了入侵和战争。所有的动荡、冲突和地狱般的混乱都被他在这一空间内——天空的最高处到大地的最低处之间——发现了，帝国的情形与此类似，边境烽火连年，内地却海晏河清。因此，这些性质及其实体具有不断生产、繁殖并向四周扩展的欲动和能力，它们占据整个物质的质量，相互攻伐、蚕食，彼此驱逐、排挤以使对方脱离其应在的位置，并在此进行自我建设，另外它们还能感知

---

① 旧有边界即指地球深处和月球区域之间的边界地带。培根用吉尔伯特的说法，即"外皮或外壳"来表示特勒肖所谓的易变区域。他这种表达或许比特勒肖更清楚地指出了这一区域和地球深处的差异。

和领会自己以及其他性质的力量和作用,进而感知、移动和调整自己;各种实体、运动和卓越性便出于此——各种性质及其具象产物的竞赛。然而,在某些地方,他有点犹豫要不要给物质分配一些它自身的力量,一是它的增减不由形式和活动的实体决定,而由一个普遍的总和构成;二是它意指重力或下降的运动;他还提到了物质的阴面。但显而易见的是,同等体量的热和冷在展开的物质中会削弱它们的力量,在折叠的物质中会增强它们的力量,因为它们填充的不是自身的尺度,而是物质的尺度。

接着,特勒肖想通并解释了这个竞技比赛为何能诱发产生如此丰富多样的实体。第一,他把地球确立为下位本原(inferior principle),并说明了地球为什么永远不会被太阳摧毁吸收。这里的重点是,他记下了地球到固定恒星的这段超长距离,以及地球到太阳本体的距离,这一距离足够大,所以能测得足够准确。第二,他指出太阳光线在地球的不同位置会有垂直方向上的偏斜角;换言之,地球的大部分区域都不能接收垂直的太阳光线,且它的入射角也不垂直,所以异乎寻常的热量无法均匀洒落到地球表面。第三,当太阳穿过黄道带时,它的运动较之地球的相同部分存在一定的倾斜度,这导致无论太阳的热量有多大,都无法持续加热,而是会在较长的间隔后折返。第四,太阳昼夜运动的速度极快,能在极短的时间内完成一个大循环,这导致留在它身上的热量不会太多,而是转瞬即逝的。第五,太阳和地球之间存在着连续的物体,也就是说太阳并不能通过真空把热量完整地传递过来。事实上,太阳光在行进的过程中会遭到许多障碍物的阻拦,为了不影响进程,它会损耗巨额的能量与之战斗;更重要的是,它走得越远就会变得越弱,所遇的物体也越难缠,特别是地表附近,那里除了阻力之外,显然还有某种排斥力。

但他声称变化的过程如下。战争绝对是残酷无情、两败俱伤的，这些相反的性质不会依靠任何旗帜，或援引第三方的力量，除了元质（hylen）。因此，每种性质都表现得异常饥渴、努力和好斗，这完全是为了摧毁另一种性质，并让自身和自己的性质单独主导对方的质料，因此太阳的职责（正如他经常明确提及的那样）完全是为了把地球变成太阳，（另一方面）地球的职责是把太阳变成地球；这并不妨碍世间万物按其恒定的秩序、明确的时间和适当的尺度运转；一切行动都在适当的时候开始、运行、发展、衰弱和停止。这并非源于任何联盟或和谐的法则，而是完全源于力量的缺乏：事物的卓越性和作用不是来自对卓越力量的限制（这种力量渴望不被削弱），而是来自相反性质的打击或压制。一项操作的多样性、多重性及事实上的复杂性完全出自以下三种东西之一：热量、物质的配置（disposition）及运动方式；但此三者又相互关联，彼此互为共轭性的原因。热本身在力量、数量、持续时长、介质和连续度上各有不同；但连续本身也有许多变化，有前进和后退、有增强和减弱、有跳跃或精细的渐变，还有折返或（在或长或短的间隔内）重复等类似的改变。① 因此，热量在力量和性质上的差异最为显著，这取决于它与第一来源（即太阳）相比是更纯粹还是稍次之。

但热不一定会强化热，因为当它们彼此相差甚远时，一种热对另一种热的消灭和破坏并不亚于冷，它会发挥自己特有的作用，以抵制和反对另一种热的活动，所以特勒肖使较小的热像叛徒和逃兵一样对待较大的热，仿佛冷的共谋者。因此，潜藏在水

---

① 特勒肖攻讦亚里士多德的理论，即太阳在靠近地球时会滋养天体，远离地球时败坏它们；相反，他辩称，影响热之运动方式的变量是多方面的。

中的微弱热量完全摧毁了火中熊熊燃烧的旺盛热量,同样地,人体腐臭的体液之不同于自然的热也会扼制熄灭自然的热。所以说,热量多寡所产生的巨大差异是一件极为明显的事实,对此无需赘言。因为一两块煤燃烧所产生的热量显然不能与一整堆煤相提并论;太阳光反射所产生热量的倍数最能体现热量之多寡的影响;因为简单反射只能产生双倍的热量,而复杂反射则能产生数倍的热量。但我们也应将此归并或增添到热中,事实上,这在垂直和有一定角度的光线中体现得最明显,因为直射光线和反射光线相交的角度越近、越锐利,它们发出的热量就越强。此外,太阳本体,若被固定在狮子座α星、大犬座α星或室女座α星的位置上,它的周边便会有更大更猛的火焰环绕,也就能呼出更强有力的热气。

热的持存显然是最重要的一项操作,因为一切自然的卓越性都尊重遵循它们的时间,既需要一些时间来部署它们的力量,也需要大量的时间来加强它们。因此,持续存在的热使均匀的热变成了渐进、不均匀的热,因为前后相随的热是连接在一起的。这点在秋季的热浪中尤为显著,那时的感觉比夏至日还要热,夏季的午后也是如此,感觉比正午还热;另外,寒冷地区热量不足的情况有时会被夏季白昼的持存和长度所弥补。介质在输送热时的力量和效率是值得注意的。这就是季节变化无常的原因,在如此难以言喻的不稳定性中,我们有时会发现天空在夏季时阴冷,在冬季时温暖,与此同时,太阳始终保持着它恒定且应然的路线和距离;另外,在南风和多云的天空下,玉米和葡萄成熟得更早。[①] 此外,在不同的年轮中,天气的性情和态度也不一样,

---

① 相关的例子是培根想出来的而不是特勒肖。

有时是瘟疫和疾病，有时是健康和适宜，它的原因和起源来自中间性质之空气的变化，后者的性情随季节变迁而改变，这也许是一个漫长的过程。

至于热的连续以及一种热和另一种热的跟随顺序，它的性质多种多样，所以其卓越性也最为突出。如果太阳本体相对于地球及其各部分的运动构造没有很大的不平等和变化，那么太阳就不可能产生如此众多和多产的后代。太阳的运动是圆形、快速、倾斜、能自我更新的，所以它既有存在的时候又有不存在的时候、既能靠近又能远离、既能垂直又能倾斜、有时返回得快有时返回得慢，太阳照过来的热量向来都不是恒定的，它在哪里都不能（除了热带地区）快速折返，所以生发者（generator）与生成者（generated）各自的巨大变化始终出奇地一致。除此之外，还可以加上介质或载体极其多样化的性质。更重要的是，其他关于单一热的不均匀和程度差异的说法也能适用于不同热量的连续变迁和变化。因此，亚里士多德把事物的产生和腐败归因于太阳的轨道倾斜，视其为有效原因，如果他不是因为渴望制定法则，以充当自然的仲裁者，根据自己的需求去区分和调整事物，从而破坏了一个良善理念的话，那这就没有错。他应该把生成和腐败（这不仅意味着破坏和消逝，也象征着孕育和新事物之产生）归于太阳热量整体上的不均匀，也就是归结为太阳前进与后退的联合作用，不应单把生成归于前进，腐败归于后退。在这件事上亚里士多德表现得非常愚蠢，因为他做了一个极其庸俗的判断。

现在，如果有人不认同把太阳当作万物之成因，只因太阳被视作火，而火不能产生任何东西，那这种反对就太过草率了。认为太阳的热和火的热是异质，这种说法显然是痴人说梦。因为太阳和火的作用是一致的，有无限的力量，如水果的成熟，对处于寒冷气候中喜阳植物的保护，卵的孵化，尿液清澈的恢复（我把太阳的热与动物的热放在一起讨论），使因寒冷而僵硬的小动物苏醒，露水和蒸气蒸发等类似的活动。

话虽如此，我们这里的火仍是一个演技拙劣的模仿者，不能很好地仿照太阳或接近它的活动，因为太阳的热有三种属性，所以普通的火不太可能学到它的多端变化。首先，它的距离既不过近也不过远；然而，在某种程度上这还是能够适应的，因为我们只是无法测量这种热，而非无法获得。其次，它在这么多不同的介质中流动、滑行，借以获得不同的生成性力量；毕竟，它能随着这种有规律的不平等做出相应的增减进退，而绝非断断续续地进行。我们这里的火基本上不可能模仿最后的这两种品性，尽管这个问题可以靠敏锐而有针对性的努力去推进。那么，以上便是特勒肖对热之多样性的看法。

但是特勒肖几乎没有提到冷——也即相反的本原——以及它统摄自身的方式，除非他觉得接下来要讲的有关物质之配置的说法可以弥补这一缺漏；不过，这不是他应该做的事情，因为他根本不想把冷看成是热的缺乏，而仅将其视作单独的、完全活跃的本原，是与热旗鼓相当的竞争对手。他对物质之配置的说法表明了物质是如何受热的作用和转化的，而对冷却只字未提。但是，对于冷（我会以最公平的态度处理所有人的意见，宛如我发自内心地支持他们），他或许会这样辩解：冷的不可移动和固定位置与热的可移动和可变结构亦步亦趋、山鸣谷应，就像铁砧和铁锤般契合。如果这两个本原都有变化和改变，它们无疑会产生临时性实体。另外，热的巨大区域（也即天体区域）在某种程度上由地球本体及周遭致密物体构成，因为我们考察的不是空间，而是空间中的物质数量；至于冷的性质，以及它的卓越性和比例，我们有充分的理由缄默回避，或以寥寥数语将此一笔带过，因为我们无法从经验中获取有关它的确切知识。我们这里的普通火可以作为太阳的替代品来展示热的性质。但地球上的冷却没有什么现成的替代品可用于实验。冬季或地球周围最寒冷的空气中，那些凛冽刺骨的冷远不如冻结于地球内部原初的冷那么极端，因为人们能感觉到的可控制的冷与他们在夏季或炎热的地区感受到的热一样，远不如太阳上熊熊燃烧的火那样猛烈，相较之下甚至还算凉爽。

但我们不能再在猜想上驻足了。鉴于此，我们接下来必须看看特勒肖对热所作用的物质之配置的说法，以及什么是促进、阻碍和改变热力作用的东西。这主要体现在四个方面：第一个区别来自预先存在（pre-existent）或非预先存在的热，第二个来自质料的丰盈或贫乏，第三个来自加工的层级，第四个取决于热所作用的物体是开放的还是封闭的。

关于第一个区别，特勒肖认为在我们已知的所有实体中，存在着某种潜在、隐藏的热，虽然我们难以察觉这种热，但它能与新的或者后有的热结合在一起，自身也能被同样的外来热所激活，进而以适合自己的方式完成自身的行动。一个值得注意的点是，无论何种实体——金属、石头、水、空气——只要接触或靠近火和热的物体就会变热。除非有一种预先存在、隐藏的热，能为新的、显眼的热打基础，否则就不会这样。他还认为，实体着火的势能与其预先存在的热的尺度相当。空气只需少量的热就会变暖，这股热量若被放在水体中则很难引起我们感官的察觉。同样地，水比石头、金属或玻璃更易被加热。尽管某些物质，如金属或石头好像比水热得快，但这只发生在它们的表面而不是内部，因为固体物质各部分间的相互作用稍次于液体。

因此，虽然金属的表面比水的表面更易加热，但整体却不如水热得快。

第二个区别在于物质的浓度和体积。若它是致密的，那么热的力量就更集中，也更易被强化；反之，若它是松散的，那么热的力量就更分散，从而更易被削弱。因此，金属燃烧所产生的热量比沸水乃至火焰本身还要强，只不过火焰因其稀薄性更多是悄悄蔓延开来。煤炭或木头的火势需要借助空气才能燃烧得特别旺盛，进而才能依靠运动轻松地穿透；有些火焰的确（比如点燃的酒精，尤其是少量且分散开来的酒精）相当微弱，以至于你几乎可以忍受触摸它时所带来的痛觉。

第三个区别是对质料的激发程度。他提到了七种不同层级的作用，其中的第一种是柔韧性，即物质的配置使物体在某种程度上屈服于其他更大的外力（violence），进而忍受压缩乃至延伸，总之，它是灵活且易延展的。第二种是柔软性，无须借助任何巨大的外力，物体就会让位于最轻微的冲击，对于手的触碰也不会有明显的抵抗。第三种是黏性或韧性，这是一种流动的性质。一个有黏性的物体在接触和拥抱另一个物体时会开始流动和扩散，而不是将自身保持在本来的范围内，尽管它不是自主自发地流动；因为流体跟随自己，而黏性物体则更倾向于跟随其他东西。第四种是流动性本身，拥有内在精气的物体会跟随自己的意向而运动，它很难限制自己或将自己固定于某处。

第五种是蒸气，当物体被稀释成无形的东西时，它也会以更大的灵活性和机动性去生产、流动、起伏和颤抖。第六种是呼出物（halitus，[此处即热气]），这是一种更加精细成熟的蒸气，它会朝着燃烧的性质迸发。第七种是空气本身；然而，特勒肖认为空气需要一种力度适中的原生热滋养，因为即使在最寒冷的地区，空气也不会结冰或凝固。① 还有一个迹象能清晰地表明空气在本质上是热的，从普遍的气体中抽离出一块封闭的空气并任其自生自灭，它明显能保持温暖，如羊毛和纤维体中的空气就能如此。又如，在一个密不透风的空间内我们会感到闷热，这也是热的作用。现在，之所以会出现这种情况，是因为封闭空间内的气体能发挥它本有的性质，而外面的开放空气则被地球持续排放的冷所降温。

除此之外，我们这里的普通空气与天体上的气体有极其细微的相似之处，换言之，它本来就有一些光，因为我们发现动物能在夜间和黑暗的地方保持视力。那么，在特勒肖看来，至少就中间物体而言，这就是物质的连续性配置。两种极端情况中，一种是坚实刚硬的物体，另一种是火，它们都不在我们的考虑范围内，因为它们标志着中间物体的极限。但是，除了这些简单的层级之外，他还认为物质的配置也存在很大的差异，主要是在物体的相似性和不相似性方面，因为一个物体中的质料可能均属于上述某一个层级，也可能不均等地被纳入相异的层级。热之作用的最大差异便源自于此。

因此，第四个区别必然取决于热所作用的物体之性质和实际上的位置，不管它是封闭的还是多孔、开放的。因为当热作用于开放和暴露的物体时，它以连续的方式在各个部分上工作，减弱的同时也会抽出和分离。但当它作用于封闭紧凑的物体时，会以整体和总体为准，旧有的热不会耗散，而是与新热结合在一

---

① 培根在此将特勒肖所说的第六个层级一分为二（即呼出物和空气本身，halitus and aër）——特勒肖本人并未做过如此区分。此乃培根按照自己的理解重塑特勒肖之学说的一个例子：培根此处所谓的第六种和第七种层级可能分别代表燃烧时的呼出物和空气中的动能物；在其他地方，培根对halitus的理解更为狭窄，意指含油物体燃烧时排放出来的烟雾，其密度比空气本身大得多。

起，与之共同作用，其结果是产生更有力、更彻底和更精巧的改变与运动。我会在之后讨论运动方式时再谈这些问题。

然而，特勒肖此时却忧心起来，纠结于对原初同质性质——热、光、稀薄和可移动性——及与之对应的四种性质之分离方式的理解。事实上，我们发现有些表现为或潜存为热的物体是暗、密且不可动的；还有一些则是亮（或白）、稀、可动但却冷的；其余的情况与上面两种类似，物体中存在着某一种与别的几种性质不协调的性质；还有一类情况，即物体中具备上述四对性质中的两对，但缺乏另外两对。物体的搭配方式与上述规则并不一致，情况十分复杂。对此，特勒肖并未坚持贯彻自己的工作原则，而是如从前所反对的那样，在进行实际操作、遇到具体问题前就已决意滥用自己的思想和事实，也即尽情放纵自己的思想、拷打审问这些事实。尽管他们看上去行色匆匆（如果你相信这些个体自身），但却赢得了胜利，以这样或者那样的方式憧憬着他们的幻想。然而，他在绝望和渴望的矛盾中结束了自己的观点，指出尽管热的力量和数量以及物质之配置能大致全面地加以区分和规定，但他们确切精准的关系及其独特乃至量化的模式却超出了人类之探究的极限。不过，如此一来（在不同种类的不可能性之间进行抉择），物质配置之多样性就比热的力量和层级更易被掌握，话虽如此（如果运气允许的话），我们还是发现了人类的知识和力量之上限所在。但即使公开承认了自己的绝望，他也没有停止希望和祈祷，这恰如其所说：

> 进而言之，什么热、多少热，也即什么强度的热和什么数量的热能把何种土和何种实体变成何物，这看起来是一个不需要追究的问题，是一个超出（在我看来是这样）人类理

性界限的东西。因为人们怎样才能把热的力量和热本身划分为不同的层级，怎样清楚地了解它所影响的物质之规模和数量，并把定量的热力和热量分配给物质一定的数量、配置和一定的作用，或者反过来说，把一定数量和一定作用的物质分配给定量的热呢？但凡我们有充裕的时间和更为优秀的理智，且能以安定的心态去研究事物的本质，就能明白这是怎么回事，如此一来，我们不仅可以认识万物的本原，还能顺理成章地成为万物的主宰！

所以说，在这方面他比反对者们表现得更加坦率，后者坚称，一门技艺绝无可能发现它们自己创造的技艺所不能发现的东西，所以我们不能谴责任何技艺，因为它们自己既是当事人又是裁决者。

现在还剩下第三个问题，确切地说，就是运动方式的问题。特勒肖用三个论断解决了这个问题。第一个是我之前提过的，绝对不存在任何可以作为依靠的旗帜（比如逍遥学派的理论）能使事物像签订了契约一样相互照应，彼此筹谋。因为自然物体的所有生成，以及因此而来的每一个结果都是通过征服和降服来实现的，而非借由某种合约或协议。这并不新鲜，因为亚里士多德在讨论恩培多克勒的学说时也注意到了这一点，也即，虽然恩培多克勒把斗争和友爱作为万物的能动本原，但他在解释原因时通常只使用憎恨这个本原，仿佛另一个本原压根不存在。①

第二个是，热可以通过与其自身相对应的方式使一个实体变得潮湿，事实上，干燥和热并不适配，潮湿和冷也是如此。因为稀薄

---

① 特勒肖的哲学不是建立在诸本原的合作上，而是它们之间的敌对上。但培根不这么认为，他声称对自然的管理是基于一致（agreement）和许可（consent）而不是斗争。

和潮湿是一样的，极为稀薄的东西也是极为潮湿的，潮湿意味着易于让步，分开后又能重新组合起来，因而很难对其进行界定或划分。这类品性大量存在于火焰当中，而在逍遥学派所谓的湿润空气中却鲜见。因此，热不断地吸引、掠夺、增加、传递和生产湿气；另一方面，冷将一切推向干燥、凝固和坚硬；在这里，他指出亚里士多德既不善于观察，也不能与他自己的观点保持一致，还藐视经验的存在，因为他故意把热和干燥放在一起。事实上，热使实体变得干燥只是一个偶然事件（happens by accident）；换言之，这种情况只会出现在粗细不均的物体上，热能为较细的部分带来（或说使稀薄）一条通道，而较粗的部分却会因此聚集，变得更加紧缩；然而，显而易见的是，较粗的部分在受到更猛烈的热的作用时会融化成流体，黏土的情况即是如此。

以上两个论断可以看作是对错误的驳斥，第三个则是正面建设性的，不仅如此，它还明确区分了工作的方式。这具有两面性，或是彼此倾轧以致其中一方出列，或是一方使得另一方转换其原本的性质，其中一个或者另一个根据热的力量和物质的配置而起作用。不过，似乎有两条普遍的规则在制约它。

其一是，当热和冷以旗鼓相当的规模成群相遇时会产生强烈的排斥反应。处于战斗中的实体会被挤出它们原来的位置。但当相遇的流量较小时，则会引发性质的转换；后一种情况是摧毁实体以改变它们的性质而非它们的位置。大气的上层区域有一个显眼的范例，虽然它们更接近天体的热，但我们发现它们比地表边缘的空气更冷。在那些地方，当事物接近原初热之所在时，热会迅速聚集向下倾轧，以阻止冷的集体上升。反之亦同理，地球深处的热比表面的更猛烈，换言之，当事物靠近原初冷之所在时，冷会激发自己的本性，以散发巨大的力量将热赶回去或把它转换成冷。

其二是，排斥挤兑只会发生在开放的空间中，性质转换则只发生在封闭的空间内。的确，这条规则在封闭的空间内尤为明显，在那里，稀薄的物体（我们一般称为精气）不被允许扩散，其本体会发生深刻且彻底的转换和质变。这种情况同样也会出现在被压实以至于其自身就是一个封闭空间的物体内。

以上这些就是特勒肖对万物本原的看法，除了元质是他自己的独创之外，其他内容或许混有巴门尼德的观点，当然，后者的思想早就被逍遥学派的理论所败坏了。

现在，如果把人类和烦扰物质的机械技艺从自然中移走，朴素地看待世界的结构，那么，特勒肖所说的就有可能了。他的哲学充满了田园牧歌式的文人气息，以一种平静悠闲的方式思考着我们所处的这个世界。尽管他对世界之系统的说法并非一塌糊涂，但对本原的认知却相当拙劣。[1] 此外，他的体系内部也有一个很大的错

---

[1] 对照《学术的进展》（第2卷，第8节；第1卷，第6节）："我并不是说近期的各种观点可以不按照同样的方式记录，它们同样也应该如此呈现在这个知识体系派别一览表里，如帕拉塞尔苏斯的观点被丹麦人塞维里努斯富于表现力地简化为一个统一体；泰勒斯及其学生多尼乌斯的思想作为一种田园哲学富含见识，虽然缺乏深度；弗勒卡斯罗图宣称自己不创造任何新知识体系，却完全凭借自己的认知任意对待旧知识；还有我们的同胞吉尔伯特复兴了色诺芬尼的观点，并做了一些改造和论证。还有其他值得记录的东西都应该纳入。""我们看到，圣经中用亚伯和该隐两个人物来代表两种：一是沉思，另一种是行动。两个人所从事的职业也是最简单、最原始的，一个是牧羊人（因为他比较悠闲，常在一个地方休息，躺在地上仰观天空，最能代表沉思者的形象）；另一个是农夫。同样我们可以看到，神的恩典和拣选落在了牧羊人，而不是土地的耕种者身上。"也见 Francesco Bacone：*dai naturalisti Greci a Telesio*, ed. Enrico De Mas, pp. xxvii-xxviii; Assenza, "Bernardino Telesio", pp. 45–46; Lerner, "Le 'parmenidisme' de Telesio", p. 103, n. 59. 通过这个隐喻，我们知道，培根本人的哲学是干涉主义的：自然是要被烦扰和审问的，而机械技艺（被其比喻为农夫的耕具？）便是为此目的而发挥功效的。

误，就是他所建立的永恒体系假定了一个既无混沌又无变化的至高图式。不管是特勒肖的哲学，还是逍遥学派的哲学，或是其他以这种方法来提供、平衡和巩固一个体系的哲学，都不是起源于混沌的哲学，它们大多都是人类心智尚未开发时的草率产物。一个人如果仅凭自己的感官进行哲学研究，那他最多只会肯定物质的永恒，而不会断言我们所见之世界的永恒；此乃最古老的智慧，而德谟克里特便是最接近这一智慧的人。

圣经记载了同样的事情，但有一个关键的区别，即圣经认为物质源自神，而古代的哲学家则认为物质本身就是原始的东西。对此，信仰告诉了我们三则论断。第一则是众所周知的，即物质从无中产生；第二则是，世界的系统的经营是由全能者，也即神的言说（道）所决定的，而不是物质自己从混沌中生发出来以成图式的；第三则是，这一图式（在人类堕落以前）是物质（作为被造的质料而言）所能解释的图式中最好的那个。但这些哲学均无法上升到这些论断中的任意一个。因为他们痛恨无中生有，认为这种图式形成于许多繁琐的迂回和无用的努力之后；他们并不担心这会成为最好的图式，因为他们声称它是易逝和可变的。鉴于此，我们必须依仗信仰及其背后的逻辑框架。但这种被造的质料在漫长的时代变革后，是否还能将其最初被赋予的力量聚集起来，转变为那种完美的图式（言出法随，无须经过繁琐的迂回），可能就不是我们该去追问的了。因为它在时间上占尽先机，与无中生有一样，都是奇迹，是神全知全能的显现。

现在，神性似乎选择通过这两种全知全能的表现来彰显自身，首先是通过对存在和质料的全能运作，也即无中生有，其次是通过对运动和时间的运作，也即预测自然的次序以及加速存在的出现。但这些说法还是没有逃出卡卢姆的窠臼,对于这则寓言,我先简单提一下,之后再加以详细的叙述。①

接下来,我们继续讨论特勒肖的本原。事实上,只要我们同意这一点,即实体不能从非实体的事物中产生,本原也不能从非本原的事物中出现,我们就不会被如此显而易见的矛盾困扰了。也就是说,抽象的本原不是实体,同理,一个终有一死的实体也不可能是本原;因此,一种显然不可抗拒的必然性促使着人们的思想(如果他们想保持一致的话)转向原子,这才是真正的实体,它具有质料、形式、广延、位置、阻力、欲动、运动以及扩散性。同理,较之其他可被摧毁的自然物体,它始终保持永恒性。既然较大的物体内部会出现更多的样式和更高频次的腐败,那么作为不变的中心所保留下来的东西,必然是某种潜在的或极其微小的存在;但它不是潜在的。因为原初的潜存不能像其他潜在的事物那样与现实悖逆,即现实与潜在不同一。它必须是完全抽象的东西,因为它否

---

① 培根在《崇学论》中认为,物质有复归混沌的倾向,但该举动受到丘比特的阻挠,万物由此处于一种和谐的状态。但在本文,培根认为特勒肖的体系还有值得商榷的地方,因为它没有把和谐作为一项管理的原则。培根曾许诺在解释卡卢姆寓言时处理这一问题,但均是空头支票。然而,既然他相信和谐的法则可以防止物质复归混沌,那么他或许也相信任何表面上否定和谐的体系都必定不会承认宇宙是从混沌中诞生的——这是一个被圣经抛弃的说法。根据圣经可知,神从无(nothing)中创造了物质(matter)和存在(being);他直接召唤出了现下存在的图式或宇宙结构;该图式是物质所能达到的最佳状态(至少在人类堕落以前是这样)。当然,培根可以(也确实做到了)提醒我们注意原子论者对这些命题的看法,但特勒肖提出了一个更成问题的目标,特勒肖否定宇宙是偶然形成的。这一点以及培根关于创世之信仰的历史背景会是一个值得深入研究的主题,我们从中能得到很多信息。其他批判特勒肖的人(以 Giulio Cortese 最为典型)认为他的宇宙有明显的自主性(autonomy),这是神学所不容的。

认一切现实性，同时包含所有的潜在性。如此一来，我们只能把这个永恒不变的东西当成极其微小的，除非有人宣称本原其实根本不存在，只有物体之间的从属关系，变化的法则和规律性永恒不变，但本质自身却短暂可变。事实上，这种坚持要比出于建立永恒本原的愿景而想象一个本原出来要好得多，后者会带来诸多不便。因为前一种推理方式似乎有某种结果，即事物是循环变化的，而后一种完全没有，只把概念上的事物和仅是精神上的性质看作真实存在的实体。然而，事实根本不可能如此，我将在后文对此进行说明。

特勒肖还是选择了元质，虽然这是较晚时期的产物，但他又回到了巴门尼德的哲学当中。特勒肖在其诸多积极本原之间设置了一种斗争，其数量和竞争类型都相去甚远，且完全不平等。比如数量方面，地球只能孤军作战，而天体则有千军万马；地球几乎就是一个点，但天空却广袤无垠。这一缺陷不会因地球是由紧致的同质物构成、天体是由极薄的异质物构成而消除。尽管这无疑会产生巨大的差异，但它仍不能使各路力量趋于平衡，更不要说消弭这种差异。但特勒肖主要着力于分配的可能性上，认为每个活跃的本原都得到了相等的元质（按照其数量而非体积进行分配），如此一来，万物便可持存，系统也能得以确定和建立。无论是谁，只要他在别的问题上同意特勒肖的看法，并接受一种本原较之另一种本原会冗余大量元质的观点，就特别容易陷入困境，无法理清自己的思绪。①

---

① 特勒肖声称这种观点是对的，即热是一种比冷更为高贵的本原，因此热在宇宙中所占的比重应该更大。他还认为热永远无法彻底战胜冷，因为地球上的物质比天上更紧凑。培根以为这种学说是导致宇宙失衡的一个原因；这或许能解释为什么培根的宇宙论是基于斗争的（conflict），这种张力不仅发生在宇宙的中心，而且还从地球表面蔓延至诸恒星。

鉴于此，普鲁塔克在讨论月球的表面时敏锐地提出了这一设想，即自然在分配物质时不可能把所有致密物体都单独关押在地球之中，而不理会那些正在转动的星球。吉尔伯特将这一理念发挥到了极致，他认为不仅地球和月球如此，其他的星球，包括固体的和不透明的均这般散布于广袤璀璨的星空中。此外，当逍遥学派称天体因自身固有的卓越性而永恒，而月下区的物体靠演替和代谢而永恒时，他们并不能维护自己的学说，除非他们把物质的相等部分派发给诸元素。因为他们空想的前提是外层元素占据比它所包围的元素多十倍的空间。尽管我很反感这些东西，但我还是把它们提了出来，为的就是说明特勒肖的想法是多么不可思议，何等没有分寸，他竟然以为大地和天空的活动本原是相反的。

如果除了数量之外还考虑天、地在卓越性和行为上的差异，那这种观念就更难以接受了。好比敌人的武器击中了一端的要害，在另一端却脱靶了，没有抵达目标，那么这场战斗就会陷入相当绝望的状况。可以肯定的是，太阳的力量能辐射到地球，但没人敢保证地球的力量会波及太阳。因为在隶属于自然的所有卓越性中，光和影传播得最远，距离延伸得最长，触及的范围也最大。地球的阴影只停留在太阳的这一侧，但如果地球是透明的，太阳光就能直接穿过它。具体而言，我们从未发现热和冷（我们此时正在讨论的这个）在传递它们的卓越性时能像光和影那样克服如此遥远的距离。也就是说，倘若地球的阴影尚不能抵达太阳，那么地球的冷就更不可能靠近它了。如果太阳和热作用于某些中间物体，而相反的本原之力既不能爬上这些中间体，也不能以任何方式干扰它们的运动，那么它们（太阳和热）就一定会占据它们所能接触到的所有物体，继而吞噬其他更远的物体，直到最终生成赫拉克利特的活火，随着太阳和天空之自然的逐渐下降，它会越来越接近地球及其周围的区域。这些事情也不太符合特勒肖的观念，他把那种将自己的性质强加于其他事物，使之增殖，并将其转化为自身之质料的力量归于诸本原，但这种力量在相似事物上的作用不会超过其在相反事物上的影响，所以现在天空应当发光，星星应当聚合。

为了找到问题的关节所在，可以提出四个证明，虽然它们不成体系，但都可以彻底破坏和摧毁特勒肖的本原哲学。第一点是，我们发现事物的某些作用和影响，即使在最强大和最广泛的事物中也绝对不会归结为热和冷。第二点是，我们发现有些自然的热和冷是其效果和结果，而不是通过激发预先存在的热或利用外来偶在的热，也就是热和冷在其原初本质中被赋予和产生的自然。因此，本原的标准在这两种情况下都得不到满足，因为有一些东西不是从热和冷中生产出来的，也有一些东西能产生热和冷。第三点是，即使那些从热和冷中产生的事物（当然有很多），也是被间接产生的，这些事物把热和冷当成辅助性的手段，而非热和冷直接作用出来的结果。最后一点是，这四种同质物的结合极其混乱复杂。接下来我会一一阐述这些观点。

有些人可能会觉得我没必要费这么大的力气去驳斥特勒肖的哲学，因为他的哲学的确不是太有名，其观点也很少有人知道。但我不会囿于这些细枝末节。我很看好特勒肖，因为我觉得他是一个热爱真理的人，一个有益于科学的人，一个能匡正学问的人，也是新哲学的首席代言人。况且，我们的事业并非指向特勒肖本人，而是着眼于他对巴门尼德之哲学的复兴，因此我们理应对他保持应有的尊重。我之所以大费周章地讨论这点，主要是因为我在处理第一个问题时所讲的那些东西可以延续到对其他流派的反驳中（这是我现在必须要做的事情），所以我不必一次又一次地重复同样的话。虽然错误的思想各有不同，并以各种千奇百怪的方式相互交织、纠缠在一起，但大多数的情况下，仅需一个反驳的理由便可将其彻底瓦解，恰如快刀斩乱麻。

然而，正如我开始所说，我们必须看看我们在自然中发现的那类卓越性和运动，不能因为事物的主动属性，或者理智的强行干涉就将其归于热或冷。因此，我们暂且先假设特勒肖同意这点，即物质的总量守衡，不增也不减。他把质料保持自身的性质视作被动的，并将其归为量的范畴，而非形式和动力的范畴，好像不是很有必要把它们归于热和冷，因为热和冷只被当成主动形式和卓越性的来源；如此一来，质料不仅仅是空虚和贫乏的，还被剥夺了一切主动的卓越性。也就是说，这些主张建立在一个可怕的错误上，着实让人感到诧异，如果不是传统的智慧，以及那些常见的顽固意见，便不会有这样的奇迹。这几乎是一条完美的铁律，即被植入物质中的那种主动的卓越性是一种能使物质免于毁灭、保持自身的特性，换言之，即便全世界的力叠加在一起，也无法推翻最小的那部分物质，哪怕所有动因的力量和怒气集中到一块，也无法摧毁它，什么方式都不能消灭它或将其规整到别的秩序链条上，它总是占据一定的空间，以自身不可穿透之广延保持抵抗，在其轮回中有所作为，不卑不亢；因此，这不是被动的卓越性，而是迄今为止最有力的、完全不可战胜的卓越性，是命运之必然。

只不过，特勒肖甚至没有试图把这种卓越性与热和冷联系起来。这当然也有道理，因为无论是燃烧还是静惰和凝结，都不会给它增加或减少什么，也不会有什么力能控制它，它无处不在，遍布太阳、地心以及世界的各个角落。但他的错误就在于此，他承认有一定数量的质料之总量，却对维持其数量的卓越性视而不见，还（深陷逍遥学派的无底深渊）把它看作某种附属品。事实上，它是所有事物中最重要的，能摇晃一个物体，移动另一个物体，它坚固无比，是可能的和不可能的敕令的来源，具有不容侵犯的权威。那些流俗的学派也同样幼稚，试图用简陋的语词之网来捕获它，认为只要把两个物体不能占据同一空间作为一般的法则就够了，但从未仔细看待这种卓越性和它的运作方式，也没有对它进行透彻的剖析；他们自然是不会明白这其中的利害关系，也不会知道这能给科学带来什么启示。但关键在于，无论这种卓越性多么伟大，都超出了特勒肖本原哲学能够讨论的范围。

我现在必须移步到与前者相反的卓越性上，也即保持物质联系的卓越性。正如物质不会被物质推翻，所以物质也不会与物质分离。然而，这一自然法则是否与另一自然法则一样绝对，仍有很大争议。

特勒肖和德谟克里特一致坚称，存在一种没有边界的集体真空，因此单独的实体在受到某些比它们更大的外力胁迫，因而被制服时，可能会离开甚至舍弃与它们相邻的实体，尽管这是困难的（如其所言），也违背了它们的意愿。他力图通过某些实验来证明这点，特别是引用那些到处宣称自己要反驳真空之存在的实验，他以这种方式引出并阐释这些实验，让人觉得实体好像必须依附于相邻的东西，可一旦用力推它们，它们就会承认真空；就像我们在水钟中看到的那样，如果滴水的孔径太小，它们就需要在水钟的上面开一个气孔来让水滴落下，但若孔隙过大，水就会更重地压向它，而不再理会上面的真空，哪怕没有气孔水也能往下流。类似的情况出现在风箱中，如果你关闭它们并堵住出风口使空气无法进入，再抬起并使其膨胀，那么，假如风箱的皮革薄而脆弱，它便会破裂，若皮革厚而不易破损则不会，其他类似的东西也是如此。但这些实验既没有得到确切的证明,也没有完全达到探究目的,从而解决问题;虽然特勒肖认为自己是通过这些实验在研究事物和从事发明,并力求更细致地找到别人没有系统地观察到的东西,然而,他根本不能胜任这项工作,他在没有彻底搞清事情的真相前就中途退出——这是他和逍遥学派共有的恶习,他们在思索实验时就像猫头鹰一样,与其说是由于视力不佳而碌碌无为,不如说是因为执着于固有的观点而且不愿意进行艰苦的思考。

但这个问题(最困难的问题之一),即在多大的程度上允许真空的存在,在多远的距离上种子会聚集在一起或者相互排斥,以及在这个问题上有什么是绝对不变的,我会在讨论真空的地方解决它。① 就目前的问题而言,自然是否完全厌恶真空,实体(特勒肖认为这是更为准确的专业术语)是否乐于相互接触,都是无关紧要的。我要说清楚这个现象,不管是为了否定真空的存在,还是为了证明物质渴望相互接触,都与热和冷没有关系,即使是特勒肖本人也未曾将此归因于热和冷,事实上,没有任何证据表明它们之间存在联系,因为物质离开它所在的位置后肯定立马会有别的物质填补先前的空缺,无论是热还是冷,湿还是干,硬还是软,友好还是敌对,都是通过吸引的方式使另一个物体靠近自身,而不是让自己与别的物体分离,而后再被抛弃,就像热的物体更能吸引冷的物体一样。因为物质之间的和谐强于热和冷之间的分歧。况且,物质的次序(sequacity)并不取决于具体形式的多样性。因此,这种联系的卓越性与热和冷的本原毫无干系。

---

① 或许,培根原本打算在解释卡卢姆寓言中的宇宙论时处理真空问题。

接下来是两种彼此对立的卓越性，它们把诸本原的王国（似乎是这样）转交给了热和冷，但其合法性却值得怀疑。我所说的卓越性是这样的：它们能使实体开放、变稀、膨胀并延展自身，从而将自己扩充到一个更广阔的空间，或者相反，通过封闭和浓缩，限制并收缩自身，以把自己缩减至一个更逼仄的空间。因此，我们必须说明，这种卓越性在多大程度上源于热和冷，又在多大程度上能保持自身的独立性，不与热和冷混为一谈。

现在，正如特勒肖宣称的那样，稀和密对应热和冷的作用，因为它们的确有能力使物体占据更大或者更小的空间；只不过，我们对它们的理解仍然相当模糊。因为物体有时可能会将自己从应在的自然位置转移到另一位置，且是出于自由、如其所愿的选择，如此一来，它们的形式也跟着变了；但其他的情况则是，它们被迫脱离了应在的自然位置，但为了保持旧有的形式，它们又会回到自己通常所在的地方。简言之，那种把物体带到新位置的扩张式的卓越性几乎全由热和冷控制。而与之相反的恢复式的卓越性则不同，因为水在热的作用下膨胀为水蒸气和空气，油和脂肪也会扩散为油气和火焰，它们（如果已经完全变成新的样式）很难自动变回来；同样，空气其实也会因为热而扩散、延展。例外的情况是，当转换只进行到一半时，如果撤走热的作用，它就很容易恢复到原来的状态，所以说，即使是恢复式的卓越性，冷和热也自有其功能。

至于那些不是因为热，而是因某种外力干涉被拉伸和展开的东西，一旦移除外力，它马上就会恢复到原来的状态，即使没有变冷或减少热的供给，这就像我们在吹玻璃蛋或者撑开风箱时所遇到的情况。这种情况在坚固厚实的物体中尤为明显。当我们移除拉伸一块布或一根绳子的外力时，它们很快就会弹回来；压缩的情形同样如此。因为被外力压缩的气体会积压极其巨大的势能，事实上，我们通常所说的外力，无非是一个坚硬的物体撞击另一个物体时所引发的机械运动，固体之所以能在空气和水中滑行，是因为被排出的那部分为了摆脱压缩的力而产生了相反的拉力。只不过，这里没有热和冷的任何踪迹。

没人能从特勒肖的理论中编出这样一个论点，认为能按某种适当的比例把一定数量的热和冷分配给个别物体或其应在的自然位置。或者是，尽管没有热和冷的参与，只要扩展或收缩了物质所占的空间，就等同于增添或减少了一定的热或冷，因为空间中的物质数量多少与热和冷成比例关系。我们在说这些事情的时候可能并不会察觉到它们的荒谬之处，但这还是出自那些不追求自然和事实本身的人，他们总爱捏造一些东西来支持早已存在的结论。假如我们把热和冷放到物体里面，使之参与物体的扩展和压缩运动，它还是不能代替外力的拉伸，同样也不能阻止恢复式的冲动，哪怕我们加的量早已超过那一适当的比例（比如，用火来加热一块被拉伸的布）。对此我已经讲得很清楚了，热和冷很难决定与空间数量有关的卓越性，尽管正是这一特性赋予了那些本原以最大的可信度。

下面我将讨论两种大家都在研究的卓越性，即物体朝向其同质族群或聚居地的卓越性，它们随处可见，以往人们在考察这些卓越性时和对待其他的特性一样，要么胡说八道以致言不及义，要么误入歧途以致颠倒是非。

按照经院哲学的说法，我们只需区分自然运动和外力运动，并接受重的物体会因自然运动而下落、轻的物体会上升即可。然而，这种臆断对哲学百害而无一利。因为自然、技艺、外力这类词都是些简略的表达。我们应该将其归类为自然运动，并在此之中找到与自然物体高度适配的情感（affection）和欲动。除此之外，也有很多自然运动是由与之截然不同的事物之激情（passions）引起的。因此，要按它们之间的不同来处理此事。

另外，如果说越强大的事物越符合自然，或说越契合宇宙秩序的事物越符合自然，那我们就可以说，他们所谓的外力运动比所谓的自然运动更符合自然。因为这种上下式的运动并不是很有说服力，甚至都不怎么普遍，只是一种区域性的特殊运动，还易受其他运动的影响和支配。至于重的东西会下落，轻的东西会上升，其实就是一句空话，无异于说重的东西很重，轻的东西很轻。因为主词本身已经包含了谓词的意思。倘若他们说的重是指密，轻指稀，那倒确实产出了一点新的花样，但这仍是修饰性的副词和伴随性的状语，而非实质性的原因。

然而，有人会这样解释，即重物有朝地心移动的欲动倾向，而轻物有朝天界移动的欲动倾向，好像它们就应该在那个位置似的，这种主张确有其道理，也提出了一个原因，但却是完全错误的。因为虚空不能传递力量，物体之间只有相互接触才能起作用，它们所有行动都是为了将自己安置在某个位置，这需要另一个物的努力配合，而非单纯只靠位置或其处所的力量就能达到。

瓦勒里乌斯·特米内斯

序言

埃利斯（Robert Leslie Ellis）

史蒂芬斯（Robert Stephens）在《书信与遗存》（*Letters and Remains*, 1734）中首次公布了这样一部伟大的作品，其片段如下所示。① 它们中一部分由分散的段落组成，另一部分则由已计划作品的第一卷的十二个章节的概要组成。前者包含第一、第六和第八节的全文，以及第四、第五、第七、第九、第十、第十一和第十六节的部分内容。后者包含从第十二到第二十六的所有章节，但省略了第二十、第二十三和第二十四节。我们看到，两部分都涉及第十六节的内容，故而不难判断这两个部分同属一个作品，显然，这两个第十六节都在讨论假象学说（doctrine of idola）。

很难确定培根究竟出于什么动机要给这位假定的作者取名为瓦勒里乌斯·特米内斯（Valerius Terminus），同时又给他的评议员起名叫赫摩斯·斯特拉（Hermes Stella），可惜后者的评注没有得以保存。情况或许是，他想用特米内斯（Terminus，限度）这个词告诉我们，新哲学将终结人类在追寻真理时的彷徨，只要有

---

① 史蒂芬斯所印刷的这些残篇是在牛津伯爵手头的一些闲杂文件中发现的，现珍藏于大英博物馆，原文由培根的一个仆人亲笔写就。

这样一个度,心灵总能得到安置。

再者,斯特拉的评注一定程度上消弭了文本的晦涩,但也不完全如此,培根在第十八节的概要中说,发表的方式"不应兼顾所有人的能力和品味,而只需考虑契合自己的单个读者"。斯特拉(Stella,星体)因而在此投下了一束星光,足以防止后学迷失方向,但也仅此而已。

不过,这篇文章是模糊的,一是因为它的写作风格,二是因为它只有一个片段。同时,它也饶有趣味,因为它是《伟大复兴》的早期版本。《瓦勒里乌斯·特米内斯》的第一卷对应《崇学论》和《新工具》的第一卷,在陈述新的方法之前,其内容应该是一些必要的东西。至于它的第二卷,也和《新工具》的第二卷一样,我们应该找到方法本身。

《崇学论》的前身就是《学问的进展》,与《瓦勒里乌斯·特米内斯》的前十节相对应,尤其第一和第十节。这本书的其余部分(概要最后提及的内容后面明显还缺了几节)则对应《新工具》的第一卷。第十节只有一个小片段,它的标题是"清单,即列举概述已有的和正在使用的发明,并说明供应品的需求和性质"。所以它和《学问的进展》的第二卷及《崇学论》的后八卷相对应,但显而易见的是,它仅仅是一个概要。后来,当培根想要进一步扩展这部分的内容时,他理所应当地会在这份清单后面打住,由此,我们就找到了《崇学论》和《新工具》之间分离的源头。

《瓦勒里乌斯·特米内斯》最重要的部分是第十一节,内含所要解决问题的一般步骤。它对应《新工具》第二卷开篇的那些公设,但不同的地方在于,它没怎么讨论有关形式(forms)的主题。培根后来所说的对形式的研究即此处所谓方向的自由。他说,他追寻的目标是"揭示和发现新的发明与操作"——"须摒除技艺的臆测和错误,以及经验的冗余和艰涩"。要给人们的旅途以引导,就必须给他们指明方向,而明晰的方向包含两个条件,即确定性和自由。确定性是指方向准确无误;自由则意味着一切可能的方式和手段。两者均在充实形式的知识,方向的学说完全与之对应。培根在这一节的最后认可了这种对应关系,但在阐释我们所说的这两个条件时,他并未使用形式一词。形式或形式因的概念只有在历史的基础上才能进入他的体系。坦白讲,在《瓦勒里乌斯·特米内斯》中,他更愿意用这两条规则来解释方向学说,而不是形式因,前者在拉米斯(Petrus Ramus)的逻辑体系中占据重要的地位。"他提出了两条值得称赞的规则",也即亚里士多德所制定的,"其一是科学的公设可以转换,后人无不高雅地将其称为真理的规则,因为它能够防止欺骗;其二是审慎的规则,因为它能够自由选择,在我们现在所观察到的推测和论断中,它们是指同一件事情"。接着就是一个例子,培根说,它"可以讲清楚我的意思,但也能让他们摸不着头脑"。这个例子所要制造的结果是产生白色,所给的第一个方向是混合空气和水;就此而言,培根非常确定,因为它是很特殊且受限的,随后,他继续排除一些非必要的条件使之自由。但这点我们暂且不必多说;不过,这"两条值得称赞的规则"我们还需要做一些说明。

拉米斯谴责道,亚里士多德的著作有很多自相矛盾的地方,这和他自己提出的三条规则相左。拉米斯给这若干规则起了些奇特的名字。其一是有关真理的规则,其二是有关正义的规则,其三是有关智慧的规则。所有科学的原理(axiomata artium)都须遵守这三条规则。第一条要求命题在任何情况下都为真,第二条要求命题的主词和谓词在本质上是联系在一起的,第三条则要求正命题以及逆命题都为真。拉米斯及其追随者似乎十分重视这一理论的全部内容，它建基于《后分析篇》第一卷的第四节。亚里士多德在论及证明的原则时，解释了三个短语的含义，也即"诉说所有的"，"就其自身的"，和"普遍的"。[①] 所谓"诉说所有的"，是指谓词在命题的主词的所有情况和所有时间都能被肯定。至于"就其自身的"，意思是与一事物的本质密切相关，且被包含在它的界说之内。同样地，当一事物本身被包含在我们所指称它的事物的界说之内时，我们也称其为"就其自身的"。我们说，直线究其本质（per se）属于三角形的概念，因为三角形的界定包含了直线的概念，而奇数和偶数究其本质属于数字的概念，因为对奇数和偶数的界定带来了"是否可被等份数字除尽"的概念。最后是"普遍的"，它指事物始终属于被给定的主词，并且就其自身和作为自身而属于那个主词。因此，内角和等于两个直角并不属于任意选取的某个图形，对"诉说所有的"图形来说，这并不为真，尽管这对任意等腰三角形来说为真，但它并不是满足这一要求的最简单形状，因为它并不是作为等腰三角形而属于那个主词。但这对三角形来说在任何情况下都为真，因为它是一个三角形，因而属于那个主词，这就是所谓"普遍的"。显然，在此情况下，这一命题是可逆的。所以我们说，三角形的内角和等于两个直角。

亚里士多德并未制定这三条一般的规则，但培根通过拉米斯明白——其有关真理、正义和智慧的规则分别对应于我们所谈论的三个短语。

培根采纳了其中两条规则（他并未提及有关正义的规则），并将它们与方向要满足的两个条件作了对比。如果它是确定的，那么无论何时、何种情况，其结果（effect）都会发生。这符合有

[①] 此处原文为希腊文，对照亚里士多德，《后分析篇》，73a25。

关真理的规则。如果它是自由的，那么无论何时出现结果，该方向都必须被执行。任何东西的出现都意味着别的东西的出现。这便是有关智慧的规则的实际应用。

我认为这样一个解释是很好的。首先，它证明拉米斯的体系深刻地影响了培根的逻辑观念；其次，这证明他在把自己的方法与形式学说结合之前，业已形成了自己完整而明确的方法概念。

在第十一节的结尾，培根提出了三个警示，借此我们可以肯定，看似是方向的东西是否真是如此。一般的原则是，方向必须带你前进几步，或带你移动到更加接近行动、操作和光明的地方，不然它就只是一个抽象或变化的概念。三则警示的第一则是"发现的本性要比所假定的本性更原始，而不是什么次要或类似程度的东西"。这句话与随后的说明结合起来，就能证实我在其他地方竭力想要表明的——培根的自然哲学思想是用原初的方式来解释物体的次要性质。第二则警示表达得很含糊，以至于我只能推测，它是指在开始研究具体物体之前，必须先研究抽象的性质。次级结构和绝对结构在位次上是彼此对立的。后者显然是指抽象性质的综合，也就是一个实际的最终类属，至于前者，指的是某一类对象，均具备作为研究对象的性质。第二则警示还没写完，这个段落就结束了，所以我们无从知晓第三则，也即最后一则警示。

解释自然

自序

我相信自己生来就是为人类服务的，看重对共同体的关怀，因为它是一种共同财产，就像空气和水一样属于每一个人。所以，我致力于思考：用什么方式才能最好地服务人类，而我本人天生又最适合做什么工作。

在能给予人类的所有助益里，我认为最伟大的就是发现可以改善人类生活的新的工艺、馈赠和产品。我发现，茹毛饮血的时代里做出哪怕是粗糙的发明与发现的人也会被荒蛮的众人封圣。而且很明显，那些缔造城市、制定法律、繁衍子孙、铲除暴君，以及同一级别的诸位英雄所创造的善功美业，只能在有限的空间延展，持续短暂的时间。然而造物者的业绩，尽管没那么浮夸炫目，却无处不在，亘古绵延。但最关键的，如果一个人不是创造出了某种特定的事物（无论多实用），而是点燃一束光——其自身的升腾能触碰并照亮约束着我们现有知识的那些边缘地带，传播后能即刻揭露并使人们看到世界上所有最隐秘的事物——这个人（我想）就实实在在是全人类的恩人，人类掌控宇宙的推手，自由的宣扬者和守护人，战胜并抑制人类庸常需求的人。

至于自己，我发现最适合做的就是研究真理：拥有一颗足够敏捷灵活的头脑，能捕捉到事物的相同之处（这是重点），同时又足够稳健，能确定并辨析它们微妙的差别；天生有欲望去寻觅，有耐心去怀疑，喜欢冥思，不急于立论，乐于重新思考，审慎作出结论并仔细梳理；既不求新，也不崇古，痛恨所有的虚假。据此，我认为我的天性和真理有一种亲近和联系。

尽管如此，由于出身和所受的教育让我有了处理国政的经验；由于世俗成见（那时我还很年轻）有时使我犹疑；由于我曾认为一个人的母国与其他地方相比，对他有着特殊的分量；还由于我希望，如果自己有朝一日被擢升到了显要的位置，将更勤勉更具能力从事我的事业。鉴于这些原因，我既着力学习种种为人处世的技巧，又心怀最大的谦卑和诚恳，倾力服务那些有影响力的朋友。其中我还有另一个动机:我感到上述种种——或伟大或渺小——都无法突破一个人生命的限制和耕耘;如果能手握权柄处理政事,我也期待(那时宗教事业处于低潮)能为人的灵魂做些有益的功业。

然而我发现自己的热忱被误认为是野心,且生命也已到了转折点,每况愈下的身体提醒我,不能再如此缓慢地推进自己的事业了。我还想到,把能独立完成的工作放在一边,投入必须得到别人协同才能完成的事业里,我完全没有在践行身上的责任——于是拨开纷杂的思绪,全身心投入这项工作里(坚定我一向的决心)。虽然我看到了现行的知识和广博的学识衰落和颠覆的征象,我不气馁。我也不惧怕再发生野蛮的入侵(除非西班牙帝国重整旗鼓,武力征服了他国之后又自我崩解):但极有可能蔓延至很多国家的内战(从近期的某种潮流来判断),再加上恶性的党争,和渗透到扎实学术领域的不胜枚举的机巧与手段,为人文和科学预示了一场不逊于学术沦丧和异族入侵的风暴,哪怕著书立说也不能有效抵御。毫无疑问,那种闲暇滋养出的,在奖赏和称许声中绽放的脆弱精巧的学问,抵抗不了不同观点的冲击,还有可能被诡计多端的人和伪学者利用,注定会在这种逆境里凋亡。

但另一种学问的前景却完全不是这样,充满应用价值和力量的作品会维系它的尊严。我不惧怕来自时代的中伤,更不挂怀来自他人的诽谤。若有人指责我想当藐视众人的智者,我只想简单地回应:谦逊和尊重适用于一般人事,而在思想的领域只有真理值得尊重。如果有人呼吁我即刻拿出成果,我会毫不伪装地坦诚相告,对于我——未老却已体衰,俗务缠身,无人引领和指点,独自探索一个最幽深的问题——我自认为建了一个基础架构就足够了,可能无力促进工作。怀着同样的坦诚我想宣告,用正确方法进行的对自然的阐释,应该在最初的阶段避免被用于具体工作,直到我们收获了适用于整体的定则。这一点恰是那些在经验世界里探索过的人都犯过的错误——由于目标不够坚定或是太急于显耀,他们都在一开始过早地寻求实际成果,以作为自身进展的证明和象征,结果却是触礁并被海浪卷走。如果有人不问具体的应用,而关心未来成果的明确前景和我的预测,我想告诉他,现阶段所掌握的知识甚至不能指出我们应作何期待。最后一点——也是不太重要的一点——如果有哪位政客,因为习惯了根据他人和先例去算计和猜测,觉得有必要对于这件事强加他的判断——我只想提醒他,(根据古老的寓言)龟兔赛跑乌龟胜,而且无需考虑先例,因为我做的这件事没有先例。

就我的出版计划而言——有一部分作品,目的在于挖掘出那些有准备且有志于做研究的人,并让他们建立联系,同时在思想领域去伪存真,这部分作品我希望公之于世,广泛传播;其余作品,我希望基于我的选择和判断,在小圈子里传播。诚然我知道有些做作的人喜欢保留部分作品不发表,而其实这些也不比他们出版的作品高明。但我的决定绝非是装腔作势,而是清醒的预见。这种阐释的形式本身,及其所取得的发现,只有被交到合适的、精挑细选的人手里并且不公开,才能蓬勃发展。但这已经是别人的事了。我的心不聚焦于那些外部机缘才能成就的事上。我无意逐名,不欲追随那些异端邪说的鼓吹者去拉帮结派;而且我觉得想从这项工作中获取私利是既可笑又可鄙的。意识到能取得那些命运都不能插手的、当之无愧、真实有效的结论,这对我就足够了。①

---

① 《瓦勒里乌斯·特米内斯》的正文"解释自然"的"自序"部分原文为拉丁文,由朱绿和翻译。

第一节：论知识的限度和目的

在神的本性中，宗教和哲学都推崇至善，推崇解答万物的科学或神启，以及绝对的统治权或王国。在追求权力宝座的过程中，天使僭越并堕落了，在寻觅知识的神谕时，人僭越并堕落了；但在寻求如神般的善或爱时（这其实是一回事，因为爱无非就是善的运动或说应用）；无论是人还是灵，都不曾僭越，也不会僭越。

光天使在堕落前，在其内心自忖道："我要上升，与至上者比拟"；① 不是神，而是至上者。他所追求的，并非如神那般的至善，作为被造的光天使，他最想得到的东西也不是知识。他所欲求的乃是至高的位格，因此他的攀登或上升反倒成了堕落或沉沦。

那边的人在堕落前受到诱惑时，曾听过一个启示，"要与神比拟"。但如何做呢？这并非易事，这首先"要知道善恶"。② 神在创造他时便赋予他统治所有低等造物的权威，他并不需要力量或统治权；但同样，他的灵被包裹在泥塑的身躯之中，最易被光的欲动和知识的自由所诱惑，因此这样靠近和闯入神之奥义和玄秘领地，结果是离神越来越远。至于神的善，那是没有危险的，可以讨论它，也能趋向它，因为这就是拿出来供我们仿效的。那个声音说道（异教徒及其他所有误入歧途的教派都觉得它听起来不像人）："要爱你们的仇敌"；"你们要像你们的天父，降雨给义

---

① 《以赛亚书》14∶14。培根引文有改动。
② 同上：《创世纪》3∶5。培根引文有改动。

人，也给不义的人"，① 这说得很明了，我们对此不可越界；我们还发现旧律法中时常提到，"你们要圣洁，因为我是圣洁的"②。如果我们认为它是绝对的善，远离一切与恶沾边的事物，且备受关怀，那么除了善之外还有什么是圣洁的呢？

由此，我们接受的大部分知识都得重新筛查、甄选。鉴于现在开凿的泉眼不易看出其中问题及流向，所以我认为，首先要做的就是建造一个坚固且稳定的源头或河岸，以此统治并疏导水流的方向；进而设定这样的立场或框架——一切知识都须为宗教所限，并以应用和行动为参照。

如果有谁想通过观察和探究这些可感的和物质性的事物来获得揭示神本性或旨意的那道光，就无异于自取灭亡。诚然，对神之造物的观照以知识为目的（就造物自身的本性而言），但对于神的本性，我们一无所知，唯有惊叹；这不过是中断了的沉思，或丢失了的观照。此外，柏拉图学派的一位学者曾做过一个精妙的譬喻，他说，"人的感官好比太阳，它照亮并显现了地上的事物，却暗淡并遮蔽了天上的事物"。③ 同样，我们的感觉也是如此，它发现了自然的事物，却掩盖了神圣的事物。这足以表明，知识只能通过类比获得。然而，神仅与他自己相像，因为他和别的造物没有丝毫相似之处，除非是在虚妄和想象之中。所以你们要遵循他的旨意，照他的指示去行，把属于信仰的东西交给信仰，因为信仰比思考或认识更有价值。毕竟，在知识上（就我们现在的认知而言），我们的心智易受低级性质的影响；而在信仰

---

① 《马太福音》5：44-45。培根引文有改动。
② 《利未记》19：2。培根引文有改动。
③ 对照《学术的进展》1：1。

中,它却能得到比它更高级更权威的灵的感化。

总之,神圣的知识和属人的知识因相互协调彼此交融而产生的偏见无穷无尽;这使得它们一个被异端邪说所占据,另一个被猜测性的空想和虚荣所占据。

但现在又有一类人,与那些给思考以过大的权限的人相反,他们给自然且合法的知识也设置了严苛的戒律,他们的嫉妒——他们将那些自己不甚了解的高深知识当作出乎人类才智限度的东西——显然有失公允,且过分执迷于神的秘密,对其妄加揣测。这种观点要么是出于嫉妒(这是傲慢的弱点,应当加以谴责而不是与其理论),要么是出于欺诈性的无知。如果他们的意思是说,对第二动因的无知会使人更虔诚地依赖神的旨意,以为神的手顷刻间就能产生结果,那么我会像约伯对他的朋友们所说的那样,责问他们:"你们为神说谎,像人欺哄人,好叫神喜悦么?"① 但若有人平心静气地提出疑难,认为这是一件没有先例的事情——即在自然知识的矿井里越挖越深——也是经书所不允许的,因为这注定没有结果,那就让他记住并接受教导吧。看呀,这并非纯粹的自然知识之光,也即人还在天堂时能按照每一种造物的特性给它们命名的那道光,而是使人堕落的那种。它使人极度渴望获得一部分的道德知识,并以此去明善恶,继而质疑神的戒令,不再依照他旨意去行,这便是最初的诱惑。

圣经的第一部分简短地记载了大洪水之前的事,除了世系和血脉之外,几乎没有任何值得说道的事情,但它还是表彰了音乐和金属制品的发明者。传闻摩西(不妨把他当成一位亲历者)具备埃及人的一切知识,这个民族在文化方面领先得比较早。据说

---

① 《约伯记》13:7。培根引文有改动。

所罗门王在神的谕示下，用他的某项智慧写出了一部自然志，记载了从香柏树到牛膝草（一种介于腐烂物和草本之间的东西）之间的所有绿色植物，也记载了所有能活动的生命体。如果翻开《约伯记》，就会发现其中有许多中伤自然哲学的陈述。不，同样是所罗门王，他直接说，神的荣耀"乃将事隐秘，君王的荣耀乃将事察清"。① 这就像神喜欢把他的作品藏起来，以此调动天真的孩童们去嬉闹，目的是让他们发现。因为在任命国王的时候，他所指的人，在才智和经略方面是最出色且最虔诚的，同时也暗指他自己，他的确是一盏最亮的明灯，他在别处说过，"人的灵是神的灯，鉴察人的心腹"。②

所罗门王同样认为灵魂的本质是珍贵的无价之宝，对此，他与苏格拉底的态度不谋而合，后者讥讽他那个时代自称有知识的人，因为他们靠贩卖自己的知识攫取巨额财富（阿那克萨戈拉等人则相反，他们生来就有丰厚的财富，只是在后来的沉思中败坏了）。《箴言》记载了一句流传甚广的话，"你当买真理，而不是贩卖；就是智慧和知识亦是如此"。③

如果有人对此存疑，以为欲求知识乃是心灵的一种古怪念头，而非本性的某种空虚或缺乏，也不是神赋予我们的求知本能，那么，他不妨看看使徒的定义，那里说得足够清晰，"神造万物，各按其时成为美好；又将世界安置在世人心里，然而他从始至终的作为，人不能参透"。④ 此处的意旨十分明了，神将人的心灵塑造成一面能反映宇宙万物之影像的镜子，并乐于接受其中

---

① 《箴言》25：2。培根引文有改动。
② 同上，20：27。培根引文有改动。
③ 同上，23：23。培根引文有改动。
④ 《传道书》3：11。培根引文有改动。

的印记,就像我们的眼睛接受光亮那样,是呀,人的心灵不仅满足于观察世间万物的奥妙玄机,以及世代的沧海桑田,还能于这万千变化中看出那些绝对永恒的自然法则和神圣敕令。神将运动的普遍规律和自然的最高法则藏在了他的帷幕之内,尽管受限至此,人仍然控制着不少的操作。我不知道我是否可以把这件事说清楚,好像我真的懂了似的,因为所有的知识都是神亲手栽种的植物,所以它的开花结果均由神的旨意所决定。不,何止是一般的旨意呀,这是一条特定的预言,它必分给世界的秋季:照我的理解,这句话没引发什么动乱,事后也安堵如故,至于《但以理书》在谈及末后的日子时所说的那则预言,也即"必有多人来往奔跑,科学就必增长",[①] 我是这么解释的:航海和商业打开了世界,与此同时,知识也得到了进一步的发现。

但无论如何,除了前面提到的经文之权威外,还有两个极具说服力的理由能讲清,为什么宗教应该大力保护所有自然知识的增长。其一是,它能有效彰显神的荣耀。因为《诗篇》和其他经文时常要求我们思考并颂扬神之伟大而奇妙的作品,故此,若我们只停留于沉思那些先行显现在眼前的景象,就会使神的威严降至同样的位格,进而蒙受伤害,这无异于通过珠宝商摆在大街上的物件来判断他的门店是否出色。其二是,它能给没有信仰和犯错的人提供独特的帮助和庇护。比如,我们的救主耶稣说,"你们错了,因为不明白圣经,也不晓得神的大能"。[②] 所以,如果我们不想犯错,就把那两本书或两卷书放在面前研究,先借圣经显明神的旨意,再借受造之物显明神的大能;后一本书将向我们证

---

① 《但以理书》12:4。培根引文有改动。
② 《马太福音》22:29。

明，前一本书所教导的事情没有什么是不可能的。最为究竟且符合经验的真实结论是，浅显的自然哲学会使人的思想滑向无神论，深入的思辨探索则使人的思想重归宗教信仰。

总而言之，人不可妄自阻拦神慷慨的恩赐，对于神，恰如前文所言，他"将世界安置在世人心里"。① 因此，凡不是神而是世界的那些东西，神就装进人的脑袋里，使之适合人的理解力，只要人愿意尽其所能地打开并扩展自己的理解力。

然而，我们必须永远牢记，我们从神之大能的恩典中所获得的那些知识，即使是最小的部分，也必须恪守神所规定的用途，即改善人的境况和救济人类社会。如若不然，一切知识都会变得邪恶且有害，其品性就像那条阴险狡诈的毒蛇，使人心膨胀。对此，经文说得极好，"知识是叫人自高自大，唯有仁爱能造就人"。② 在另一处，这位使徒直截了当地否定了那些不是为了善或爱而行事的力量与知识，他说道："我若有全备的信，叫我能够移山（此处是指主动的力量），我若舍己身叫人焚烧（此处是指受动的力量），我若能说万人的方言、并天使的话语（这里是指知识，因为语言即是知识的传递工具），一切皆是虚无。"③

因此，知识的真正目的，并非猎奇之欢愉、决意之笃定、精神之振奋、才智之胜利、言说之禀赋、职位之厚禄、荣名之远扬、鸿业之既济，其间的各项事业在价值上虽有高低优劣之分，但终归是些不入流的低级志趣：人试图再次建立并（尽其所能地）恢复他们的统治权和力量（一旦他能说出造物的真实名字，

---

① 《传道书》3∶11。培根引文有改动。
② 《哥林多前书》8∶1。
③ 同上，13∶1 – 3。培根引文有改动。

就能再次命令它们），这是他在创世的最初状态下拥有过的权力。说白了，就是发现所有的操作及其可能性，上至不朽（如果可能的话），下至最简陋的机关术。因此，只求满足的知识是不会有结果的，就像与风尘女子的交合，只能得到片刻的欢愉，却无法开枝散叶。至于谋利、入仕或显名的知识，犹如扔在阿塔兰忒面前的金苹果，当她走过去弯腰捡拾的时候，比赛就已经被她耽误了。而那些用于解决某一特定问题的知识，就像哈尔摩狄奥斯（Harmodius）一样，[1] 只能推翻一个僭主，却不如赫拉克勒斯，他走遍世界各地，到处镇压暴君、驱逐巨人、打败怪物。

诚然，神的诅咒无法解除，这体现在两方面。其一，虚荣必会终结人类的所有影响，世界将重归永恒，尽管这场革命的时间尚未到来。其二，造物间的和谐已被混乱取代，人类必须付出艰辛的劳作，比如发明和运作，才能行使和管理神最初赋予人类的权力。然而，劳作和旅行主要是用额头的汗水而不是身体的汗水来实现的。这种旅行要与脑中精神的工作和讨论相结合。对此，所罗门王说得极好，"愚昧人力上加力，智慧人但寻出路"，[2] 这句话的意思是，找到正确的道路事半功倍，囿于辛苦的劳作累而无功。诚然，与其说这种限制是现实的，毋宁说是潜在的——当影响是可能的时候——但时间和地点并不提供人在其间工作的质料或基础。尽管有这么多的界限和限制，但我们要相信，并恳求时间，（话虽如此，还是要摆脱炼金术士，魔法师，还有那些轻浮、懒散、

---

[1] 哈尔摩狄奥斯，相传曾与好友阿里斯托革顿（Aristogeiton）一起刺杀僭主希庇亚斯（Hippias），但计划失败，两人相继身死。其事迹后被视作民主精神的象征，尽管其反抗动因有争议。有关刺杀的策划和执行过程，以及后来的失败和惩罚，参希罗多德，《历史》，第五卷。

[2] 培根引文有改动，语义参考《箴言》1–10。

无知、易受骗且爱幻想的智术师及学派的一切虚妄泛滥的承诺,)新发现的陆地世界对古代大陆的补充并不比今天剩余的发明和未知的科学世界更大,与那些已知的发明和科学不同,古代的知识范围较之新的更野蛮,就像人类的新领地较之旧的更野蛮一样。

通过古人对这一目的(用新的发明改善人的生活)的评价,我们可以看出知识的尊严。毕竟,就算是国家开创者、律法缔造者、僭主灭除者,以及为生民之父者,也只被古人冠以伟人(Worthies)或半神(Demigods)的尊号,而发明家却被他们奉为不朽的神明。平庸之人的志向是在本国的领地内扩大自己的权力,卓越之人的志向是在其他国家的疆土上扩大母邦的权力,那么,毋庸置疑的是,最高也是最受世人尊崇的志向必然是扩大人类王国于世界的统治力。因为我们知道,前面两项工作总会受到各方面的干扰和诸多不公正的指责,最后这项神圣的事业却犹如清风拂面(in aura leni),悄无声息。

神始终坚守进入这项事业的港口和通道(他一直不曾改变自己的方式),这就是神所赐谦卑之心的福分,我们宁可逐句阅读神创造的作品,也不要索求或催促神,迫使他必须马上给我们的灵一个预言性的神谕。在探求属神的真理时,情况也是这样,他们的傲慢往往使他们远离神的谕旨,迷失在自己所发明的妄想之中;同样,他们在探究自然时也曾不顾神创造的万物,转而崇拜起虚假残缺的影像,它们是心智之镜歪曲的反映。不得不说,在开展这项工作前,必须毫不犹豫且毫无保留地指出,在人类的知识王国里,犹如神的王国一样,没人能进入其中,"除非他先变成小孩子"。①

---

① 《马太福音》18∶3。培根引文有改动。

第四节的前言：论知识的障碍

对某些事情而言，开始时的尝试比完结后的实现更艰难，其复杂之处不在于事情或主题本身，而在于人在琢磨这类事情、意欲解决它们时的急躁不安。所以李维在评价亚历山大远征的时候，只是轻描淡写，用近乎题外话的口吻说道："他之所以远征，只是鄙弃无目的的冒险罢了。"[1] 在类似的事情中，人们首先会踌躇这么难的事情如何做到，但当事情被发现并完成后，人们又惋惜这么简单的事情为什么不早点做，以至于错过这么久。这指的就是知识等功业的发明和发现呀。

第五节开头的一个小片段：论智慧的传授在时代中的障碍

时代的现状对知识的发明没有任何便利和扶持；因为种子太过娇嫩，土地尚未翻耕，作物不适合在这上面生长，且气候也不好，真是处处受限，备受打压呀。尤其是在其他短促冷漠的植物盛开的季节，知识更容易凋敝。时代下降的过程中，总有别的什么东西在引领世人的目光，人们的才智和劳作通常会与这种工作保持距离。

至于最古老的东西，就像名利一样，蒙着她的头，讲着故事，我不能对此过多猜想，因为我不愿意模仿那些地图绘制者的方式，他们到一些自己不甚了解的国家时，会记下那里有一大片的荒芜和戈壁：所以我不敢断言他们知之甚少，毕竟，我们也

---

[1] Livy, *Ab urbe conditaix*, ix. 17. 17.

不知道他们到底了解多少。但是，如果你观察过目前还保留着的那些古人的遗迹，就会得出这样的结论：尽管我们的先人不像亚里士多德说的那么不堪和毛糙，像刚从黏土或某种现世的物质中被捏出来的一样；不过，我们还是有理由，也能够这么说：在知识方面，他们尚处于黎明或破晓时分。因为在那个时代，无论哪里的人，都完全没有办法走出国门，他们很难突破本国疆域或领土的限制，毕竟，当时的世界不像后来那么繁荣，有贸易往来和航海术的春晖，换言之，智慧无法传授，人和人之间不能通力合作，再者，那时也没有那么多的讲究能纠正各自在习俗上的成见。

所以，不同地区或国家的智慧无法汇聚一处，以形成一个大的集合，不同时代的智慧也无法继承，以使前人恩泽后人，就此而言，他们的历史记录没有任何目的。他们传统的方式既不合时宜，也无益于知识的增广。此外，稍加研究就能发现，那个时代几乎每个地方都有邻国（他们当时还不知道利用结盟和缔约），以致到处都是战争、侵略和掠夺。他们还会通过数量众多的妻妾和子嗣来扩增人口，这种情况今天主要出现在西印度群岛的落后地区；他们的建筑术，有时是为了居住，比如建造村庄和城镇，有时是为了名声，比如修建纪念碑、金字塔和巨像等。此时，如果民间碰巧出现了很多聪明人，他们就会发掘并制定出一些新的法律、习俗和惯例。就像最近几年，当世界发生变革的时候，几乎一模一样的蛮横和蒙昧再度出现，我们在本国和异邦看到了许多这样的例子，另外，一些留存在土地上的契约，以及村落庄园中的各种风俗，也有类似的情况，它们都是聪明人在愚昧无知的时代所设计的。

第六节全文：知识的障碍在于缺乏真正的智慧传承，迄今为止，人类的寿命上限便是丈量知识的最大尺度

对机械技艺而言，最先出现的装置往往缺陷最多，但随着时间的推移，它们会不断被增补和完善。至于那些自视甚高的科学科目，最初的发明者往往走得最远，但随着时间的流逝，它们反而越来越糟糕。我们可以看到，绘画、火炮、航海等类似的技艺，它们起初的工艺总是相当粗糙，但在时间的打磨下，便日趋精巧了。然而，在哲学和科学方面，亚里士多德、柏拉图、德谟克里特和希波克拉底的理论，在最开始的时候都生机勃勃，但在时间的消耗下却日益污浊，变得没有根据了。原因不是别的，前者无非是许多人的才智和勤奋都花在了一件事情上；后者枉费了不知道多少人的心血，反倒败坏了先哲们的智慧。

在这件事上，传授者和接受者都有错。传授知识的人希望以最易被接受而不是以易于检验的方式去传达。接受知识的人只满足于当下，而不期许于探索，宁愿盲信也不想承担犯错的风险。声名使创作者不愿意袒露自己的弱点，懒散使信仰者不晓得自己的实力。

于是乎，人们转而追求次一等的奖励：或是成为一名造诣高深的解释者或评论家，或是成为一个精明的支持者或辩护人，或是成为一位井井有条的编辑或删节者。智慧的此种传承方式便是世界至今最大的不幸，所有知识的精华都未得到安置或改进，反被糟蹋和败坏了。所以说，知识就像泉水一样，从泉源处流出，再也不会流升到比泉源更高的地方。因此，我们不可能借着亚里士多德的启迪之光来超越亚里士多德，因为这无异于认为，借来的光能够增进其所由来的源头之光。那么，既然世界上并没有真正的智慧传承，知识也只不过是某个人此生此世的任务，所以发

牢骚是没有意义的,毕竟,"生命短暂而艺无穷"(life is short, and art is long)。换句话说,现在的知识一地鸡毛,不像以前那样,是一棵永远不会有危险的树,但它的目的是知善恶。这源于人类渴望拥有选择而不是服从的欲望,它包含着一种明显的背叛。①

> 第七节的一个片段:假装智慧有传承是邪恶的做法,因为历经鱼龙混杂的学派和意见之后,占据上风的往往是流俗而非真实的东西,更别说其他的理论了

显而易见,人们首次研究和探索时,会按照他们理解的几种框架结构去开启各式各样的概念,从而扫除其他的意见。接着,当人们尝试过一切后,又会对这些事物感到厌倦,并筛除最糟糕的,留下他们认为最优秀的,对于其中那两三个最为卓越的事物,若它们基本上差不多,就会在后续的过程中传承下去,至于别的事物,慢慢也就消亡了。

但事实恰好相反,时间就像一条河,往往带给我们轻浮飘动的东西,而那些沉重坚固的东西早已沉落、淹没不见了。无论政府是由一个人领导,还是少数人控制,抑或多数人管理,知识王国的形式永远都是民主的,占支配地位的也肯定是人们的感官和观念。举例来说,那些把事物的开端归结为固体、虚空和运动的人,无疑要比将其视作质料、形式和位移,或是思想、运动和物质的人更加真诚。没有人在研究自然的时候会跳过德谟克里特,他从不理睬另外两种意见,只将其放在一边,留给学派和茶余饭

---

① 出自古希腊医学家希波克拉底关于治疗术的说法,原文"Arts longa, vita brevis"。

后的闲谈。至于亚里士多德和柏拉图的那些理论，尽管它们都符合大众的感觉，但前者是以精巧和辩驳的精神论证的，后者却是以装点和雄浑的方式讲述的，所以前者坚持到了现在，后者却退出了舞台。

第八节全文：论知识处理各种问题时的障碍，从普遍知识的根基的储备中分化的具体科学

雄辩家西塞罗乐于颂扬自己的职业，因而费了相当多的口舌，以证明修辞术不是一间辞藻优美的商店，而是一切知识的宝库和收纳柜，可以通过演讲来操纵人们的思想并推动他们的情绪，所以他对苏格拉底学派颇有微词。因为在此之前，希腊的那些智术师还能假装自己在传授一种言之有物的普遍知识（Universal Sapience），但从苏格拉底开始，哲学和修辞术就分了家，苏格拉底把哲学拽向一边，让修辞术自行发展，这使得修辞术成了一门干巴且不体面的科学。我们看到，在那些具体的科学中，假如人们将工作进一步细化到如眼科医生或专职律师等职业上，尽管他们有所准备，也学了一些技巧，但在他们所专研的学科上却不够深入和充分，因为这门学科与其他学科是相通的（consent）。一个常见的问题是，在科学链条中它们如何联系在一起，希腊人按照自己的意愿命名它为"知识图"（Circle Learning）。然而，我认为具体的技艺和科学已与一般的知识分离了，这对知识的进展和深入发明是一个巨大阻碍，我不理解，西塞罗的演讲和希腊人在其"知识图"一词的注释和概念中所要表达的不就是同一件事吗？

我并非指在实践中用一门科学来装点或帮助另一门科学，就像演说家用情绪的知识来推动节奏，或是军事家用几何学的知识

来修筑工事。我是想说，一门科学中的细节和实例所产生的光辉和信息，可直接帮助建构或修正另一门科学在真理和概念方面的公设（Axiom）。如此说来，眼科医生和专职律师的例子要比另外两个例子更接近我的想法。因为普遍知识是所有科学的基础，且普遍知识所蕴含的最高智慧可以扩增并修正不同的科学，同样地，一门科学的各个部分都依赖同一门科学的箴言，其间的某个部分能启发另一个部分，而另一个部分又和这一部分相通，这缘于它们之间的共同基础。因此，尽管哥白尼的天文学理论不能得到天文学内部的修正，因为它不与任何现象抵牾，但自然哲学能修正它。另一方面，倘若古代某些哲学家在天文学上做了完善的观察后，会在制定原则和第一公理时请教天文学家的意见，他们就不会像宇宙志学家那样用天球模型来划分他们的哲学，以为天上和地上分属于两套不同的哲学了，事实上，他们的确是这么做的。

因此，只要那些对善和至善进行过无数辩论的道德哲学家把目光转向自然，就能看到万物都有接受和给予的欲望：一种运动影响着保存，另一种运动影响着增殖；这两类欲望在生物中的表现极其明显，也即对营养和生殖的快感；人对自身的欲望，无论是感官的愉悦还是权位的享受，都能做出最恰当和最自然的划分；对世界的普遍框架而言，一方体现在涌出的天光中，另一方体现在吸纳万物的大地上；再有，他们可以观察到部分相对于整体的位置或一致性的运动，很多细节都能证明这点。最后，他们应该想到运动（同类相吸）是为了趋向同类事物中更高的那个；通过这些在自然哲学中如此简单和相通的观察，他们理应发现善的四对属性，即享乐或生殖、效用或操作、相通或比例，以及方法或假设；他们也就能删除有关快乐、美德、责任和宗教的那些冗长飘忽的论述了。

逻辑学和修辞术同理，当然我们也可以将其称为辩论的技艺和言辞的装点，如果这些学科里的大师们能走得更低一点，只研究语法对字词种类、派生、变形和句法的作用，最好是能用几种不同的语言、词组和比喻来充实这一点，他们也许就会找出更多更好的常理的脚步、辩论的襄助和挑剔的好处了，而不是他们说的那些。如果一个人注意到修辞和音乐有许多共通之处，别人就会以为他信口开河。语言中重复的强调与乐段的再现是非常相像的东西。

普鲁塔克几乎把斯巴达式（Lacedaemonian）的笑话汇编成了一本书，这种笑话总是把欢乐和厌恶放在一起。"先生，（当马其顿国王腓力操控自己的能力时，一位富有才艺的人对他说），但愿神不要让您的命运使您比我更了解这些事情。"在指责腓力在技艺上的无知时，富有才艺者展示了永恒伟大的财富，让自己没有空闲时间去学习如此低贱的技能。在音乐中，不和谐或生硬的曲调若配以优美的和声，也能余音绕梁。西塞罗等人认为，制造优雅的绝妙手段之一便是拨弄观众的阈值。众所周知，音乐家们在临近演奏结尾时的雅致是别具一格的。这并不是什么暗示，而是直接的关联，同样的思想乐趣不仅存在于音乐和修辞学中，也存在于道德哲学和政治学等知识中，某些学科没弄明白的东西在别的学科中却浅显易懂，同样，某些学科能发现的东西，别的学科却根本找不出来，所以一门科学能极大地促进另一门科学的发明和增广。

因此，如果没有这种交流，科学的公设就会变得既不完整也不真实，成了亚里士多德在某些地方明智地谴责过的那种观点，他说，"这些是只尊重少数事物的人的意见"。这句话引导我们，要按照某种秩序和政策来管理知识,就像西班牙国王治理一大片领地一样。虽然他为几个行省和事务设立了特定的议会,但他同时也设立了一个总议会,专门负责接收特定议会的各种意见。至此,我讲完了智慧的传授、传承和交流。

第九节前半部分(也是本部分的结尾):知识的目的和范围普遍有误,人们从未很好地想过他们所追求的到底是什么

由此可见,人类的智慧和劳作很少转化为对知识原初而朴素的探索。那些装腔作势的人、学究们的造作和非学者的干扰造成了多大的伤害呀,在最初的和归纳性的研究中,智慧从未得以联合,每个人都各行其是,要么独树一帜,要么袭人故智,当然,前者可享声名,后者可图安逸。最后,在智慧和劳作的延续方面,最时兴和软弱的观点之继承情况,就像最软弱的性质往往有最多的孩子一样,对它们来说,继承最好的方法是守成和装点,而不是扩增;即使要扩增,也只能改善其中某些部分,而不是增进全体。不过,尽管这些障碍——有限的时间和偶然的意外——造成了普遍性的危害,但它们并不像人的思想和精神中的内在障碍和阴云那般有着不可抗拒的约束力,接下来我将如实说明。

经书在谈到最严重的错误时说,"使他们在荒废无路之地漂流"。[①] 因为他们可能在路上彷徨四顾。倘若走错了路,便再也无法回头。人们在思考和行动时的状态正如塞涅卡所说:"人人都

---

① 参考拉丁通行本《诗篇》107:40。

着意于生活的局部,却没人关心生活的全部。"① 对于那些只需顺应本性的倾向,或从普通的案例和意见就能接受终极目的之人来说,这是一个稀松平常的过程,他们从不质疑或检验这个目的,也不将其上升到某种明了的确定性。他们只解释和思考它的手段和第二目的,由此便使得自己用正确的方式走向错误的地方。同样,由于天生的好奇心和求知欲,他们在没考虑旅途终点的情况下就扬帆起航。不难发现,有些人追求知识只因为知识本身,而不是知识所带来利益、荣誉抑或生活中那些实实在在的东西,但即便是这些人,也给自己定了一个错误的目标,即满足(所谓的真理)而不是操作。法院、宫廷和国家的情况也一样,在那里,让人满意比办实事容易得多。所以说,找到令人满意的思想并平息异见,要比引导并启发他们去探究新经验和新发明的原理容易得多。

对此,克尔苏斯(Celsus)敏锐而真切地注意到,我们现在接受并使用的这些知识,其成因在时间上是特殊知识的次级衍生物和附属品;换言之,不是因为这些原因才产生了特殊知识,而是先发现了特殊知识,才开始追溯所谓的原因。这就是为什么现在的学问注定无果,它就像风尘女子,仅供享乐,无法结果。诗人们对斯库拉的奇特想象似乎就是这种哲学和知识的生动写照:她的上半身是一个风姿绰约的女人,下半身却布满了狂吠的妖怪。没有比无休止的变形问题更好的了,它们从始至终都必然且必定是这种知识的目的和子宫。

然而,此处我可能搞错了,在有些人的笔下,科学的行动和人的使用是一回事,而我的意思完全不是这样。他们是想为准备

---

① Seneca, *Epistles*, lxxi. 2.

实践而制定方向（directions）和训令（precepts），我不赞成这种做法，因为这会损失一些科学的科目。他们的想法，类似于将分散的采邑收回来，去买一整块靠近住宅的农地。但我的想法与此相反，我要增加并扩大人类的收入和财产，而不仅是为了修整或方便地安排他已经说过的理由。说白了，知识不只是几句晦暗不明的话，我们现在所说的这些，也即知识的真正目的、范围和职责，我认为并不在于什么似是而非、令人愉悦、可敬或可佩的陈述，也不在于什么令人满意的论证，而在于结果和效用，在于发现以前从未揭示过的细节，以便更好地改善和帮助人类的生活；我认为最好按照人们目前的财产状态来制定一份他们的财富、家具或生活资料的时间表（Kalendar）或清单（Inventory）。我这样做，并不是为了展现什么普遍性的意义或知识，更不是要对匮乏和错误做出指责性的讽刺。这一部分是因为，新的认知需要一些粗俗强制的形式才能被人们理解，其主要目的是为了在将来（根据现在所作的说明和列出的情况）可以看出，这种使用和管理资产（如果一旦种下）的新方式会带来怎样的增长。就现在的情况来说（以防我因死亡而无法按计划去揭示这一新的光辉），我至少可以就人类目前想要的东西做一些启发性的提示，尽管我并不会完全以此时的预测（Anticipations）为基础，我也不觉得自己有足够的学识或智慧来许下一个合理的愿望：因为提出一个不冒昧的问题需要一定的知识，许下一个不荒唐的愿望也要一定的理智。

第十节中的一个小片段，即清单的前言：所谓清单，即列举概述已有的和正在使用的发明，并说明供应品的需求和性质

要列出这份清单，最简易的方法是，根据科学、技艺、发明、效用及其部分对人类生活条件的用途和贡献来分清它们,并按照用途的不同——就像供给机构那样——征收合理的费用和税款。我们的指导准绳既不是空洞的经验和体会,也不是天马行空的胡思乱想。在这些费用和税款的基础上,分栏列出现有的和已经发现的,并标明哪些尚有提升的空间。在这些供给中,有许多是因为公务人员和办事人员的懒散和失误导致的退回(他们会用一些借口),因此最好对供给的本性做一些说明,显然,它们是要被集中采购的。然而,从另一个视角来看,这同样适用于检查和控制那种徒劳无益的分配和礼物,因为某些无知、骄奢和滥用智慧的人会假装用奇迹来骗人,这些奇迹在本质上与真理不同,其差异之大,如同传说中的恺撒与故事中的亚瑟王或布尔多的休恩(Huon of Bourdeaux),有着天壤之别。当然,恺撒的事迹的确要比那些游手好闲的庸人伟大,但他肯定不是通过什么骇人听闻或匪夷所思的方式做到的。

第十一节中的部分:紧随其后的清单

那么,现在的命题就不是通过一般的遁辞,而是借由特殊的注释来呈现的。先前的哲学在术语和方法上均无变化,在已知的细节上亦无新的立场(placet)或假设,也不涉及任何实践手册的行动,只揭示和发现新的发明与操作。要做到这一点,须摒除技艺的臆测和错误,以及经验的冗余和艰涩,这些发明的性质和种类要如它们被发现的那样去描述。不经远航,何见远方,我们只是站在已有思想的精粹上——就像站在山上——来展现临近和受限的知识。因此,如果不确立知识的真正目的就会带来很大的错误,那么,认识不到相同目的之绝佳条件也将引发一些衰退。

一旦人们有了安身立命的地方,就不再需要四处漂泊,此外还需要白色(white)来使路面干坦。

我们所说的完美,不在于结果的价值,而在于方向的本性,因为我们的目标并非激起人们的希望,而是指引他们的旅途。能使工作产生结果的方向要满足两个条件,即确定性和自由。确定性意指方向不是近乎正确,而是绝对正确。自由意指方向不受限制,是包含一切可能的手段和途径。对此,诗人说得很好,"智者的道路处处平坦",哪里的变化最繁复,哪里的选择就最单一。再有,一个基于推测的方向带来的结果是随意的,但受限的方向带来的结果却要更随意。因为那些特定的手段可能会超出你的能力范围,或是带有价值性的偏见。因此,如果你在方向上缺乏确定性,你通往成功的道路就会受阻;如果你在方向上缺乏多样性,你就会止步于尝试。换言之,如果你的方向是确定的,它必将指引你朝向某处,如果它存在,你的求索必然会有一个结果,要不然,即使你做了,也得不到。如果它是自由的,那它必将指引你朝向某处,如果它不存在,你的求索就会落空,或使你有能力却不尝试。

尽管亚里士多德没有使用过这一概念,但这样的观念也已体现在他的思想中。他提出了两条值得称赞的规则:其一是科学的公设可以转换,后人称之为真理的规则,因为它能够防止欺骗;其二是审慎的规则,因为它能够自由选择,从我们现在的观察和推测来看,它们是指同一件事情。

一个例子就可以讲清楚我的意思,但也可能让他们摸不着头脑:假如我们要得到的结果是白色,那么第一个方向是,将空气和水混合在一起,或者将其打散后重聚,白色便会随之而来,雪的情形与此类似,大海和河流中的波浪亦是如此。这个方向是确定的，但很特殊而且还受限，因为它只与空气和水有关。第二个方向是，将空气与任意的透明物混合，但这一透明物须是无色的，甚至比气体还透明，类似于将玻璃或者水晶研成粉末，再混进一些空气，它就会变成白色，再如，蛋清本身是透明的，但一经搅拌并混进一些空气后就会变成白色。此处的情况已不再需要水的参与，而是用透明物代替，但仍须与空气混合。第三个方向是，抛开无色物体的束缚，用琥珀或蓝宝石等物体代替，将其研成细粉，变成白色；或是将葡萄酒和啤酒打成泡沫，使之变成白色。

第四个方向是，不局限于透明物体，改用火焰这种不如空气透明的东西代替，它是由空气和比空气更稀薄的物质复合而成的。只要没有烟——这是第三种结合自身并使火焰变色的物质——火焰就会变成更完美的白色。然而，目前的这四个方向，空气仍是组成部分之一。第五个方向是，将两种透明但程度不一的物体混合在一起，也能得到白色，例如油和水混合而成石膏，在搅拌的过程中，空气就挥发了，但仍能保持白色；或是将玻璃粉末抑或水晶粉末倒入水中，空气虽被排出，但其仍能保持不那么完美的白色。至此，便不再需要空气的参与了，只是你们还受透明物体的限制。

我不想再按着这个阶次讨论下去了，部分是因为会使这一例子过于冗长，但主要还是因为再继续下去会揭开我在这部作品中意欲保留的一些内容。如果把整个历史记录和对颜色及可见物体的观察统统讲一遍，那这个题外话未免也太长了。我们现在的目标是给出一个自由方向的例子，进而对其加以区分和描述，而不是制定一个如何恢复和获得它的解释形式。

不过，我们还是要考虑周全，以免误导读者，因此（既然已经做了这个提示）回到我们手头的目标，第六个方向是，将所有不相称的物体或物体的部分按照简单的比例混合在一起，也能产出白色。我们会解释这点,虽然我们做不到。

那么,我们的理解是,绝对相称的物体产生透明,按简单的次序或比例搭配,不相称的物体会产生白色,按复合或各自次序或比例搭配,不相称的物体产生剩余的那些颜色,按绝对抑或无序搭配,不相称的物体则产生黑色,这些情况可以用四张表加以简略的说明:空白表、黑白交替的格子表、回纹表,以及杂色表,其中的回纹表显然能展示更多的可能性。从这个论断可以得出许多结论和观察结果,比如,白色和黑色与透明性最不相容;白色能维持光亮,黑色却阻断光亮,但两者都不能被光线穿过;在彩虹、钻石、水晶之类的东西中永远不会产生白色或黑色;白色很容易被染成别的颜色,而黑色很难;白色似乎与干燥相亲,黑色则与潮湿相亲;烘烤产生黑色,煅烧产生白色;花朵一般都是鲜艳的颜色,几乎没有黑色的,其他情况,诸如此类。

我现在匆忙地提到的这一切都是通过推导而非归纳得来的。第六个方向我已经解释过,对于一般和内在的白色来说,自由是良好且恰当的,但对奇特或表面的白色而言,自由就不是这样了,这点我后面会再讲。但首先你需要还原到确定性或真实性,因为并不是所有不相称的位次(position)或结构都能产生颜色,如硝酸(aqua fortis)、硫酸(oil of vitriol),还有一些物质,尽管它们的组分极不相称,但却非常清澈透明。必须将物体或它们的部分还原到最精细的尺寸和数量上,因为当我们肉眼观察到变化时,微粒聚焦的大小和规模已经相当可观了。一点点藏红花便能给一大桶水上色,而些微的麝猫香就足以使整间屋子充满气味。因此,当德谟克里特(伊壁鸠鲁借用了这一观点)坚称固体部分的位次是颜色的原因时,他应该补充一条,即这些部分应具有一定的大小。这就是为什么颜色与事物的本质属性几乎没什么内在必然的联系,当然这也只是原因之一,某些事物在颜色上相似,但差别很大,如食盐和白糖;反之,有些事物的颜色不同,差别却很小,如白色的紫罗兰和蓝色的紫罗兰、玛瑙和大理石的纹理,这是因为其他的特性,它包含在比颜色更精细的比例当中;不过,也有一些特性和性质比颜色更粗糙,但气味等性质又比颜色更精细,正如物体的部分会散发出小到看不见的气味,物体的部分也能显现出小到没有重量的颜色。所以,先知极为优雅地描述了受造物与造物神之间不成比例的关系,他说:"看哪,万民都算如天平上的微尘!"① 这是一种虽有其形,却无其重的东西。

但回头来说,这六个方向还有进一步的自由。河流或溪水的清澈在远处看来便是白色,水晶眼镜能将脸或别的东西弄成虚白,弱视长时间看雪后会所产生的印象是蔚蓝色而非白色。至于仅在幻影中才有的白色,以及通过特定光线、更改媒介间质、或影响眼球体而产生的白色,就不是我们讨论的范围了。但你必须保持你的方向自由,以产生这样一种感应、印象或者操作,从而给眼睛带来精确而确定的激情,这比我们所经历的要容易得多。不过,既然这种放射行动(目前,一些人认为它是某种精气的流溢,另一些人则认为它是媒介间质的一种连续运动,能将其传递给我们的眼睛)和感官行动是完全一致的——对此,我也应该展开我认为便于取出的东西——那我就略述了。

我也不狡辩,但我说的这种运动,也即方向的自由,在我们所接受的哲学中(就游泳的预期所能把握的而言)是可以被感知和辨别的,它无非就是他们此前提过的两个公设规则的目的,说得更准确点,即他们所谓的形式或形式因,抑或真正的差别。然

---

① 《以赛亚书》40∶15。培根引文有改动。

而，它们都超出了人类理解力的范围，是不可能的事情，仅是一个愿望。柏拉图卸下了他的包袱，说道："凡深知怎样去界定和划分的人就该视为神。"① 这唯有通过真正的形式和差异来实现。对此，我与他携手并进，但我做的很少，如果有谁能够靠自己预测的力量发现形式，我必使他获得最高的尊荣。

但他们之中肯定会有人这么说，如果许多人通过指导和观察才明白的各种事情，另一些人通过启示就能知道，那么他们就会将其当成某种超自然的神圣之物。因此，我承认，一般人若能通过预测达到缺乏智慧之人通过解释达到的结果，那前者就不会拥有太高的头衔。其实，我由衷敬佩他们中那些按照自己的预测走了如此之远的人，但该怎么做呢？这就像我惊奇于一些盲人，想看看他们在失去视力的情况下如何行走，我心想，假如我是盲人，我恐怕很难做到这点。再者，亚里士多德学派也认为，不了解原因就不会有真正的知识，不了解形式则不会有真正的原因，而除了他们乐于承认的那一个形式之外，也不会有真正的已知形式。因此，总的来说，他们的证据与我们一致，换言之，到目前为止，除了知识的影子外，什么也没有，而我们现在所提出的乃是大家一致赞同的最值得寻求也是最难找到的东西。

现在还缺少一个十分必要的东西，不是为了供给，而是为了提醒。因为我们看到，在大多数情况下，金玉其外的东西，往往败絮其中，但这仅适用于那些卑贱低劣的物品。举例而言，一块工艺高超的赝品石头比尖晶石更像完美的红宝石，而伪造的天使则比用中国黄金铸造的天使更像真的；同样地，一种方向在真实性和自由方面与真正的方向相似，但实际上可能根本不是方向。

---

① 对照《新工具》第 2 卷，第 26 则。

虽然你的方向是确定和自由的,能把你引向与你所探究的本性不可分离的本性,但如果它不能深化你的行动、操作或使你更靠近光亮,并借此去制造或者生产,那它就只是肤浅且虚妄的东西。

鉴于此,为了确保真正的方向——尽管我所给出的一般性说明已然明晰(因为人们很快就会反应过来,自己是更接近结果和操作,还是仅得到一个抽象或多变的概念),然而,为了更好地指导,我将提供三个特别的注意事项。

其一是,我们所发现的本性要比所假定的本性更原始,而不是次一级的东西。比如,要使石头变得明亮或光滑,使其均匀就是一个很好的方向;反之不然,想让一块石头变得均匀,使其明亮或光滑便不是一个好的方向。寻找方向的规则是,事物的构造(disposition)即指自身或内部各部分的状态,这比它与另一事物的相对或者可传递的构造更原始。因此,均匀是石头自身的构造,而光滑是手感,明亮是眼见的,尽管它们在上述事件中是一个整体,然而,如果它将你带向同类而非异类的事物,那么它的方向就更不完美了。

在由光滑产生明亮的这个方向上,尽管确实没什么实质性的变化,也不会教给你先前未知的新细节,不过,通过暗示或回忆的方式,它或许可以使你想起一些已知但忘记了的细节。如果你只着重于思考明亮,你很快就会想起一些制作光滑的方式;但是,如果方向不是这样,而是通过制造反射去产生明亮,比如,让你通过这种方式看到自己的脸,这仅是次一级的东西,因为它既不提供新的信息,也不提供有用的建议。如果你在研究白色的过程中被派去制造一种在黑暗中所能看到的最远的颜色,你不可能有什么推进。这一类性质只是属性(proprieties)、结果、状况、相通(concurrences),或者其他概念,总之,它们不是我们所假定的本性的根本和构形的性质。

第二个注意事项是，在进行综合之前，必须先通过分析的方式收集将要研究的本性，或者说得更确切点，先要以次级（subaltern）结构的方式进行收集，然后再升级到绝对结构的方式。①

第十六节中的一个小片段，即对内在心灵的批判：论心灵本质中那些内在而深切的错误和迷信，以及求知过程中理解力的四类假象或幻象

伊壁鸠鲁认为诸神乃是人形，他的观点遭到了其他学派的讥讽，但他们并未认真思考过这一理念，是否每一种有感官的造物都认为自己的形体最俊美呢，比如骏马、公牛等动物，它们是否只能发现自身形式内的美，犹如表现出来的性欲和食欲那样。神人同形论者的异端邪说一直备受谴责，因为它是那些足不出户的修道士们在阴暗的小屋内独自幻想出来的东西。同样地，《雄狮的画像》（*Quis pinxit leonem*）这则家喻户晓的寓言也很好地说明了傲慢和偏袒以及习惯和以己度人的错误。心灵的意象通常与镜子反射出来的光类似，不同品质的镜子会产生形色各异的光，它们与真实的光往往有所偏差。可人们还是没有利用这些以及类似的观察去探寻，并在此基础上对内在于人类心智的固有错误提出真正的警示，这些错误已经污染并败坏了他们所有的观念和印象。

所以，在这面被施了魔法的镜子上，我发现了四种假象或说幻象，它们归属于不同的种类，每种又有不同的分支。我将第一种称为种族或说种群的假象（Idols of the Nation or Tribe），第二种是宫殿的假象（Palace），第三种是洞穴假象（Cave），至于第四种，即剧场假象（Theatre）。

---

① 培根在此并未给出他计划要说的第三个注意事项。

《解释自然》第一卷中若干章节的摘要：第十二节

人们在辨别知识的真实性时，常用一些无效的试验进行判决。比如古物和权威、常见和公认的观念、心灵或自然或被迫的同意、知识本身的和谐与一致、本原的确立及对其他命题的接触和还原、缺乏矛盾实例的归纳，以及感官的报告。对真理而言，它们都不是绝对无误的证据，也不能为效用和操作带来足够安全的保障。事实上，找到新作品和积极的方向是我们唯一可以接受的试验；但也不尽然如此，例外的情况是，一个特定的事物能启发另一个事物，这一事物又能引出一个公设或观察，且这一公设可以发现并设计出新的特定事物。这种试验的本质不仅要求知识带来效益，而且还要求知识是真实的。可以发现新事例的公设不一定是真实的，但相反，不能发现新事例的公设一定是无效且不真实的。因为新的事例并不总意味着新的结构次序（recipes），但意味着新的分配方案，也能说明两者之间存在差异。与事物的精细度相比，语词、论据、观念，乃至感官本身，都不过是粗糙鄙陋的东西；至于那些声称要尊重人的思想，并将其从具体事物中剥离、抽象化了的观点，以及因此而构思和接受的观点的诱因与动机，则是散漫且谄媚的东西。

第十三节

一个错误是，将主要的精力用于研究具体事物的原因和产物，而不是抽象的本质。前者不胜枚举却稍纵即逝，后者寥寥可数但永恒存在。这些抽象的本质就像字母表或简单的字母，能拼凑出多样的事物；也像画家笔下混杂的色彩，能作出无数种面孔或形状。让我根据时下的评注对它们进行枚举。起初，人们会以为自然哲学指的是关于具体事物之效用的知识，形而上学则是关于简单性质之形式的知识，这种对知识的划分乍看合适，但细究起来就文不对题了。稍微研究一下简单性质的产生就能清楚地看出，我们并不是在寻求作品，因为通过前一种知识，只能发现普通的、微小浅薄的偏移，唯有后一种知识才能发现所有深刻且根本的变更。

第十四节

还有一个错误是，去研究事物的质料、僵死的开端或本原，而不是运动、倾向和应用的本质。前者所涉及的所有领域都是无意义且徒劳的，因为根本就没有这样的开端，即使有，也不是我们能知道的。对于后一种研究方式，他们只是轻描淡写地一笔带过。其中的几种构想是——事物积极能动的开端应该是物质的转变或对缺乏的欲望；世界的精神按照计划（platform）作用于物质；不同种类的事物根据它们的特性进行发展或结果；不同元素以其共同特质为媒介发生交流；相似的部分有联合起来的欲望；元素的关系分为友善与敌对，或同情与反感；运动分向心运动，及离心或受压运动；虚空中固体部分的偶然动作、聚集和尝试；关闭和打开的运动……这些统统都是废话，对运动与变化的真正的程度、时刻、界限及法则的计算和规定（一切作用和效果均由此而来），完全不是一个简单而笼统的问题。

第十五节

最大的错误是，在预测中探求知识。我将预测称为心灵对知识一厢情愿的收集,这便是所谓人人都有的理性。虽然这是一件庄严的事情,并且有助于人与人之间的交流(因为人们的思想都有类似的错误),但对于探究事物和作用的真理来说,它没有任何价值。民间对它的敬意是一个障碍,这种虚伪的理性不应该被说得如此轻巧,好像它确有疗效似的,由于人们太过抬举和看得起它,致使人类的财产备受损害。语词的本质及其才能禀赋可以用来掩盖并美化预测的缺陷。因此,如果这些预测在观点、理论或哲学上有许多分歧和矛盾,就像那些观点不同的寓言一样,也是不足为奇的。政府和民间习俗的本性大多不利于这种创新,即使投入再多的苦思冥想也无济于事。第二个学术流派及皮浪学派,或是那些否定理解力的思想家,无不认为人类的知识(通过预测获得的)不见成效,我认可这一观点,但是,他们在推翻大厦、清理完废墟后,本应建造更好的房子。更何况,他们不公正地、带有偏见地把欺骗归咎于感官的报告,它很难被纠正。事实上,他们应该把欺骗归咎于心灵的预测,这很容易被纠正。感官的信息是充足的,这并不代表它们不会犯错,只是因为感官在发现知识时的作用大多不直接。因此,唯有作用、效果及实例能检验公设,而感官只能检验做了还是没做、存在还是不存在。人在收集知识时需要各种各样的帮助,正如人的手在劳动和机械实践时需要各种各样的工具。如果拿掉这些工具,人就只能徒手解决这项艰难的工作。同样地,人的思想也有明显的匮乏和不足之处。

第十六节

人的心灵在没有帮助和供给的情况下不是一个能理解知识的容器或收纳柜,所以它不是真诚的,而是一个泥沙俱下的大染缸。至于心灵本质中那些内在而深切的错误和迷信，以及求知过程中理解力的四类假象或幻象——种群假象、宫殿假象、洞穴假象和剧场假象——再加上心智的无能、情状的虚荣和怨愤，除此之外就只剩无力和混乱了。我将叙述这四种假象的具体类别，并选取其中最能取代知识状态的一些例子来说明它们所产生的观点。

第十七节

这种错误已经下降并被纳入他们的经验里，还企图把知识引进具体的事物中。他们没有决心和心灵力量使自己完全摆脱预测，而是将预测和观察相互混淆，进而将其掩盖。即使某人有足够的心智力量来净化、清除所有的预测，也不可能有更大乃至双倍的心智力量和耐心，使之既能在研究具体事物后摒除新的预测，又能拒绝原先存在于他们心中的旧预测；相反，他们从具体的事物和记录出发，直接飞升到了抽象原则，没有中间的过程，因此，他们不是由具体事物开始逐步上升，而是由原则开始演绎，推导制定出所有中间概念和公设。

随即而来的便是无穷无尽的混乱，书籍和心灵至今都为这样的阴影和观念所困，以后甚至还会有更多的麻烦。在这些推演的过程中，为了避免节外生枝，当出现与其论断相左的新事例时，他们宁可打马虎眼，对新的事例含糊其辞，也不愿意修订规则。即使有人已经有能力及决心加强他的心灵或有这种潜力，能使他摆脱所有预测的影响，可只要他未收到提醒，要对人的心灵及精神本质有一个充分的认识，并把知识和错误的缺口与通道都找出来，那他就不能正确地保持自己行进的方向。至于那些经验丰富并擅长观察的人，当他们打算找出某一结果的原因时，总爱把注意力细致而精确地限定在该结果及其相关因素上，并设计尽可能多的试验。这不过是为了满足枯燥的好奇心，它们的终点往往是疑惑而非知道。他们没有扩大自身的观察范围，使该结果与其他不同主题的事例进行对比和分类，而这是探寻原因的必经之路。他们忽略了对粗鄙卑贱之事例的观察，只把注意力集中在体面的事例上；然而，其他类型的事例往往更有意义，也更能说明问题和提供信息。要知道，每一个能产生结果的具体事物（或多或少）都是由多种单一性质构成的（或明显或模糊），而且事物的结果也不能明确地归因于这些性质中的某一个。

不过，话虽如此，他们所采取的措施依旧不是拆解这些具体事例，进而通过排除和归纳的方法将它们还原到一个确定的点上；相反，他们的方法是，用粗略的归纳得出一个空泛的结论，经验主义的这种方法与经院哲学的做法别无二致，都不能得出有用的东西。那些在研究中寻求行动和作用的人，无不迫切地想要发现一些现成的实践，用新的分配来验证它们，却并不急于发现公设。一开始就根据公设制定结构次序的行为，犹如在阿塔兰忒面前扔一个金苹果，会阻碍并打断前进的道路，你应当克制这种做法，直到获得一定的阶段或总括性的层次，你的忍耐最终会得到丰厚的回报。毕竟，偶然得到的新发明总是零散的，唯有科学所得的新发明才能源源不绝。他们所收集的具体事例既不够丰富，也不够精细确切，其种类也不够全面，在录入和分类时甚至缺少必要的优点和谨慎；而且他们在收集自然志时所使用方式也不够强势。最后，他们没有解释知识的公式，要知道，公式的作用就是精简经验，使我们能用公设在短时间内制作出确定的事物，而不用再像往常那样寸积铢累，翘首启足。

第十八节

他们用了不计其数的手段来隐瞒和掩盖自己在传播知识时的无知,还美化和矫饰了自己所叙述的东西。其中,最为鲁莽且有害的莫过于这两件:其一是,人们在随意观察某个对象后,就将观察所得的东西确立为一门严肃而正式的技艺,再用一些实际案例和方向中的实践去充实它,并总结为方法,这使人们感到满意和安全,以回避对那个问题的深究;其二是,人们把自己无法达到的一切结果都定义为超出技艺和人类努力范围的东西,从而以信任来消解无知。其叙述的风格和形式本身就有许多华而不实的特点,有的是选择了嘲讽和斥言的风格,有的则是使用含混不清的比喻和使人蠢蠢欲动的事例,有的是口若悬河夸夸其谈,有的是只言片语讳莫如深,有的是字斟句酌精益求精……这些风格和形式都是积极肯定的,却始终没有透露他们观点的真正动机和有效证据,而且也不愿意承认自己的无知和疑惑,只是时不时会给一些恩惠,以便赢得别人更多的信任,没有半点诚意可言。

尽管人们在意志和感情方面可以免于这些错误和障碍,但要把一个人心中的想法无损传输到另一个人的心里,也并非想象中的那么简单,特别是那些新的和不同于已接受的概念的东西。从来没有什么知识是按照被发明的顺序传授的,数学也不例外,虽然看起来,好像是排在后面的命题需要依靠排在前面的命题或定理来证明和论证。

根据目的不同,传授的形式和方法也完全不同。知识的传承有两个目的,一是教授和指导,意在使用和实践,二是传授或承继,意在重新审视和进步。前者所需的方法不是发明和归纳,而是提供最简洁易行的使用和应用手段。至于后者,它的目的是对知识的继承发展,所需的方法是以收集知识的方式传递知识,进而找出工作中的缺漏和不足。不仅前者,后者对所有通过预测和猜想得来的知识也无能为力,因为人的心灵是内在的,没有人能公正地说明他是如何获取知识的,因此,这种方法是通过解释而收集来的知识所特有的。一条中间路线是,一部分公开发表,另一部分私下留给继承人,发表的方式不应兼顾所有人的能力和品味,而只需考虑适应自己的单个读者,这便是古人的秘传原则,尽管其中确有不少贪慕虚荣欺世盗名的宵小之辈,但它既避免了排斥者的滥用,又加强了接纳者的感情。传统的益处良多,比如不给错误以可乘之机,又比如,它所具有的活力能帮助知识的扎根和传播,还能抵御智慧的虚荣和时间的侵蚀;人们以前认为自己所拥有的知识古已有之,现在却宣称所有知识都是今人提出的。

第十九节

情感上的障碍主要是绝望或缺乏信心,以及对知识发明所涉及的困难、复杂性和无限性的强烈担忧,人类还没有意识到自己的力量,而工作中那些所谓的困难和繁杂,不过是些没有实质内容的纸老虎。这种胆怯的态度使一些人从不进行探究,而另一些进行过研究的人,要么中途放弃,要么转而寻求一种比真正探究的本质更简明的方法。关于前者,即那些拒绝从事研究或者对研究抱有偏见的人,有的比较清醒和严肃,往往更依赖权威和传统;有的则比较虚荣和轻率,一般喜欢求助于启示和更高层次的灵智(intelligence with spirits)。至于那些进行过研究的人,有的沉浸于某种不切实际的概念,他们以为这种东西与他们在前人身上发现的是一样的,于是他们突然产生了一种信念,相信一个人只要付出艰辛的劳作,就可以轻易地从别人那里获得同等的发明。他们东奔西走,不过是为了满足自己的虚荣,自作聪明罢了,就好像一个人宁可要一朵亲手采摘的鲜花,也不愿意接受现成的更好的花朵。

　同样地,懒惰以及缺乏信心的情绪会让一个人只知道古人的观点,而它们早已被人提出、研究并否定过了。我们很容易误以为一个人的观察或观念与前人一致,这既因为新的概念必须要用旧的语词来表达,也因为正确和错误的观点可能共享同一个结果或结论,就像几条不同的线或圆相交于某一个确定的点。那些潜心研究的人,绝大多数都选择了最匠气、简明的方法,从细节中归纳出原理,再把所有其他的命题都概括在原理之下,因此,他们非但没有找到最近的道路,反倒被带进了迷宫的死胡同。这两种思考的方式与两则关于道德方式的古老寓言有些相似,一个以不确定和困难为起点,以简易和确定为终点,另一个以简易和确定为起点,以困难和不确定为终点。事实上,是冗长的论说和推导使具体事物派生出的巨大而明显的错误和不真实的概念;无限且最费力的智慧全部消耗在没有结果和价值的事情上。尽管一个时代不能带领人类来到解释自然的最前沿(除非这项工作得到了比预期更大的帮助),但在如此短的时间内,它也能为人类生活的状态和场景提供许多非凡的商品。现在所说的解释方法较之此前所传授的知识,少了很多令人狐疑的东西,因为这种方法在某种程度上等同于人的智慧,但没有给精神的卓越的运动留下太多的优势或先机。用手画直线或完整的圆,不同熟练度之间的人所画出的结果会有很大的差异,但用尺子或圆规来画,得到的结果就大同小异。

第二十一节

阻碍我们的这两种极端情绪，既有对古物的崇拜，也有对新奇的热爱，以及对他人观点的过分恭敬或过分轻视。

第二十二节

很多障碍都是由傲慢的情绪所致，特别是这一种——不愿意在经验和具体事物上投入足够的时间和精力，尤其是看不上那些低贱卑微、拿不上台面的东西。除了某些更高层次的傲慢之外，对事物的泛论似乎还有一种尊严和庄重感，因为它们不会让人们想起自己所熟悉的行为；因为它们与机械和僵化的技艺关联较少；因为它们不太容易受到观察力平庸的人的约束；因为它们似乎在教授人们不知道的事情，而不是让他们去了解已知的东西。所有这些条件无不滋养傲慢的情绪，而具体事物则缺乏这些条件。泛论的权威性，以及接纳它们的心灵的神圣性（如果它们确实是真实收集而来，确实是对事物的直接反映），是不能被放大的。的确，解释正是理解力从诸多障碍中脱离出来的自然和直接的意图、行动以及进展。一切预测都不过是偶然的偏离或偏斜。

第二十五节

现在讨论异教徒及其他迷信与错误的宗教中所存在的障碍。在真正的宗教中，除了偶然或混有情绪的障碍外，并无其他的障碍。一个宗教若只有仪典和崇拜的形式，没有忏悔和信仰，就不利于知识。因为人们可以随心地探究和讨论神学，但对自然的一切探究都被限定在这种形而上学或神学的论述中，并以此为目的；相反，如果人们的智慧不得要领，他们就会再次起航，更深入地寻求理性中的理性。这便是异教徒的宗教。一个宗教若是嫉妒别的学问、言论、观点和教派（错误的怀疑会动摇它的根基），或是把虔诚建立在朴素和无知之上，认为常见的结果也是神的直接作为，同样不利于知识。这便是土耳其人的宗教，也是基督教在某些时期、某些派系中被滥用的情况。基督教在促进真知识方面有一个独特的优势，即，它排除并禁止人类的理性，无论是解释还是预测，都不能用来讨论信仰的奥秘和原则。

第二十六节

现在讨论社会的本质及国家政策中存在的障碍。我们知道，没有哪一种财产或社会的构成，也没有哪一种秩序或人的品质能和真知识毫无矛盾。君主制使智慧倾向于利益和享乐，共和制则使智慧倾向于荣耀和虚荣。大学使智慧倾向于诡辩和做作，修道院使智慧倾向于无稽之谈和无益的狡辩，广泛的涉猎则使智慧倾向于开放包容。而且，究竟是一边沉思一边积极地生活更削弱人的心智，还是完全沉溺在沉思当中更阻碍心灵的发展，尚且难说。

迷宫的线团，或调查表

给孩子们

第一部分①

一

弗朗西斯·培根如是思考。人们对世界的探索至今尚未取得显著且确定的成果，遑论自然方面的知识。医生告诉我们，仍有很多病痛无法治愈，在治疗本可治愈的疾病时，又时常犯错以致失败。炼金术士沉浸在希望之中，慢慢老去，直至死亡。魔法师苦心极力，却劳而无功一无所成。机械力学在自然哲学中借了一丝微光，亦不过是在自己的小线团里打转。机运下产生的发明更是几年难遇，数代偶有。所以培根看得很明白，已知的发明仍然非常粗糙，新颖的又要经过漫长的岁月方能发挥作用，而那些现有的东西，也不是靠哲学才奏效的。

二

他还认为，知识最糟糕的样子莫过如此，人们极力维护无知的

---

① 本文与《思考与结论》（*Cogitata et Visa*）的内容十分接近，按照司陪丁的说法，后者可以作为本文的意译，只是增加了一些片段和补缺。

信誉（而不是反对它们），并沉溺于空疏无物的状态。医生除了在实践上玩弄手段外，于平日的医术方面也胆大妄为，以致在一些据说不可能的事情上也不惮滥用自己很成问题的医术，而且我们还不能谴责他的医术，因为这只能由他自己来判决。我们现在使用的物理学知识也源于哲学，它所接纳的立场与观点（如果仔细掂量一下它们的话）迫使我们不再指望技艺和人类的手能创造出伟大的作品。尤其是如下说法："太阳的热和火的热类别不同"；或者"人类的工作只是拼凑，自然的工作才是结合"。如此种种，无一不是想限定人类的力量，使我们对人类技艺心灰意冷。他们不仅打消了安逸的想象，也抹杀了勤勉的试验，他们妄自尊大，不仅以为自己的技艺已然十全十美，还认为尚未发现的不过是些异想天开的东西。

炼金术士在自己的错误中施展拳脚，要是理解不了作者的字面意思，转而就会信从口耳相传的意见；要是在配平上有差池，就会无限重复他的试验；若碰巧发现什么粗疏的实验和结论，就会大做文章，夸大其词，带着这个希望度过余生。至于魔法师，当他找到（如其所愿）某种超自然的效果时，就会以为没有什么是他做不到的，只要自然中曾经发生过；他没有看到，这不过是所有时代都有过的魔法和迷信。而机械师呢，如果他能改进一项发明，或是把两三个观察或实践结合在一起，或是把几件事物搭配得很有用处，或是简化或细化某项工作，那他就会将自己当成一个发明家了。所以培根看得很明白，人们要么把新发明视作天方夜谭，以此麻痹自己，不思进取；要么认为它们已经存在，只是这一秘密仅掌握在少数人手中，与自己无关；要么是把那些微小的付出和改进也当成发明：他们不可能再有什么更进一步的发明了，因为他们的心智已然远离公正且恒常的劳作。

三

他还认为,当把机械技艺所产生的各种完美作品摆在人们面前时,他们更愿意赞美人类所能提供的,而不是理解自己真正需要的;人们没有想到自然的原始发明和结论构成了所有生命的多样性,尽管不多,也不够深刻;剩下的不过是器械和手精妙而有规律的运动;我们的书店和图书馆没什么不同,虽然藏书如此之多,绝大部分亦不过是些重复的东西,即使形式稍有不同,内容也不会多么新奇。所以培根看得很明白,囤积的观念是匮乏的原因,现有的成果和学说看似很多,其实很少。

四

他还认为,知识是以一种仿佛已然完成的形式传授给人的,它被简化为技艺和手段,好像该学科的所有内容都已包含在内。尽管每个部分只是看似充盈饱满(实际未必如此),却仍作为整体被说明和解释。换言之,某些受人尊敬的作品正是如此,人们以为它是为了发明而作,实则只是为了技艺;古人善于思考勤于劳作,他们传授知识的方式是将其用心收集到的东西精简为格言、短语、不连贯的句子,或一小段的故事。这的确可以激励人们去琢磨什么是已有的发明,以及新的改进。但现在,科学是在以信仰和接受、检验和新发现的方式被传授的。这种传承在师傅和徒弟之间,而不在发明者和继任者及先行者之间,因此,科学早已停滞不前,这个状况已经持续了好几个世代,有用的知识始终没什么变化,成问题的知识却一直如此,因而很难再上一层楼。所以培根看得很明白,人类已经自我断绝了创造新发明的可能,他们得不到任何东西,也不会去尝试新事物,只会固步自封,对此已是见怪不怪。

五

他还认为,人们追求知识大多都是为了获得愉悦和满足、好处和事业、名声和威望,而这一切就像阿塔兰忒的金苹果,只会阻碍发明的竞赛。这条赛道上的人尚未有追求增进知识总量的意识,他们的诉求不过是谋一份生计而已;如果这些人中有谁是为了知识本身而追寻,亦只是在寻求认识事物的各种花样,而非辨明它们的真理和原因;哪怕他的审查非常严格,也不过是判断已有的事物,而非发明新的东西;就算这样的争论能发现真理,也发现不了新事物;假使此人热情高涨,能提出新的发现或发明,也还是不会去思考结果和操作,只是揣测它的原因;至于那些成天夸夸其谈的人,他们的行动、使用、实践及其所参考的科学,都是在应用已知的事物,而不是去发现未知的东西。所以培根看得很明白,几乎从来没有人将这一目标——借新发明的力量和成果来改善人类的生活条件——当成人类尚付阙如亟待解决的事情。

六

他还认为,自然哲学是所有知识中最少受到关注和研究的。自基督教信仰以来,大多有才智的人都投身于神学研究,这门学问因此得到了最慷慨的援助和最丰厚的回报。同样,在此之前,大部分哲学家都献身于道德哲学,同异教徒一起取代了神学。在这两个时代，聪明人大多致力于法律、诉讼和财产纠纷。特别是在罗马强盛时期，帝国的规模需要众人齐心协力服务于公民的事业。自然哲学曾在希腊人中间兴盛过一时，但也是昙花一现，这些知识在不同的学派和相左的意见中被胡乱使用，没有得到妥善的对待。自那时起，再也没有一个人能把自然哲学当成奉献终身的事业，除非是某个住在修道院里的僧侣或是乡间庄园里的贵族，但这样的例子并不常有；然而，自然哲学已经成了一门通往其他技艺，尤其是物理学和实用数学的通道，是一门用来熏陶青少年和理智尚不成熟的聪明人的学问。所以培根看得很明白，致力于自然哲学的人很少，即使投身于此，他们也只会花极少的时间去研究，年轻人和判断力尚且薄弱的人亦然。

七

他还认为，在迷信和盲目无度的宗教狂热中，自然哲学承受了如此之大的敌视和偏见。他发现，那些最早解释雷声原理的希腊人被指控为不虔敬，而那些最先发现并将大地描述成球体，进而推导出对跖点的宇宙学家，在早期基督教教父们的谴责下，亦处境堪忧。现在的情况就更糟了，这些胆大妄为的经院学者及其在修道院里的信徒竟然把神学变成了一门技艺，几乎要把亚里士多德尚存争议的哲学全部纳入基督教的体系当中。他注意到，普通人中有一些虔诚且单纯的人会想，自然的秘密就是神的秘密，只要我们设法研究，就能获得神的这一部分荣光，人类的这一欲望——获得如此伟大深奥的知识——与最初使人堕落的那种诱惑类似；另一些虔诚但精明的人会打算，如果第二因尚不明朗，就将一切归于神明，这样做既不会惊扰哲学，也不会引发神学的革新，更不会出现什么与神学抵牾的东西。

这方面，他诉诸圣经的权威、神圣的先例以及理性，其中不乏令他满意的答案和有利于他的证据。他想到，人类一开始凭借对自然的知识来辨析所有造物，并据其所是予它们以名字，这是尚未堕落之前的状态。尔后，人类拥有了善恶的道德知识，才决定不再依赖神的诫命，转而听从他们自己。在神明的迷思之下，经书中没有任何限制人类探究自然万物的表述，相反，它鼓励人们去探究；再者，当提到其他方面的知识时，经文如是说："隐藏乃神的荣耀，发明乃人的荣耀（或说君王的荣耀，君王不过是出类拔萃的人）。"①

他还说，"人的灵是耶和华的灯，鉴察万物的秘密"。② 他还特别强调，"神造万物，各按其时成为美好；又将世界安置在世人心里，然而，神从始至终的作为，人不能参透"。③ 这表明人心足以承载世间万物的知识（即一切形式的造物及神之外的所有事物）。然而，人们还是自怨自艾道，时移世易沧海桑田（这确实是一个难点，但绝不是什么克服不了的问题），人类已经无法完成自己的发明。他看到了一些例子，在大洪水之前的一些记录中，圣经称颂了音乐和金属制品发明者的名字。④ 摩西掌握了埃及人的所有知识，因而被大加称赞；⑤ 所罗门拜神所赐的智慧中有一项乃是关于自然的知识，他据此撰写万物的自然志——从香柏树到牛膝草，及一切有气息的造物。⑥

---

① 《箴言》25:2。培根引文有改动。
② 《箴言》20:27。培根引文有改动。
③ 《传道书》3:11。此处译文有改动。
④ 参考《创世纪》4:21-22。即犹八（Jubal）和土八该隐（Tubalcain）。
⑤ 参考《使徒行传》7:22。
⑥ 参考《列王纪上》4:33。

《约伯记》和先知书的许多地方都在大力宣扬自然哲学;① 教会即使在最艰难的时期,也一直保存着哲学书籍和其他异教徒的学问,捧在怀里,放在膝上(将其视作圣物)。当罗马教皇格里高利不公正地打压古代异教徒的记忆(知识)时,人们就指责他气量小,随后他便恢复了那些记忆的荣誉,但他自己的记忆很快就被他的继任者萨比尼昂抹除了。② 最后,在我们这个时代以及我们父辈的世代,当路德和新教教会的神学家们,以及耶稣会士们,一个改革罗马教会的教义,一个改革罗马教会的戒律和礼仪时,培根看得很明白,这两者都唤醒了它们的伟大荣光,并挽救了人类的所有学问。我们有理由相信,没有比这更伟大更昭著的了。人类所有的知识——尤其是自然哲学——都是为了彰显神的荣耀,神的大能、神的旨意和恩典,这无不显现在他的作品中,也无不印刻在自然中,如果没有这些知识,我们只能隔着一层纱布去观看神的造物。如果人们能用眼睛在自然中看到彰显神之荣耀的物体,那么用理解力在自然中发现彰显神之荣耀的规则和戒令就不在话下了。

还有一个理由不得不提,人类的所有知识——主要还是自然哲学——能很好地化解宗教的两个极端,即迷信和不信。因为它既能让人类的心灵摆脱无力的幻想和想象,又能使其承认在神面前,一切皆有可能。对此,我们的救主在用复活一事反对异端时,他的第一句话就是,"你们错了,因为不明白圣经,也不晓

---

① 先知书即旧约的第四部分,从《以赛亚书》到《玛拉基书》共计16卷(除中间的《耶利米哀歌》),一般前面4卷被称为大先知书,后面12卷被称为小先知书(视其内容长短,而非人物地位而定)。

② 此处即指格里高利一世(Gregory I,约公元540—604年,公元590—604年在位),第64任罗马天主教教皇;萨比尼昂(Sabinian),公元604—606年在位。

得神的大能"。① 通过这则诫命我们知道,异端有两个来源,一是不知道神在经书中所启示的旨意,二是不知道神在他的造物中所显现的权能。所以培根看得很明白,自然哲学能显著地提升神的威严,难得的是,它还能破除迷信,促进信仰。

培根还看到,此前那个有损于神的观点并没有真正的根据,要么出于完全的无知,要么出于过度的虔诚,认为神即一切的一切,而神只应该高于一切(这两种心态姑且可以原谅);或是出于更坏的原因,也即嫉妒,它是一种骄傲的软弱,理应遭受唾弃;或是出于某种假冒的结合,以神的名义说谎;或是出于不虔诚的胆怯,仿佛人们害怕在自然中发现什么可能颠覆信仰的东西。尽管如此,培根还是看得很明白,无论这些观点在正确的理由上受到怎样的谴责,它们都无法阻碍自然哲学和发明的进展。

八

他还认为,在大学的秩序和习惯方面,以及公论方面,科学的进一步发现并没有带来多大的矛盾。大学和学院里的人几乎只会研究固定的某些作者,如果有人对这些作者提出异议或反对他们的观点,便会被当成一个聒噪的人;如若建议得当,在沉思和行动之间就会有很大的区别。政府的改变往往会招致人们的质疑,哪怕是向好的方面改变;技艺永远处于变化和长进当中,这是自然而然的事情;新的启示是危险的,新的运动或改变亦然。至于那些俗不可耐且广为流传的观点,最常见也最常被抱怨的,莫过于用傲慢的心态揣测古人,反对那些作者,好像自己不是因为嫉妒而诋毁他们,而

---

① 《马太福音》22:29。

是因为时间流逝不再敬畏罢了。人们大概是忘记了亚里士多德本人的所作所为（因为现在的哲学主要依赖于他），他自称背离全世界，其观点无一不建立在自己的权威和论点之上，如果不是为了反驳和谴责某个作者的观点，他不绝会提到任何一个前人的名字。

不过，他的成功正好应验了我主的话："若有人奉自己的名来，你们倒要接待他。"① 人们同样认为，即使他们能将自己的心血用于自由的发明，所能想到的主意和点子亦无非是些被古人证明并否定过的、理应被遗忘的东西。人们没有看到，尽管现有的知识是由伟大卓绝的智者们构思并提出的，但它们的价值和价格是由多数人，以及王公贵族和学识平庸的伟人们决定的。换言之，人们最终接受并以之为荣的知识都有一个精妙的基础，要么是有关常识最具代表性的试验知识，要么是充满想象力的知识，总之不会是从历史记录或经验的硬壳中拣选出来的知识，它们在某些方面与常识或大众理性相悖，比如宗教之类。后者需要采取一些奇特的方式，比如雄辩或压倒性的力量，否则它们无法向世界传递哪怕一点，还会很快被隐没，再无人知晓。所以说，时间就像一条湍急的河流，只给我们留下轻浮的东西，却淹没了坚固沉重的东西。因此培根看得很明白，教会、学校和公论无不阻碍着发明的进展。

九

他还认为，较之脑中的真理，人们对发明新东西和发现新事物有更特殊的偏见。除了两者共有的障碍，它自身还受到了炼金术、魔法和占星术等技艺的伤害和诋毁，这些技艺（一如既往地）虚伪

---

① 《约翰福音》5：43。培根引文有改动。

至极，善于空口许诺，它们的知识大多源于想象和信仰，而非经验感觉和证明。尽管如此，用诗人的话说，人们应该记得，虽然伊克西翁和类似朱诺形状的云朵生下了半人半马的怪物，但朱庇特也和真正的朱诺生出了火神伏尔甘和青春女神赫柏。用阿玛迪斯和亚瑟等神话中的王者的奇异事迹来否定亚历山大实际的伟大功业是不公正的。真正的道理就是这样，人们不能因为不信就胡搅蛮缠。培根看得很明白，不真实的经验使人远离真理，虚荣的丑行损害了伟大的心智。

十

他还认为，演说和教条能强化并促进人内心自然就有的那种情感，它们的确败坏了知识，使其无法走向实用和操作的道路。人们认为心灵应该远离受感官支配和物质束缚的经验与细节，就这些琐事而言，研究是吃力的，思考是低级的，传播是艰难的，实践是受限的，而且它们的数量浩如烟海，根本配不上技艺的荣光，这是一个错误的评价。柏拉图学派对这种观点或想法给予了极大的信任和支持，他们认为具体事物不仅能提供信息，还能唤醒心灵的观念并激发心灵的官能。但他的哲学掺杂了迷信，阻碍了经验感官的发展。亚里士多德学派虽然在理论上给予经验感官以应有的地位，但在实践中比柏拉图学派更加排斥它。我们不难看出，经院学者，也即亚里士多德的后继者们完全没有意识到历史记录的重要性，仅依赖才智偶尔的迸发；相反，柏拉图通过归纳和观察具体事物的方式为我们提供了良好的研究范例。只是后者的方式比较迂回曲折，既没有什么说服力，也没有什么成果。所以培根看得很明白，认为人类知识已然完备的说法是经不起推敲，没有任何根据的。

宇宙现象

——为增进哲学而作的自然志

前言

在我看来，人们在形成自己的观点时似乎并不始终如一，在检测事物时又好像不够精确，所以我想竭力弥补此番灾祸。倘若人们能远离鬼神的信仰与盲目的实验，借助某种有学识的（literate）经验，[1] 与事物建立一种更为可靠和健全的伙伴关系，那就

---

[1] 此种一般性的表达通常指合法的方法，但更多时候指一种有用但低级的手段，仅为了改进机械技艺服务，是一种能健全地阐释自然的技艺或方式，也是从感觉到理智的正道；法灵顿（Benjamin Farrington）认为这是培根最基本而富有成果的观念之一，指那种明确超越于粗糙的经验之上，已经变成某种技术，却没有独立的理论阶段，培根通常将其与对自然的解释（interpretationaturae）相联系，两者都介于无知和真理之间，是科学发明的两个步骤，即系统观测乃是解释自然的基础，但同样具有创造性和确定性，已不再是盲目的摸索。另可参 Lisa Jardine, *Francis Bacon: discovery and the art of discourse*, Cambridge University Press: Cambridge, 1974, pp. 143–149; idem, 'Experientia literata or Novum Organum? The dilemma of Bacon's scientific method', *Francis Bacon's Legacy of Texts*, ed. William A. Sessions, AMS Press: New Yourk, 1990, pp. 47–67。

再好不过了。① 如此一来,理智便处于最安全且最好的状态,随时准备收获有用的东西。

现在,一般而言,这项事业的开端必须从自然志中找出。纵观整个希腊哲学②和它的各种派别,以及一切其他哲学,我认为它们的自然志基础都过于狭窄,因而我们现有的知识也就不足为道了。那些从经验和传统中撷取的东西,或是没有经过缜密的审查,或是尚未建立一些牢固的观念,所以他们把剩余的事情留给静思和躁动的智识,用辩论来激发人们对这件事更大的信心。但是炼金术师和所有的机械师以及经验主义者们,他们应当具备尝试沉思和哲学的胆量,惯于在几件事情上谨小慎微、一丝不苟,他们用异乎寻常的手段歪曲其他的一切事物,使之符合他们的思考,从而促生出比理性主义者更为可憎和不自然的观点。后者从许多事物中取之于哲学的东西甚少,前者从少数事物中取之于哲学的东西甚多,但事实上,这两者都有无法治愈的缺陷。迄今为止积累起来的自然志在偶然的方面丰硕详实,但实际上粗略无用,不是我追寻的那种东西。③ 因为它还未与寓言和谣喙剥离,仍沉溺于古代、语言学和冗杂的叙述,在重要的事情上粗心大意、蛮横无理,在不重要的事情上却兢兢业业、有失偏颇。

---

① 这段文字似乎是为了接续已经遗失的引言,也可能出自后来《伟大复兴》第二部分的内容。

② 一方面将希腊理性主义者们与其继承者们作对比,另一方面将炼金术师与其他经验主义者们作对比,这在《新工具》(第 1 卷,第 62 则以降)谈及剧场假象(idols of the theatre)时得到了的充分论述。

③ 相关材料及前培根时代的自然志之诸方面,参阅 William B. Ashworth, Jr., "Natural history and the emblematic world view", *Reappraisals of the Scientific Revolution*, ed. D. C. Lindberg and R. S. Westman, Cambridge University Press: Cambridge, 1990, pp. 303 – 332。

最糟糕的事情莫过于沉溺对自然事物的探索，因而对机械事物漠不关心。在探查自然奥秘方面，前者远胜后者，因为自然本身是自由且多变的，它将智慧分散各处，隐藏于自身的多样性中；但在机械操作领域，只有依赖精准集中的判断，我们才能看到自然的模式和过程，而不仅仅是它的效果。可另一方面，机械力学的所有微妙之处弥补了我所追寻的东西之短处。工匠专注于工作和目的，对其他的事情充耳不闻，即便这些事情或许更有助于我们探索自然。因此我们更要小心翼翼对待，并精心拣选试验，就更不必说资金和持之以恒的耐心了。它破坏了实验领域中的一切，从实验伊始，人们就一直聚焦于果实而非"光"的实验①，并全力以赴旨在产生一些出色的成果，而不是揭示自然的预言，这是诸多工作中的一项，其本身包含所有权力。这也源于人们对自己错误的认知，他们大多投身于隐秘和稀有的事物，将自己的努力和探索付之于此，而排斥普通的实验和观察，这似乎是由于他们寻求赞赏与名望，或者是因为他们坚信，哲学的功能在于把罕见的事物归纳和还原为我们熟悉的事物，而不是发掘普通事物本身的原因以及背后更深层的原因。

但我指责整个自然志主要是因为人们不仅在工作中，而且在其计划中都已误入歧途。现存的自然志似乎是为实验本身的功效，或为叙述的连贯而编排，即为了实验本身而写，而不是为了

---

① 培根将自然魔法和炼金术等神秘主义通过偶然操作获得成果的"实验"称为"果"的实验，这种实验所产出的结果一般不能被验证，所总结的普遍原理仅基于少数实验，且缺乏"中间公理"的参与，因而是错误的。鉴于此，培根提出"光"的实验，认为只有"限制"自然，才能使自然"吐露秘密"，且普遍原理须经过层层的归纳推理，而非直接上升，才是真正的实验。

给哲学和科学提供乳汁般的养分。因此，在我力所能及的范围内，我将竭尽全力对待此事。

我早已确定我应该在抽象的哲学上花费多少精力。事实上，我相信，我坚守的归纳法，是真善之道，囊括万物，能帮助智力不足甚至残缺的人类奔向科学，正如通过机械辅助或一些线索，引导理智穿过迷宫。我也不是没有意识到，如果我愿意将心中的科学复兴放在其他更伟大的发明上，我或许能得到更高的荣誉。但是，神赋予了我此般心智，它懂得如何顺从事物、毫不犹豫地拒斥那些似是而非的东西，让我能对事物做出正确的判断，并且坚信未来一片光明，我处理自己那部分工作的方式，别人要么避之不及，要么不予认同。

但在这方面，我想提醒人们两件事，一方面是为了将来，另一方面是为了现在，因为我正在为这件事本身做准备。首先，是摆脱这样一种想法，这种想法完全错误且有害，但能轻易地控制人们的思想，这便是对细枝末节漫无边际的探究。确切地讲，观点和争论的方式无关紧要。其实，这些虚妄的想象会被贬为永恒不变的错误和无休无止的干扰，而细节和感觉的信息——当个人和事物的层次被遗忘时，足以用于探究真理——可被用于理解某物，诚然，我们不是孤军奋战，而是前途光明。其次，我希望人们永远不要忘记他们参与的事情，当他们偶遇极其庸俗、轻微、看似琐碎，甚至是粗鄙的东西时，这些东西难辞其咎，人们不会认为我在小题大做，也不会认为我把人类的思想贬得一文不值。这些东西不是为了它们本身而被检验或描述的，事实上，人类的智力别无选择，假如没有这些东西，我们就无法保障工作的严谨。那么，我无疑承担着最严肃也是最值得人类思考的事业，那就是自然之光，纯洁的、完全不被虚妄的想象所遮蔽的自然之光，这光的名字有时或被提及，但人们对它本身却一无所知，在我们这个时代，它可能会被神意（Divine Will）带来的火炬点燃，并使神意临近。①

我并不避讳这样一个事实：荒谬的论证和思想绝无可能使事物变得正确，哪怕汇集古往今来所有的智慧也无济于事，那些在机缘巧合下建立的东西，若忽视了基本事实的微妙和真实的归纳法，即使运气好，一开始硕果累累，到最后也会一无所有。因此，这件事仍需再次尝试，拥有更好工具的同时抛开对主观意见的狂热，如此我们方能进入哲学和科学的王国——人类的力量就在其中，欲想征服自然，必先服从自然——这便是进入天国的道路，没有人能以一个小孩的形象进入那里。我并不完全鄙视这种低级的、不加区别地进行实验的习惯——它无疑有所裨益，根据人们不同的技艺和能力所对应的知识和发明——但与我希望神恩（Divine Mercy）赐予人类的知识和力量相比，不免过于琐碎，我再次诚挚恳求神圣的神主，允许我通过自己的努力给予人类族群新的恩赐。

事物的自然要么是自由自在的，如在物种之中，要么是混乱偏离的，如在怪物那里，要么是受到限制的，如在受技艺控制的实验那里，无论哪种，它们均值得我们去探索并加以记录。但目前已有的物种志，诸如植物、动物、金属和化石，② 都荒诞不经，

---

① 对照亚里士多德，《论动物部分》，644b – 645a："因此，我们不能因某些动物是卑贱的，就以不成熟的方式去逃避……如果谁觉得研究动物世界这项任务不值一提，那么他必然也对人类的研究不屑一顾。"

② 此处的"化石"（fossilium）是亚里士多德意义上的用法，指那些产自泥土和干喷气的矿物或耐火石；对照本文第一则"若干观察"的第一自然段。

异想天开；奇迹志无凭无据，尽是道听途说；实验志残缺不全，浅尝辄止，漫不经心，全然服务于实用，没有形而上学的深度。因此，我决定限制物种志，重组并净化奇迹志，把精力投入机械和人工实验，使自然屈服于人类的干预。

对我们而言，自然的琐碎和运动有何意义？也就是说，物种在形状上的细微差异对工作没有任何影响，但这种细节在自然志中却司空见惯。现在，净化筛选后的奇迹知识固然能让我感到愉悦，但我究竟为何感到愉悦呢？不是因为奇迹带给我惊讶，而是因为它经常提醒，技艺有责任引导自然，使之自觉地去往曾经到过之处。总而言之，我把揭示自然的重任委托给了人造事物（artificial things），除了它们本身行之有效，还因为它们也是自然事物最值得信赖的解释者。在火炮或墙上的人造彩虹证明其原理之前，有谁能解释清楚闪电或彩虹的本质呢？倘若它们是值得信赖的解释者，那也能充当工作确凿且能结果的指标。然而，为了分别处理单件事物，我认为按照这种三分法来划分我的历史①是不合适的，故而我将这三种类型混合，遍及自然事物和人造事物、普通事物和非凡事物，密切关注一切最有用的东西。

现在，从以太这种现象开始叙述较为常见。而我会在不牺牲自己事业严肃性的情况下，在两个领域之间优先考虑那些更为普遍地组成和回应自然的事物。我实则按照看起来好像最简单的差异来记录对物体的研究，即在同一空间或说边界内的广延物质的

---

① 结合上下文语境，此处的 history 应译为"记录"（或说"志"，如亚里士多德的《动物志》《植物志》），乃培根进行实验时的过程记录，下文的几个小标题仍取此意。Historiae 一词在培根及其后时代意指描述、叙述（narrations）等表示自然事物之属性或特征，与当下所谓"历史"的含义有所出入，近似于现今所说的"博物学"。

丰富与稀缺，① 其实，对自然的声明中，没有哪个比如下这一双重命题更真实：物质既不会凭空产生，也不会凭空消亡，自然的数量，或说物质的总和，始终保持不变，决不增加或减少。此外，即便没有如此清楚地指出或断言，也同样可以确定——无论人们怎么编造质料有向形式转变的潜能——一定数量的质料或多或少包含于相同体积的空间内，这取决于占据它们的物体之多样性，我们发现其中一些物体明显更紧凑，另一些则更延展或分散。一个装满水的器皿和一个装满空气的坩埚所含的物质量并不相等。因此如果有人说，一定量的水可以从同等量的空气中产生，那就是认为物质能凭空产生，因为你们认为物质在数量上的缺乏必然由虚无构成。另一方面，若谁说一定量的水可以转化成同等量的空气，那就像说某物可以化作虚无一样。因为你们认为物质在数量上的多余同样也必然销匿于虚无。

在我看来，这件事无疑是计算，某些事物不能确定比例，有些事物则能够确定比例，自然知晓一切。就像，举例来说，如果有人说黄金中的某种物质的浓度超过葡萄酒酒精的浓度，且比例关系是20∶1左右，那他就不会错。因此，接下来我要介绍我提到过的有

---

① 培根在此半隐半白地提出了几个观点。他认为自然志通常可以从对以太的记载，也即天体的记载开始，这或许是考虑到先人们对宇宙的五重划分。在此分布中，天体占据首位，且培根以此展开了对天体分布的探究，但在本文中，他把这段记载暂时放下，转而去追求更为普遍的东西，即两个星球间共有的物质，也即地上区和月上区之间的物质。他委婉地否认了地月之间的分离，他经常抨击地月的分界点（conficta divortia），相反，他选择从密集和稀疏开始，因为培根认为这是自然界中最普遍也是最本原的（primordial）区分之一，对此参阅《天体理论》。《密稀志》的这种区分极为重要，以至于他后来专门对它进行了研究，并将其提升到基本"质料的图式"（schematism of matter）的地位。密集和稀疏是他常用的一对概念。

关物质丰富与稀缺,以及物质聚集与扩散的历史记录,如果理解无误的话,Densi(Dense,多)和 Rari(Rare,少)这一对概念便源于此,我将首先规定不同物质的相对质量,如金、水、油、气和火。在检查完这些东西之后,我会用比率记录每个特殊物体的复原和详情。一个给定的物体,在不向其增减任何东西,或者这种增减至少不与其收缩和扩展成比例的情况下,让它被挤压或拉伸到一个更大或者更小的范围中。有时,物体挣扎着努力恢复原样,有时,物体显然超出且奋力突破了原样。此处,我首先要记录任何自然物体在一定范围内的变化、差异和比例,与之开合相比,也即和它的粉状化、钙化、玻璃化、分解、蒸馏(液和气)、蒸发和可燃性(inflammations)相比;然后,我会阐述行动和运动本身,收缩和扩展的过程与极限,以及物体在一定范围内恢复和超出原样的状态;我还要特别指出导致这种收缩和扩展的有效原因与媒介;同时,我要顺便考察德性和行动,它们源自收缩和扩展的东西。而且,我很清楚,在目前的舆论环境下,从一开始就熟悉自然是一件极其困难的事情,所以我将加上自己的观察,以引起人们的注意,并激励他们去思考。

现在,就证明或揭示物体的密度和稀有性而言,我毫不犹豫,对于稠密且可触摸的物体而言,所谓的重力运动可视作最好、最充分的测试,因为物体越紧实,它就越重。但当涉及虚无缥缈的精神层面时,天平对我来说就毫无用处了,我会采用另一种方法。然而,我要从黄金开始,因为它在已知的所有东西中最重(哲学至今尚未告诉我们任何确定的自然之谜),且在最小的空间内包含了最多的物质,我将以黄金为标准单位,以此衡量其他物体的重量,并提醒大家,我在这里不涉及重量的历史记录,除非它为证明物体的空间或大小提供灵感。

但是，由于我不是为了猜测和预言，而是为了发现和了解，加之我的判断大多取决于基础实验的检验和试练，因此我决定通过一个极其精微的实验来清晰地展现我的做法，这样，当我在单个案例中的决定被呈现出来后，人们可以看到它们的可信度，以及要做些什么来纠偏，或促进并改进试验。此外，我本人会诚恳而忠实地正告那些在我看来不太确定、更易出错、仿佛处于边缘的东西。最后，正如以上所言，我将加上自己的观察，在保留所有哲学问题的同时依旧可以将自然志的面孔转向哲学。另外，为了避免探究变得混乱，我会保证以实验或观察的方式记录所有超出我们探究的范围但仍属于其他主题的内容。

有形物体中的物质凝聚和扩张表，附在不同物体中比例的计算
以下内容占据同等空间，或同等体积

纯金	20Dwt.（即一盎司）	0Gr.（grains，格令，旧质量单位）
水银	19Dwt.	9Gr.
铅	12Dwt.	1.5Gr.
纯银	10Dwt.	21Gr.
锡玻璃①	10Dwt.	13Gr.
铜	9Dwt.	8Gr.
黄铜②	9Dwt.	5Gr.
钢	8Dwt.	10Gr.
普通黄铜	8Dwt.	9Gr.
铁	8Dwt.	6Gr.

---

① 铋。
② 绿铜锌矿，是一种含有铜和锌的矿物，还原后会产生黄铜。

续表

纯金	20Dwt.（即一盎司）	0Gr.（grains，格令，旧质量单位）
锡	7Dwt.	22Gr.
磁石	5Dwt.	12Gr.
试金石①	3Dwt.	1Gr.
大理石	2Dwt.	22.75Gr.
打火石	2Dwt.	22.5Gr.
玻璃	2Dwt.	20.5Gr
水晶	2Dwt.	18Gr.
雪花石膏	2Dwt.	12Gr.
岩盐②	2Dwt.	10Gr.
普通黏土	2Dwt.	8.5Gr.
白黏土	2Dwt.	5.5Gr.
硝石	2Dwt.	5Gr.
牛骨	2Dwt.	5Gr.
珍珠粉	2Dwt.	2Gr.
硫磺	2Dwt.	2Gr.
普通土壤	2Dwt.	1.5Gr.
皓矾③	1Dwt.	22Gr.
象牙	1Dwt.	21.5Gr.
明矾	1Dwt.	21Gr.
浓硫酸④	1Dwt.	21Gr.

① 碧玄岩，一种黑色石英石，用作贵重金属的试金石。
② 可能是一种天然岩盐，见《牛津英语词典》，即 Sal-gem。
③ 天然硫酸锌，也可能是一种脱水后的粉状绿色硫酸盐（硫酸亚铁）。
④ 强浓度的浓硫酸。

续表

纯金	20Dwt.（即一盎司）	0Gr.（grains，格令，旧质量单位）
白砂	1Dwt.	20Gr.
白垩岩	1Dwt.	18.5Gr.
硫磺油①	1Dwt.	18Gr.
普通盐	1Dwt.	10Gr.
愈创木	1Dwt.	10Gr.
羊肉	1Dwt.	10Gr.
硝酸②	1Dwt.	7Gr.
牛角	1Dwt.	6Gr.
印度香膏	1Dwt.	6Gr.
紫檀木	1Dwt.	5Gr.
煤精	1Dwt.	5Gr.
完整的新鲜洋葱	1Dwt.	5Gr.
樟脑	1Dwt.	4Gr.
鲜无花果根	1Dwt.	4Gr.
乌木	1Dwt.	3.5Gr.
甜茴香种子	1Dwt.	3.5Gr.
清盐水③	1Dwt.	3Gr.
醋	1Dwt.	3.5Gr.

① 即硫酸。
② 即硝酸。
③ Dr. Michael Edwards 认为这就是清琥珀（succinus），或者清盐水（succinum）。《密稀志》中更倾向于第一种解释，我们在此选择第二种解释。因为很难将琥珀切成实验所需的形状，而清盐水（可用于腌制）在表中处于醋的上一位，若培根在此指琥珀的话，他更可能使用 electrum，即琥珀金这个词。

续表

纯金	20Dwt.（即一盎司）	0Gr.（grains，格令，旧质量单位）
生苹果的酸汁	1Dwt.	3Gr.
普通水	1Dwt.	略少于 3 Gr.
尿液	1Dwt.	3Gr.
丁香油	1Dwt.	略少于 3 Gr.
红葡萄酒	1Dwt.	2.75Gr.
白葡萄酒	1Dwt.	2.5Gr.
黄蜡	1Dwt.	2Gr.
土茯苓	1Dwt.	2Gr.
生的冬梨	1Dwt.	2Gr.
蒸馏醋	1Dwt.	1Gr.
玫瑰精露	1Dwt.	1Gr.
普通灰烬	1Dwt.	0.5Gr.
安息香①	1Dwt.	0Gr.
没药	1Dwt.	0Gr.
黄油	1Dwt.	0Gr.
猪油	1Dwt.	0Gr.
甜杏仁油	0Dwt.	23.5Gr.
绿豆榨油	0Dwt.	23.5Gr.
马郁兰草	0Dwt.	23Gr.
石油	0Dwt.	23Gr.
玫瑰花	0Dwt.	22Gr.
葡萄酒酒精	0Dwt.	22Gr.

---

① 二苯乙醇酮，苯化合物，一种从树脂中提取的物质，源自印度尼西亚的安息香树（styrax benzoin），参《牛津英语词典》。

续表

纯金	20Dwt.（即一盎司）	0Gr.（grains，格令，旧质量单位）
橡木	0Dwt.	19.5Gr.
烟囱中的普通烟灰	0Dwt.	17Gr.
杉木	0Dwt.	15Gr.

根据上表所采用的实验方法进行了实验。

可以理解的是，我使用的砝码属于金匠使用的系统，如此说来一磅等于12盎司，一盎司等于20便士重，而一便士重等于24格令。① 现在，我以黄金为标准体积单位，进而与其他物体相比，因为黄金不仅最重，而且也是最为统一且均匀的（homogeneous）② 物质。其他物体的组成成分具有挥发性，且受热后重量和体积会持续变化，但黄金显然不会如此，它在任何情况下都是一致的。

现在，实验如下：我将一盎司纯金做成模具或立方体的形状；接着我准备了一个小的立方体容器，使之能够紧紧包裹在金体外围，只是容器稍微高一点，这样金体在立方体容器内达到的高度就可以用一条显眼的线标出来。我之所以这样做，是考虑到有液体，这样一来，不管我们向容器内倒入何种液体都不会溢

---

① 有关选择黄金作为标准单位的理由，本文的解释最为充分。砝码是特洛伊的砝码（24格令＝1便士重＝1.56克；20 dwt.＝1盎司；12盎司＝1磅＝5760克）。砝码归传统意义上的金银匠使用；参阅R. D. Connor，*The weights and measures of England*，HMSO：London，1987，pp. 120，123；R. E. Zupko，*British weights and measures：a history from antiquity to the seventeenth century*，Madison，1977，pp. 77–78。

② 培根在别处提到了五组质料占据空间的重要或主要情况。它们分别是：密与疏；重与轻；热与冷；有形的与气动的；活性与惰性。

出,从而更易进行精确的测量。

与此同时,我又制作了第二个容器,它和第一个容器的重量与容积完全相同,因而只能体现第二个容器所装之物的比值。然后,我把上表中所有能够切割成一定形状的材料都做成了大小尺寸相同的立方体。至于液体就简单多了,只需将其装到容器标线处即可。粉状物也要尽可能地压实。这样做可以很好地使其分布均匀,减少误差。

于是,我完全按照这样的方式进行试验:将其中一个装了一盎司黄金的容器放在天平的一端,另一个装了其他物体的容器放在另一端,记录此时的重量差;该物体的重量比黄金轻多少,那么此物的体积就比黄金大多少。例如,由于金块重量是一盎司,而猪油块重量是一便士重,那么显然,猪油块和金块的体积比就是 20∶1。这种方法同样可以测定一盎司黄金的体积,其略低于一品脱英国葡萄酒的 $1/269$。现在,我进行了如下试验:我首先记录容器标线以下水的重量,同时再记录一品脱容积水的重量,最后就能根据那些重量得出体积的值。

若干建议

1. 看看集中力量使物体发生更紧致的收缩能否获得大于该物体质量(quantity of matter)的重量;是否如此,取决于特殊的重量志。如若这样,上述计算方式则为笑谈;且延展性越强的物体,其所含物质量就越大于用上述计算重量和体积之方式得到的值。

2. 我使用的容器尽管灵巧且方便容纳立方体,但其尺寸和形状并不太适合精确测量。因为我们很难测量低于四分之三格令的细微差异,而且只要那个正方形表面的高度稍有变化,就会导致很大的差异，但对于锥型容器而言，这种情况就很少发生。

3. 毋庸置疑，表中所列的许多物体在重量和尺寸方面也因其自身种类而异。因为有些水和葡萄酒之类的东西肯定比其他的重。因此，在精确计算方面，有一定程度的偶然性；另外，我的试验所涉及的个体样本可能既不完全代表其他种类的性质，也无法在最小的细节上刚好与他人一致。

4. 上面的表格中有一些物体，因其具有一体性，故能轻易填充空间或与整个物体一齐测量，且它们也有重量，根据它们的比例，我可以估计出它们的物质浓度。因此，这里不能考虑三种物体：首先是那些不能做成立方体形状的东西，比如叶子、花朵、膜皮和薄膜；其次是中空且多孔的不均匀物体，例如海绵、软木塞和毛绒；最后是充气物质（pneumatic substance），[①] 因为它们没有重量。

若干观察

我发现，有形物体的物质浓度多在 21 分值到 1 分值之间。其中浓度最高的是黄金，最低的是葡萄酒酒精，我指的是那些元素统一且明显没有渗透性的物体。根据上述算法，一盎司葡萄酒所占空间是黄金的 21 倍。并且，在这 21 分值中，占了 13 个分值的金属较之其他物体更为紧实；锡是最轻的金属，比黄金少了

---

① 气动物质，培根物理学中的重要概念，广泛出现于培根 1612 年之后的自然哲学志论文中，其意最初指斯多亚学派中的"火气混合物"（中文常译为"普纽玛"），是物质活动的内在性动因，一种具有"理智"的"技艺性"驱动力。后文出现此词时，会根据语境（是指涉无生命的实体还是有生命的）将其翻译为"气动物质""充气物质"或"精气"。

13 dwt.（约 8 dwt.），然而，除去金属，其余各种东西均在剩下的 8 个分值内；再有，从石料开始的各种奇特物体最多只包含于 3 分值中。除磁石外，试金石是最重的石料，略重于 3 dwt.，葡萄酒酒精在紧实的物体中最轻，甚至不到 1 dwt.。①

　　在黄金和水银，以及铅之间似乎有一个巨大的空白，即从 20 dwt. 到 12 dwt.。尽管现在金属物质种类繁多，但我认为在这一间隙中很难再找出较多的居间物体，除了纯粹无杂质的水银。然而，在铅和铁，以及锡之间，却有一个逐渐上升的梯度。同样地，我还发现金属和石料之间也有一个较大的间隙或鸿沟，那就是 8 dwt. 到 3 dwt. 的范围内，这大概是锡和试金石的间距。在此之间，唯一一种等距离的物体便是磁石，它是一种金属材料，我认为我们还能找到其他介于金属和石料之间的化石，它们尚未完全混合且具有复杂的性质。当然，石料和其余物体之间，并无很大间距。

　　现在，我深信不疑，在菜类到动物的各个分值间，我们可以找到许多质地均匀的物体，它们比葡萄酒酒精还轻。即便是橡木这样极其健壮坚实的木头，也比葡萄酒酒精轻，杉木也是。大多数的花朵和叶子、膜皮和薄膜，比如蛇皮和昆虫翅膀之类的，即使能变成正方体，其重量也因过小而很难计算，人造的物体更是如此，比如纸张、烧焦的亚麻破布（用于生火）、蒸馏后残留的玫瑰花花瓣，以及其他类似的物体。

　　我在动物身上经常能找到一些比植物更紧实的物体，比如骨

---

① 本文中的标准是黄金除以酒精而得，其近似值为 21（虽然 22 是个更好的选择）。在"其中浓度最高的"这句话中，培根委婉地排除了地球上其他比黄金浓度更高的纯致密物质。

骼和肉比木头和叶子更紧实。我们必须检查并纠正这种常识，即认为紧实且异常坚固的东西肯定坚硬且一致，而流体的性质则不那么紧凑。其实，流体中的物质浓度并不比那些一致的东西低，相反还会更高。比如黄金，其具有一定的延展性，当它液化时，并不会扩散，而是保持原有的体积。水银本身就是流体，铅也易流动，铁则难以流动，这两者，一种是最重的金属，另一种是最轻的金属。但最重要的是，一般而言，金属远比石头重，也即，流体远比易碎的东西重。

黄金和水银两者非同寻常，它们比其他金属重得多，也就是说，它们有时以颗粒或者细小的形态出现，仿佛白玉无瑕，并且独一无二。二者经火焰净化后结合在一起，是迄今为止最伟大且真实的事情，尽管如此，它们的结合有时不需要火的帮助，而是自然发生。

在探究金属物质和石头的性质时，人们很少注意那些深埋地底的金属，以及在这方面是否有一些规则和可靠的实验。但就此事而言，必须考虑到矿藏在地下的深度。至于石头、宝石和水晶之类的石料，它们是和金属一样深入地底，还是仅仅附在地表，我更愿意相信后者。

硫磺通常被认作金属之父，但这种观点已然被学识渊博的人否决，那些不常见的天然硫磺，它的物质浓度低于所有金属，甚至比石头和较硬的土还低，只有 2 dwt. 2 gr. 。但是，在所有其他条件相同的情况下，这并不妨碍它与特别重的水银按照一定比例混合时，能复制除黄金以外所有金属的重量。[1]

---

[1] 进一步证明了培根习惯用定量论证来攻击一种理论；有关该理论的源头参阅 A. G. Debus, *The chemical philosophy*, 1, pp. 8–9。

物体结合的原因并不总是与浓度有关。例如玻璃，它在烈火的作用下聚集，重量超过了天然水晶，后者自然形成，无需添加明火或高温——有人说它是冰块凝聚而成，这是一个庸俗的错误，水晶本身实则比冰块重得多，而且冰块是水寒之，愈寒愈厚，浮于水面。

　　一个猜想是，液体的混合取决于它们的相对重量。由此出发，我们看到，葡萄酒酒精不会与杏仁油混合，而是出乎意料地浮在杏仁油上面，就像油在水面上一样；从上表可知，葡萄酒酒精轻了 1.5 gr.。同理，葡萄酒酒精虽然较重，但更易与水混合；同样地，较之杏仁油，纯水更易与硫酸油混合，但硫酸油比水重 18 gr.，而杏仁油只轻了 4 gr.。因此，我们要知道，按比例混合物的关键因素并不是相对重量。据我观察，如果人们减少一开始下降或下落时的干扰或混乱，即人们将葡萄酒倒入盛有水的容器时，在两者中间放一块面包或一张亚麻布缓冲最初的冲力，葡萄酒就会浮在水上。按照这样方法谨慎操作，硫酸油同样也会浮在水上，即使我们先倒硫酸油再倒水。

在同一物体中物质聚集和扩散的记录续

　　我打算探究粉状物的比例，方法是比较粉状物和非粉状物，这比直接设定它们更有效。因为我发现，这种方法不仅可以发现物体的多样性，还能看出单个物体之于整体的性质，它们与整体紧密相连，互为彼此，这有助于确定它们的比例。现在，关于粉末的比例，我的想法是尽可能地用力压缩粉末。这有助于使其均匀分布，尽量避免误差。根据本表所拟定的实验用量，完整的水银本体重量是 19 dwt. 9 gr. ，而粉状水银（即氧化汞）的重量是 3 dwt. 22 gr. ；铅本体的重量是 12 dwt. 1.5 gr. ，而白铅粉的重量是 4 dwt. 8.5 gr. 。

铁本体的重量是 8 dwt. 10 gr. ；而粉状铁（比如能入药的铁粉）的重量是 2 dwt. 9 gr. 。

水晶本体的重量是 2 dwt. 18 gr. ；粉状水晶是 1 dwt. 20 gr. 。

紫檀木本体的重量是 1 dwt. 5.5 gr. ，粉状紫檀木 16.5 gr. 。

橡木本体的重量是 19.5 gr. ，橡木灰是 1 dwt. 2 gr. 。

现在，为了能更好地理解压紧和不压紧粉状物的重量差异，并根据物体的种类判断其粉状物的重量，我测量了玫瑰的重量，它的不同形态不能被视为一个整体列在表中：不压紧的玫瑰粉重 7 gr. ，压紧的玫瑰粉是 22 gr. ；同理，我测得不压紧的粉状紫檀木重 10 gr. ，压紧的重 16.5 gr. 。由此可知，不压紧的玫瑰粉比不压紧的粉状紫檀木轻，而压紧的则相反。此外，为了补充上表的内容，我采了一些花、草和种子（根部能做成立方体的形状）作为其他种类的样本。我发现，如上所述，玫瑰粉重 22 gr. ，马郁兰草粉重 23 gr. ，甜茴香种子重 3.5 gr. 。除此之外，我还记录了一些没有写进上表的粉状物的重量，比如白砂重 1 dwt. 20 gr. ；普通盐重 1 dwt. 10 gr. ；糖重 1 dwt. 2.5 gr. ；没药重 1 dwt. ；安息香重 1 dwt. 现在，我们注意到上表中，硫磺本体重 2 dwt. 2 gr. ，它和油的化合物重 1 dwt. 18 gr. ；而硫酸本体重 1 dwt. 22 gr. ，硫酸油 1 dwt. 21 gr. ；葡萄酒本体重 1 dwt. 2.75 gr. ，蒸馏后重 22 gr. ；醋本体重 1 dwt. 2.5 gr. ，蒸馏后 1 dwt. 1 gr. 。[1]

---

① 部分数据与前文表格不一。

若干建议

我说的"某物本体"和"粉状某物"并不是某一相同的单质（individual substance），而是指上表中同一物体的不同状态。若我们拿橡木做研究，将其烧成灰烬，它会失去大部分的重量，且灰烬所占空间远不如木头那么大。

将物体研成粉末的方式受限于物体本身的开合程度。最后测出的粉末的重量值，有源自简单粉碎或挤压的；也有通过蒸馏的，比如升华物；还有久经水浸或腐蚀的，比如生锈；最后一种方式就是燃烧，比如灰烬和生石灰。因而我们在考虑这些事物的时候不应将其完全等同。

我在这件事上耗费的时间不能超过我原定的计划，但这也有用，它让我们知道什么是我们无法获得的；一言以蔽之，这张精确的表是一个良好的开端。比较了单个物体与它们粉状化、钙化、玻璃化、分解和蒸馏的产物。

单质重量变化的记录，也即同一物体的本体和粉状——就像同一块雪或冰凝固还是溶解、同一个鸡蛋是生还是熟、同一只鸡是活着还是死了——的记录，我指的是重量的特殊记录。[①]

若干观察

物体粉状的紧实程度远不如该物体本身。越重或越坚固的物体，它们的完整状态和打散后的状态差异就越大，比如天然水银

[①] 有关"重量的特殊记录"参本文第一则"若干建议"以上内容。

比粉状水银重五倍还多；钢和铅的比例不到四比一；水晶和檀香木的比例则不到二比一。

对于较轻和多孔的物体而言，物体本身可能比压缩的粉末状态更松散，比如干燥的玫瑰花瓣。类似的物体，它们的压缩和未压缩状态差别则更大。

粉状物的各部分能自我支撑，如此一来，压缩的粉状物所占空间是未压缩的三倍，甚至更多。

诸如硫磺和硫酸这样的金属，它们溶于油时重量并未明显地改变，并且它们的本体和油化物在重量上也没太大差别。

众所周知，蒸馏后的物质会减掉一部分重量以至于变轻；在这点上，葡萄酒是醋的两倍。

尤值一提，与天然水银相比，打散的粉状水银——如前所述，有五倍多的重量差——明显散开许多，这是一种不同于水银蒸气的升华态，尽管如此，在一定的稳定形式下，它能轻易地变回天然的聚集状态。

空间内同一物体中物质聚集和扩散的记录续

动物们在游泳时，会用爪子或脚把水压下去，被压下去的水体浓度超过了自然水体的浓度，进而产生向上的推力，如此一来，动物们沉重的身体便被支撑并托起来了。至于人类呢，则是更高超的游泳专家，他们可以在水中保持身体平衡，且不动胳膊和脚就能浮在水上一段时间，甚至还能在水中直立，并用脚踩水，同时做出其他灵活的动作。水鸟的脚蹼和它们脚上的膜在压水时的效果无疑很好，在深水区游泳也很轻松。

飞翔中的鸟儿用翅膀拍打着空气，使其压缩，空气亦如水体，会为了恢复自身密度的一致性，将鸟儿托起。鸟儿们有时也会展开翅膀但不拍动，当翅膀扇得不够快时又再滑翔下来。其他会飞的生物与有羽毛的生物之飞行方式没有太大不同。比如苍蝇有膜状的翅膀来拍打空气。尽管它们的翅膀较为脆弱，但这刚好与它们微小的身体相匹配。有翼生物在高处的行动也很轻松，特别是那些翅膀相对于它们身体更为宽大的生物，像苍鹰，它的行动就不那么迅捷。其实，所有体型较大的鸟类从地面起飞时都很费劲，因为地面的空气浓度必然要小一些。[①]

建议

水体或空气或其他类似的东西中的压缩运动，显然表现为拍打或脉冲。它是这样发生的：离最初的脉冲或拍打越远，水体或空气受到的动力就越弱，产生的速度也就越慢。反之，越近，则受力越强，速度越快，如此一来，前面的空气快，后面的空气慢，前面的能追上后面的，它们便聚集一处了。但是，当这种凝聚在一块的东西超过了自然的承受限度时，水体或空气为了向外扩散自己，就会将这股力反弹回去。

记录

水及其他所有液体的表面都会因为搅拌和干扰而泛起层层涟漪，它是移动且连续的，直到水体恢复应有的浓度并释放压力，

[①] 此处疑似有误，通常来讲，鸟因其气囊的存在，体内空气浓度会低于地表的。

就像河流和海洋上的浪花一样，即使风平浪静，也有三尺浪头。

风中无疑也有类似的热浪，它们像水上的浪花一样翻滚着，搅动突然停止时，它们也不会立即恢复平静。不同之处在于，重力运动不会影响空气的起伏，而水中的重力则会和浮力相互影响。

孩子们打水漂时，石子儿会在水面上连续弹跳几下。此外，游泳者们从高处跳水时，切记勿因水面的冲力导致自己的腹股沟受伤。最后，水体猛烈撞击手臂或身体的疼痛不亚于被木棒或更硬的物体击打。同样地，小舟和划艇上的桨手用木桨驱动并挤压身后的水体，迫使其推着小舟快速向前滑行，这完全就像用一根靠在岸边的杠子推着小舟一样。产生这种情况的主要原因并不是船尾的水被聚集，产生了反作用力，而是木桨的压力减弱了。

受压后的气体坚实有力，例如，风能推动船只，吹倒树木，冲塌房屋。除此之外我们没有其他力量，没有空心的长炮管能压缩气体。

孩子们将桤木掏空成枪管，并在两端分别塞入鸢尾根或弹丸屑，再用木制推杠把弹丸推出，而另一端的弹丸会在推杆碰到它前就因封闭和压缩气体的力量弹开了。

被冲力压缩的气体似乎更冷，更接近水的性质，就像我们用扇子扇风，或快步行走时把空气往后推，然后它又被带回来一样。也像我们抿着嘴唇吹气，或用风箱吹风一样。此外，空旷地带的风，较之静止不动的风更易散热。

声音的产生过程中，凝结的气体模仿了固体的性质，就好像两个固体相撞，固体和冷凝气体相撞时也会发出声响，且气体方向同时还会发出回音。弦乐器的发声显然不是来自手指和弦的接触，也不是拨子对弦的敲击，而是来自弦和空气。弦回弹时，因其紧绷，首先会凝结空气，接着便会撞击空气。因为吹气的速度慢于拨弦，所以管乐器必须中空且封闭，以便压缩气体，弦乐器也以此为辅助手段。

处于狭窄拥挤处的水，为了达到应有的宽度，会以巨大的力量向侧面倾泻和扩散，就像桥拱下的水一样。相应地，挤在狭窄空间里的风也会获得强力和冲劲。但是相反的水流会产生漩涡，由于没有释放压力，特定部位同样承受着压力。

水体突然猛烈地从狭窄的空间中泻出，看起来像一个连续的线状流体，或是棒状或树干状，先是笔直地喷涌，后以弧形慢倾，再是一股一股缓缓流出，像水管或注射器以及蓄水池一样。

沼泽地里时常会有一种旋风，尤其是割完干草后，或者至少当时看得见。这种旋风有时会把干草堆举到空中，在一段时间内会将它们全部运起，且不怎么散开，直到运到很高的地方，才像天幕一样把干草堆散开。

一个空木碗倒扣在水面上，使其沉入水底，里面的空气在木碗触底之前就被排出了，如果再把木碗抬到之前的高度，你也许会发现里面的气体已经排出，水填补了不比之前空气少很多的空间，上升的水在碗边缘留下了清晰的印记，这说明里面的空气已然排出。

在一间房子内，风顺着一扇开着的窗户吹入，若没有其他出口，只要风不大，你便感觉不到，因为它一开始就没有被房间内的气体吸收，房内的空气已经被最初的冲击所挤压，以至于凝结，从而排斥进一步的凝结，可一旦有其他出口，人便会感到微风轻拂。

为了帮助在水中作业的工人轻松完成任务，有人设计了一种像水槽一样大的水桶，由金属或能沉入水底的材料制成，将水槽边缘固定到三脚架的脚上（这些脚通常低于人的身高）。把水槽扔至水底时，它的原理就像前面说过的碗一样，因此里面装有空气,它被放下并立在三脚架的脚上,靠近工人作业的位置。当这些潜水的工人需要呼吸时,他们就把头伸进桶口,吸到了空气,再继续工作。我也试过让一个仆人在浴缸里把他的头放进一个被水淹没且带有空气的碗里,他在其中待了三刻钟,直到他觉得碗里的空气被他呼吸加热,并感到窒息。

气体很难进一步收缩,但对于气囊而言,情况有所不同。我们在向气囊充气时,空气会聚焦,较之普通气体更稠密,因此,气囊中的气体更难进一步聚集。但在那个常规实验,即将木碗沉入水底的实验中,我们可以看到,从木碗边缘流进的水所占据的空间,等于其中排除气体的量。

为了使所涉及的比例更清晰地展现出来,我在容器底部放置一个小球体,或其他能够下沉的固体,在上面盖一个碗,再在其上放一个非木质的金属碗,它能自行沉入水底。如果此固体物很小,当它被带进碗内时,会连带着空气一同进入,而不是将碗内的空气排出;但如果它大于碗内空气能容纳的空间,那么空气就无法忍受更大的压力,进而抬起碗的一边,冒出气泡。

我还用铅制作了一个两侧不是很薄的空心球,它能很好地承受锤子或压力的作用力。当这个球体收到两个相反方向的锤击时,会变得越来越扁。最初的敲打较为轻松,但随着凝结物的出现,我们开始有点力不从心,直到锤子不再发挥作用,需要一台强有力的压力机。即便如此,我还是下令,每隔几天再来敲打几次,这件事现在看来业已无足轻重,但仍有意义。①

气体在密闭容器中被强力拉伸或扩张,在移除部分气体后,

---

① 培根可能一直想知道,打开空心铅球时,里面那股被压缩了一段时间的空气能否维持被压缩态。

剩余的气体仍能充满与此前满载量相当的体积，但此时的气体会尽力恢复自身，以抵消那种强力。这一点在含有芳香液的鸡蛋中可以看到，玩闹时抛出并打碎它，其中的液体便会抛洒而出，在空气中弥漫着甜美的香味。现在的方法是，在鸡蛋末端开一个细孔，将其中的物质全部吸出来，同时保证鸡蛋壳完好无损；然后用强大的吸力把混进蛋壳的气体吸出来，紧接着用一根手指堵住细孔，保持这样的状态将鸡蛋壳放进水里，最后拿开手指。此时，气体受到这种张力的折磨，会尽可能地恢复自身，进而吸入水体，直到壳内的空气恢复先前的浓度。

　　我用一个玻璃蛋壳做了同样的试验，发现吸进去的水大约是蛋壳容积的八分之一，这就是说，空气被吸力拉伸了。无论吸力的力量是大是小，情况皆是如此。事实上，抽吸在接近尾声时，玻璃蛋壳的边缘也在收缩。但除此之外，我还想尝试一个新的实验，即在抽吸完成后，用蜡将细孔堵住，将其放置一整天。我这样做的目的是想知道，随着时间的流逝，气体的力量是否会减弱，就像那些始终如一的物体，譬如柳条、铁板之类的东西，当它们被放置一段时间，其抵消拉力恢复原状的回力就会减弱。但我发现，在这么短的时间内，什么事情也没有发生，鸡蛋壳吸入了同等量的水，且和刚堵住细孔放入水中时的吸力一样强劲，故而我们打开它的细孔时，它依旧能吸入新鲜的空气，并发出清晰的嘶嘶声；不过，我并没有测试过长时间放置后的效果。

　　假设一对波纹管没有阀门，而它们突然抬起并被打开，那管道就会破裂；当然，之所以会发生这样的情况，是因为它的肚皮一下子由瘪变鼓时，无法从波纹管管喙的狭窄处吸入足够量的空气，而其内部的空气又无法得到充分的拉伸，于是，波纹管便破裂了。

记录

  如果在玻璃杯中倒入适量的水,并标记好此刻的水位,将过筛后的普通灰烬放入水中直至沉淀,你会发现灰烬在水底所占空间的高度是水面上升高度的四倍。因此,显而易见的是,水与灰烬混合时,它的体积会收缩,或者说是灰烬进入了水体的空隙处,因为水体的涨幅与之吸收的灰烬数量不成比例。然而,当你用未经煅烧或燃烧的细沙来做这个实验时,会发现水面上升的高度与水底沙子的高度一致。我还认为,浸剂会消耗大部分的水,且它并不会使水体按其吸收的水量等比例地膨胀,但是我尚未对此问题进行过实验。

建议

  我完全没有把连续的运动与从紧绷状态复原的运动混为一谈,前者被人们视为避免真空的运动。它们是两种在时间和行动上有联系的运动,但其始因不同,这一点将在此运动的具体记录中得以展现。

记录

  吸入[①]一小会儿空气后,空气表现出蒸气的性质,不仅会在镜子上蒙一层仿佛是露水的薄雾,而且在凛冬中,胡须周围都会

[①] 根据语境,此处应是呼出。

结冰。但在明亮的剑刃或回火的钢上,这种冷凝物则像云朵一样蒸发,抛光的表面自行恢复清洁。

水体被加热时的膨胀和收缩过程如下:水体一旦被适度加热,就会逸出些许稀薄的蒸气,接着我们就能在水体中观察到其他变化;当我们持续加热,而水体仍然保持完整时,它不会整体升腾,甚至不会在泡沫那样的小气泡中沸腾,而是升腾出较大的气泡,再分解成大量蒸气,导致水快速逸出并被带走。现在,假如放纵这些蒸气不管,它便会和空气混合,一开始还能观察到它们,但后来,即使不能看到它,我们也能通过触觉和呼吸,发觉其散发的味道或空气的湿度和软化程度。最后,它消散隐匿于空气的汪洋中。但是,若它首先遇到的是一个固态物体——如果是均匀平滑的物体,情况更甚——这些蒸气则会排出此前与之混合的气体,重新变成水。这在水的沸腾过程中尤其明显,蒸馏就是一个很好的例子。深入观察后我们发现,只要太阳的热量未被完全分散和抑制,或空气的寒冷尚未与其均匀混合,地球散发的蒸气就不会在没有遇到固体的前提下重新变成水,这需要寒冷或热量的缺乏才能实现,好比露水更易在傍晚形成,而在降雨时则很难。经过仔细的估计,我确定空气的膨胀相对于水而言,大概是一百二十倍。[①]

气体力学中诸物质的记录

我拿了一个容积大约为一盎司的小玻璃瓶,之所以选择如此小巧的容器,原因有二:其一是较少的热量即可煮沸内部的水,

[①] 一定数量的土可以变成十倍数量的水,水又能变成十倍的空气,空气还能变成十倍的火。这可能是对亚里士多德的误解。

从而避免放置其上的气囊因火势过大而烧焦或烧干；其二是我很清楚，空气本身会因受热而膨胀，故水体无法装满的那部分空间可能含有少量空气。因此，为了避免这部分膨胀的气体抢占水的空间，谨慎起见，我不建议引入过多空气。本次实验我没有采用直颈、无开口或无瓶口的小玻璃瓶，因为在这种小瓶中，水蒸气会被蒸馏得过快，水分沉降并流到与小瓶瓶颈相连的气囊里。

我将使用那种在瓶颈处就有一个开口的玻璃瓶，这个开口会将瓶颈处的蒸气引向瓶口。我在其中装了不到一半的水，因为这能加速水体沸腾，接着我把沙子放在天平上，精确地记录了装有水体的小瓶本身之重量；然后，取一个容积为半品脱的气囊。我没有用旧的气囊，也没用干的，因为干的比较僵硬，所以我用了一个新的气囊，它较柔软。我先往里吹气，以测试它是否完好无损，是否漏气，接着我再尽可能地挤出里面的空气。我还事先在气囊外面涂了一层油，并通过擦拭的方式让油脂慢慢地被气囊吸收。如果气囊表面的某些毛孔被油脂填充，那将有助于气囊更好地隔热。

然后，我把小瓶瓶口嵌入气囊开口，用一根沾过蜡的细线将气囊牢牢地绑在瓶口上，以便它们更有效地结合。我在试验中发现，先用面粉和鸡蛋清制成的封泥封口，再用黑纸捆绑并充分晾干的效果最佳。最后，将小瓶置于火盆里的热炭上。片刻后，水便开始沸腾，逐渐撑满气囊，近乎爆裂。我立即把小瓶从火上取下，放在地毯上，以免小瓶因骤冷而破裂，紧接着用针头刺穿气囊顶部，方便蒸气冷凝成水。如此一来，一旦停止加热，气囊中的水也不会回流从而干扰计算。接下来，我把气囊连同线一起取下，并清理掉涂在瓶口的封泥。然后，我将小瓶和瓶内剩余的水一起称重，计算得出，大约有两便士重的水随着蒸气被带走了。此外，我明白，气囊在被撑起时，其内所装之物必定源自水体。因而，物质聚集在水中时，它所占空间仅有两便士重；而等量的物质膨胀成蒸气时，则占半品脱的空间。所以，我根据上表给出的数据计算了比例：蒸气与水体的比例是 80∶1。按照上面的方式给气囊充气，但不开孔，原封不动地从火中取出，气囊会变瘪。当气囊处于充气状态时，从其气孔逸出的水蒸气与普通的蒸气截然不同，前者更稀有，更透明，更罕见，且不会那么快与空气混合。[①]

若干建议

假如有人以为用更多的水能更大程度地填充气囊，那就错了，因为我试过，膨胀的过程是一蹴而就，而非循序渐进的。我将其原因部分归结于气囊的焦化，这使其变得更加僵硬，缺乏弹性，且更易被渗透（这本可通过湿热纠正，如同在水浴锅[②]中那样）。但我认为，更有可能的情况是，由于持续加热而产生的大量蒸气，更易自动复原和凝结。因此，气囊中装的蒸气不能与陶器中的等量齐观，因为后者中的蒸气会相互缠绕，相互推动，并

[①] 本文最后一个记录做了这个实验，但用的是酒精而不是水。对比两个实验的结果，培根认为火焰可能比空气稀少五倍，但这一结论与亚里士多德的四元素理论相左。该实验的后续版本虽都基于本文的记叙，但缺乏早期文本中的旁证细节。无论如何，该实验都体现了培根愿意利用高度技术化的理论检验实验过程中得到的定量数据，并以此诘难敌对学说。

[②] 水浴锅，一种内部盛有水的容器，它能时刻保持沸腾，以加热置于其中的化学物质或可受热的容器。

凝结。而前者，因材质的柔软和顺，会在气囊达到膨胀的最大限度前任意扩张。

水蒸气的膨胀不能全凭逸出到空气中的蒸气来衡量，因为这些逸出的水蒸气会和空气迅速混合，进而大大增加自身形体，且其质量并不恒定。因此，它的质量随吸入的气体种类而异，就像少量的红葡萄酒或其他染色物质能使大量的水体着色。在这种精细的工作中，若无有效且巧妙的调查，就不可能得到确切的比例，也无益于手头正在进行的工作。这些实验足以证明，蒸气与水的比例不是 20∶1，10∶1，40∶1，也不是 200∶1 或者 2000∶1，抑或其他数值。因为此时我们做的是定性研究而不是定量研究。因此若有人在重复实验时发现得到的比值不是八十，他应当明白，这一问题并不重要，因为最终的数值会受玻璃小瓶的形状、气囊的软硬程度，及加热方式等因素的影响。看到水被完全消耗掉，蒸发得无影无踪，我想没人会因此无知地认为，从重物中逸出的气态和挥发性物质隐藏在这些重物的空隙里，且它们本身不是重物，而是从重物中分离出来的某种物质。如果我们将一块热煤置于天平上燃烧，使其变成木炭，我们发现它的重量会变轻很多。[1] 金属本身的重量也会因烟尘的逸出而发生显著改变。因此，逸出的烟尘物质是有形且有重量的。

记录

油脂的扩散过程如下：将油装入置于火上的玻璃小瓶中，

---

[1] 从"在这种精细的工作"到此，培根在此只关心近似值，目的在于证明十倍理论是错的。

它沸腾的速度比水慢得多，需要更多的热量才能使其沸腾。首先，油本体中会出现一些散开的小颗粒，它们在一阵劈哩啪啦的响声中浮上油面。同时，油面却不会形成水沸腾时的气泡，体积也没膨胀，几乎没有蒸气逸出，但过了一会儿，油的体积会膨胀到大约此前的两倍。最后，会有极为丰富且密集的蒸气从中逸出；若在瓶口上方一定距离的地方放一团火焰，则从瓶口逸出的气体会立刻回落到瓶口，并在那里无休止地燃烧。但若将油加热到更高的温度，在油将要散尽之前，即便瓶口没有放一团火焰或其他燃烧物，逸出的蒸气也会在瓶口自燃，并扩大火势。

建议

需要注意，瓶口应尽量窄些，以便控制烟气，使烟气迅速与空气充分混合，保持它们的易燃性。

记录

葡萄酒酒精的扩散过程如下：它需要的热量要少得多，比水更易沸腾，膨胀的速度也更快。它在沸腾时会产生特别大的气泡，但没有泡沫，整体也不会膨胀。它产生的蒸气虽很浓厚，但当火焰靠近时，在离瓶口相当远的地方就会产生火焰，这种火焰并不像点燃油蒸气时那般明亮紧实，而是单薄稀疏的，颜色和油的一样是蓝色，近乎透明。当我们点燃瓶口处聚集的大量酒精蒸气时，效果和油一样。但若我们点燃从瓶口微倾处逸出的那部分蒸气，火焰就会悬浮于空中，随着蒸气起伏晃动，无疑，如果不与空气混合，火焰将一直跟着酒精蒸气运动。此外，将火焰置于瓶口一段时间后，酒精不再产生可见的蒸气，而是变成一团固定大小的火焰，这样做得越快，它就扩散得越开，同时自身也越稀薄。但若把酒精捧在手心里，同时指间夹一支点燃的蜡烛（就像孩子在玩粉状树脂时那样），然后将酒精轻轻地向前笔直泼出，但不是向上抛，酒精本体会在空中燃烧，有时则会径直下落，再被点燃，有时则在半空散开成一朵小云（即使其本体仍旧会往下落），有时则紧贴着天花板的制高点，墙壁或者地板燃烧并逐渐熄灭，因其具有可燃性。

已知，醋、酸果汁、葡萄酒、牛奶和其他简单的液体（我的意思是，从蔬菜和动物中提取的东西，下文我将单独讨论矿物）有各自的膨胀方式，也有各自的特点，我认为再去记录这些未免多此一举。然而，这些差异和我提到的水、油和酒精的扩散方式有关，即与热度和膨胀的方式有关，差异体现在如下三个方面：要么在液体本身中，要么在泡沫中，要么在较大的气泡中。例如油脂就是整体膨胀，而生果汁，如酸果汁则是膨胀出较大的气泡，发酵过的果汁，如醋则膨胀出较小的气泡。另外，酒精的聚集也因地点而异。酒在沸腾时，气泡首先在液面中心开始聚集，而醋沸腾时，气泡则在两边聚集，对于成熟和浓烈的葡萄酒而言，情况一般也是这样，但将它们混合后，情况则如同寡淡或变质的酒。

然而，所有的液体，包括油本身，在开始沸腾前，都会在容器周边吐出一些罕见的半泡。这也是所有液体的共性，即少量的液体较之大量的液体更易沸腾和被消耗。

建议

我认为，复合液体显然不适合用于研究物质在火作用下的膨胀和聚集，因为它们各自本来独立的性质混淆并干扰了原本单纯的膨胀和聚集关系。因此，我将它们归入分离和混合物的特殊记录。

记录

实验中葡萄酒酒精和柔性膜（我在研究水时提过此物）的体积增加如下。我发现有6便士重的材料消耗后变成了蒸气，充满了一个能装8品脱的大气囊，使之陡然膨胀，这个气囊的大小是我此前研究水时所用的16倍，那个只能装1/2品脱。在研究水的实验中，只消耗了2便士重的东西，这仅是6便士重的1/3。在计算比例的过程中，我发现酒精蒸气的膨胀率比水的5倍还要多。即便如此，这种巨大的膨胀并不妨碍本体从火中取出后迅速恢复：气囊肉眼可见地由鼓变瘪。接下来，根据这个实验，我打算估测火焰本体的膨胀，虽然是一个初步的猜测，但仍有可能。既然酒精蒸气如此易燃，且具有近似火焰的性质，因而我判断，酒精蒸气和火焰的关系就如同水蒸气和空气的关系。这种判断是说得通的，初级或不完善的物体和飘忽不定的物体（如蒸气）之间的关系类似于完善的物体和恒常不变的物体之间的关系。由此可知，火焰在物质的稀薄度或膨胀率方面是空气的五倍多。如前所述，一种蒸气比另一种大得多；但火焰本身可能比火焰蒸气稀薄一倍半，也即火焰的体积是火焰蒸气的1.5倍，这种蒸气非但不是不纯，反而是一种极度纯粹的浓缩蒸气，这就是我说的空气和极度浓缩的水蒸气之间的关系。①

上述结论和那些偶然打动你的、你所熟悉的说法并无太大差别。如果你吹灭一支点燃的蜡烛，并在烟散开前观察底部冒出的那一缕烟的大小，再把蜡烛移到火焰附近，观测先燃烧的地方，就会估算出火焰的体积是烟的两倍多，然而，烟是更加不纯且易被压缩的。如果你仔细注意火药本体的大小（为了得到更好的效果，可以在碗里测量一下），在它着火后再量一次，注意它火焰的大小：你绝对不会否认（因为这样的场面极其震撼），火药的火焰比本体大一千倍。此外，根据以上观点，在火焰和硝石之间应该也有某种这样的关系。在我谈及对那段记录的看法时，我将更清楚地阐释那些事情。

我们很好地看到，医用火罐中的空气会因热和冷而发生膨胀和收缩。把它置于火焰上加热，再迅速放到肉上，肉会被拉起，空气逐渐收缩并恢复原样。即便拔火罐时没有放用来增强吸力的已燃棉絮，其效果也很不错。此外，如若将一块蘸有冷水的海绵放在火罐的表面，里面的空气会因寒冷而进一步收缩，吸力也就变得更强了。

我把一个钟形的银质盐罐——像我们在餐桌上常用的那种一样——置入一个装满水的盆或盘子里，盐罐带着被压下去的空气到了容器底部。接着，我在平时用来装盐的小洞中放了两三块热炭，并向其吹风，使火势变旺。很快，空气因那古老圆球的高温和躁动而稀薄，开始掀起盐罐底部的一侧，并冒出气泡。

传说中英雄描述的祭坛是如此巧夺天工，当贡品放在上面点

---

① 亚里士多德的四元素理论在此再次隐晦地受到定量实验的抨击。

燃时，水会突然落下，将火浇灭。这不需要其他的装置，只需要将空气吸入祭坛下方一个空心封闭的地方，空气在火的作用下膨胀，除了将事先准备好的水推挤出来，别无他法。最近，英国有一些荷兰人制造了一种乐器，它被太阳光照射时，会发出和声。这很可能是通过热空气的拉伸来实现的，其可以展现运动的原理，因为可以肯定的是，空气即使和热空气产生最轻微的接触，也会立刻开始膨胀。

然而，靠着柔软的气囊，我对空气的膨胀有了更精准的认识，我拿了一个空玻璃瓶（即便只装满空气）用气囊封口，就像我已经做过的那样。然后将它放在火上，空气比水或者酒精延展得更快，需要的热量也更少，但不会无限地膨胀。它产生了这样的比例：如若气囊的容量是玻璃瓶的一半，空气就会非常有力地充分膨胀，直到再难进一步膨胀，然而，若趁着气囊膨胀时在其顶部开一个洞，却并无可见的物体逸出。

对理智天球的说明

第一章

人类的所有学说可划分为历史、诗歌和哲学，对应着心灵的三种才能：记忆、想象和理性；同样的划分亦适用于神学问题，因为容器（也即，人类的理智）是一样的，尽管这个问题及它所暗指的方式不尽相同。

我对人类学说的划分方式符合理智的三种才能。[1] 据此，我确立了三个部分：历史，诗歌和哲学。历史对应记忆，诗歌对应想象，而哲学对应理性。我在此处所说的诗歌是指虚构的历史。正确地说，历史与个人相关，先民的印象是人类思想最早，也是最古老的过客，相当于科学的基本材料。在这些人和材料上，人类的心灵不断地自我运作，有时还会再造自我。所有的科学都可

---

[1] 培根将人类知识的三个主要分支与理性灵魂的三种才能联系起来，这是新颖的，同样有趣的是，他把历史放在另外两个分支的前面。关于这个主题，请参阅 Grazia Tonelli Olivieri, "Galen and Francis Bacon: faculties of the soul and the classification of knowledge", *The shapes of knowledge from the Renaissance to the Enlightenment*, ed. D. R. Kelley and R. H. Popkin (Archives Internationalesd'Histoire des Idées, 124), Kluwer Academic Publishers: Dordrecht, Boston and London, 1991, pp. 61–81。

看作心灵的运作和工作，而诗歌则是心灵的创作。在哲学中，心灵与事物绑定在一起，而诗歌则摆脱了这一限制，偏离并组成它喜欢的东西。但即便某人仅以一种不成熟且不聪明的方式去寻找理智事物的起源，也能轻易看出我说的这句话是真的。感官捕获具体事物的形象，将它们（具体事物）印在记忆中。它们以整全的形式进入记忆，正如它们突然出现时的样子。心灵回忆并思考它们，行使它真正的功能，整合或分离它们的组成部分。因为个体之间有一些共同之处，但也有不同。

现在，这种整合与分离要么根据心灵自身的行为方式，要么顺应客观事物进行。如果按照心灵自身的方式进行，并且那些部分（记忆）能随意地转变成个体的某种相似之处，那么这就是想象力的工作，它不受自然或物质的规则与必然性的约束，能够连接自然中根本不能聚集的对象，还能把永远不会分开的事物拆散，尽管如此，但它（心灵）还是以这样的方式在设定的范围内工作，使其限于个体那些相同的主要的部分。至于那些没有将自身提供给感官的事物，则根本不可想象，甚至无法梦到。

但如果把个体的这些相同部分按照事物正好显示的样子，或按照它们在自然中真正展现出来的样子，或至少以它们被视为根据每个人的能力所展现出来的样子进行整合与分离，这就是理性的功能，我们把管理这类事物的全部工作交予理性。

由此可见，从这三处源泉衍生出的三种人类学说——历史，诗歌和哲学——仅此而已，再无更多。我把所有的科学和技艺，简言之，把心灵从单一经验中收集并提炼成一般概念的所有东西都汇聚于哲学的标题之下。我也不相信，除了上述三种以外，还需要对神学的教义进行任何其他的划分。尽管神谕的表达方式不一样，但人的精神却是同一的，就像不同的液体经由不同的漏斗，还是会倒进同一个容器。因此我认为神学同样由神圣历史或神的戒律与教义组成，就像某种永恒哲学。① 但有一个部分似乎在这种分类之外，这就是预言，它本身也是历史的一个类别，并带有神学的特质，且能将各个时代结合起来，以至于对事实的叙述可以先于事实本身。但它的宣告方式，无论是通过异象来预言，还是通过比喻传达上天的教义，均带有诗歌的色彩。

第二章

历史可分为② 自然的和社会的（Civil），教会史和文学史隶属于社会历史。根据自然的三种状态——自由的、偏离的和被束缚的，可将自然志划分成普通的历史、变异的历史和技艺的历史。

历史不是自然的就是社会的。自然志叙述自然的成就和功绩，社会史则叙述人的。毫无疑问，神的事物在两者中均有体现，但通常还是体现在人类事务中，以至于它们在历史上构成了一个特殊的类别，我习惯将其称为神圣的或教会的历史。所以我把它归于社会

---

① 参阅 Charles B. Schmitt, "Perennial philosophy: from Agostino Steuco to Leibniz", *Journal of the History of Ideas*, 27, 1996, PP. 505 – 532。

② 培根在此参考了十六世纪法国逻辑学家拉米斯（Petrus Ramus）的框架，换言之，这主要是通过二分法的体系做出了从一般到特殊的论证。培根可能选择了这种结构，以便使《伟大复兴》的第一部分与格言式的第二部分形成鲜明的形式对比。培根知识图景最为显著的特征之一就是突出了自然志。在培根之前，我们无法想象有哪一种分类法会将自然志放在首位，就所有的体现价值体系的知识分类法而言，培根的分类法标志着一种深刻的文化转向，即向批判经验、实验和技术转移。

史；但我首先要讲的是自然志。自然志不只关涉单一物体，但这并不意味着我错了，历史总是关涉处于空间和时间中的个体，因为事物本就如此。但是，既然自然事物之间存在一种偶然的相似性，知其一便可知所有，那逐一的探讨就是在浪费时间和精力。所以，在缺乏偶然相似性的地方，自然志的确承认个体，承认不属于一个群体或民族的个体。历史十分正确地撰写了太阳、月球、地球以及类似的在其种类中独一无二的天体；① 至于那些明显偏离其物种特征的像怪物一样的事物，它同样写得恰当。在这些情况中，对物种本身的描述和知识既不充分，也不适宜。所以自然志并不拒斥这两种个体，可主要（如前所述）还是研究物种。

但我将根据自然本身的条件来划分自然志，我们发现自然受限于三个方面的因素，并且似乎受制于三种统治。自然要么是自由的，任其自行，按其通常的路线展现自己，能在不受任何干扰或影响的前提下自行前进，就像在天空，动物，植物和整个自然秩序中一样；要么是被挑衅或承受叛逆的物质之歪曲与盛气、被暴力所胁迫，脱离了自己的状态，就像自然中的怪物与异类一样；最后要么被技艺和人类的作用所限制、塑造，完全改变成了新的事物，就像人造事物一样。在人造事物中，自然似乎是被创造的，我们见到了焕然一新的物体和事物的另一番天地。所以自然志所处理的对象要么是自由的自然，要么是错乱的自然，要么是被束缚的自然。但是，如若有人因我把技艺称为"自然的锁链"而感到恼火，倾向于视自己为自然的解放者和护卫者——因为在某些情况下，它们让自然通过减少秩序障碍以实现其目的——那么我回答说，我不太在意这些花哨的点子和漂亮的措辞。我的想法和意思是，自然像普罗透

---

① 在其物种中独一无二的个体，以及与其物种存在很大差异的个体。

斯一样,被技艺迫使去做没有技艺就不会做的事情。不管你们把这当成强迫和束缚,还是协助和完善,都无关紧要。

因此,我将自然志分成普通的历史记录、变异的历史记录和技艺的历史记录。对于后者,我将其称为机械的和实验的历史记录。现在,我有一个意愿,即把技艺志也作为自然志的一个类别,① 因为过去的人们已经习惯于认为,技艺不同于自然的事物,人造事物作为一种全然不同的东西应当远离自然:恶行由此而起,大多数自然志的编纂者以为只要编写了动物、植物及矿物的历史记录就完成了他们的工作,但却忽视了机械技艺的实验(这是迄今为止哲学中最为重要的部分)。

不仅如此,人们在心灵中滋生了另一种更为微妙的恶念——视技艺为对自然的一种补充。它的力量在于,既能完成自然业已开始的事情,也能在自然偏离轨道时予以匡正,但人无法彻底改变自然,或动摇它的根基,这给人类事业带来了深深的绝望。但人们反而应该习惯于这一观念,即人造事物与自然事物的区别不在于形式或本质,而仅在于效率(non formâ aut essentiâ, sed efficiente);事实上,除了运动之外,人们完全没有力量统治自然。也就是说,我们能够让自然物体彼此靠近或远离,但剩下的事情要通过自然自己去完成。因此,如若能让自然物体彼此移动或远离,那么人类和技艺就什么都能做,如果做不到这点,则一事无成。

言归正传,只要物体按照给定的顺序适时地相向或远离,那

---

① 培根哲学的一个基本特征便是消除技艺和自然间的差别;要想对文艺复兴后期技艺和自然间的关系,以及培根在这一问题上的思想文化背景进行精微且深入的研究,可参阅 Charles B. Schmitt, "John Case on art and nature", *Annals of science*, 33, 1976, pp. 543 – 559。人造事物和自然事物间的差异在于效率,而非形式和本质。

么，到底是不是人类和技艺促成了如此运动，就都无关紧要了。一种方式也并不比另一种更有效，可靠的例子是，我们能通过喷水在墙上造出彩虹的拟象，自然同样毫不逊色，空中的云朵通过降雨也能产出相同的事物。但另一方面，我们在沙子中找到纯金时，自然在其中发挥的作用就像人类把金子从熔炉中提炼出来的一样。再者，普遍的法则有时会让其他动物来治理一些事情：比如，由蜜蜂生产出来的蜂蜜不亚于由人类制造出来的食糖，又如吗哪（manna，一种类似的东西）完全是自然的产物。因此，既然自然是一体且同一的，它的力量对一切事物都有效，且毋庸怀疑它的真实性，那么完全应当将这三种历史记录仅归属于自然：处于正轨上的自然、偏离了的自然，以及人类对自然事物的技艺与应用。因此，在自然志中，把所有这些囊括于一个完整的叙述内是合适的，正如老普林尼（Gaius Pliny）在大多数情况下所做的那样，他有一个按自然志之名去做自然志的理想，却完全未能将之付诸实践。那么，我们就让这成为自然志的第一个部分吧。

第三章

根据自然志的用途和目的对其进行划分。迄今为止，自然志最崇高的目的主要是为增进哲学而服务，而这样的历史记录（也即指向该目的之历史记录）尚付阙如。

正如自然志有三方面的主题（如我所言），其用途也分为两个方面。它要么用来了解属于历史记录的那些事物，要么被视为哲学的主要问题。然而，自然志最崇高的目的是：成为真实且合法的归纳法的基本材料和原始质料，并从感官中汲取充足的材料供给理智。至于前者，或因其叙述的魅力而令人愉悦，或因其实验的运作而使人受益，为了此般愉悦或者利益而被接纳的种类无疑是低级的，在本质上，它较之那些为了哲学的基础而做适当准备的有能力和质量的种类，其价值便略逊一筹。因为，后者是一种历史记录，它构成了真实且能起作用的哲学之坚实耐用的基础，它为纯粹且现实的自然之光提供了第一道光亮；也由于它的天分尚未得到关心和抚慰，使其以最为悲惨的厄运将那些恶魔军团和名副其实的幽灵帝国送到了我们身边。此刻，他们正以彻底且灾难性的不育困扰着哲学事业的方方面面。现在，我公开申明并宣布，一部应当指向这一目的的自然志尚付阙如，它需要且应该置于亟待完成的事务之列。

事实上，无论是古人的鼎鼎大名，还是现代人的卷帙浩繁，均不应左右任何人的思绪，我想，不会有人认为我的抱怨是不公正的。因为我十分清楚，现存的自然志汗牛充栋，其多样性亦令人愉悦，且作者往往孜孜不倦。然而，倘若我们去除其中的寓言与古物、权威的引用与意见、空洞的争吵与矛盾，最后剩下的仅是语言学与装饰点缀（这些更适合作为博学之士饭桌闲谈和夜间聊天的内容，而不能为哲学奠基）。无疑，我们应该将其清理得一干二净。因此，人们貌似是在追寻一种文字的珍宝阁，而不是对事物坚实可靠的叙述。此外，记住或了解如鸢尾花，郁金香等花的不同品种，或者贝壳、狗、鹰的不同品种之意义微乎其微。因为这些及类似的东西只不过是自然的某种畸形和运动，更接近个体的本性。它们提供了事物本身的详细知识，但对科学而言，这些信息微不足道，近乎冗余。但这些正是传统的自然志引以为傲的东西。另一方面，当自然志陷入无关紧要的境地，或因冗杂的东西而臃肿不堪时，它坚实且关键的部分却遭彻底冷落，或被粗心且轻率地处理。的确，就其整个探究的模式和质量而言，我发现它并不适合，也没资格达到为哲学奠基的目的。这将最好地呈现于其特定的分支中，通过对比我现在打算描述的历史和现下可用的历史。

第四章

本文一开始就说明了我们所需要的历史记录，也即作为哲学之基础的自然志，其所应当的样子。为了更清楚地解释这一点，我会先补充一般的历史记录。它由五个部分组成：第一部分是天体；第二部分是流星；第三部分是陆地和海洋；第四部分是更大的集合体，或元素与质量；第五部分是次要或更小的集合体，或物种。在我完成对普通、变异和技艺的主要部分的解释之前，我会先不讨论主要德性的历史记录。①

其实，我认为我理应自己承担那些必要的历史记录的创作，而不是将其留给别人——越是向大众开放这项事业，我就越是担心他们会偏离我的计划（基于这个原因，我将其指定为《伟大复兴》的第三部分）。尽管如此，为了将我的计划贯彻到底，澄清或举例说明其不足之处，也是为了让某些事物安然无恙，以防我重蹈覆辙，此时此地，就这件事情而言，我认为我应当补充我的观点和建议。

我为普通的或未受约束之自然的历史记录设立了五个部分：有以太的历史记录、流星的历史记录及所谓的空气域。我将月下区延伸至大地表面的区域，以及位于其间的天体都归于流星志。

---

① 这是一个重要的承诺，他的这种表述好像读者已然知道这段历史会讨论什么。

严格来说各种各样的彗星（无论事情的真相究竟怎样）也被置于流星之中。第三部分是陆地和海洋，它们共同构成了一个单一世界。至此，我按照域所和安置在其位置上的对象分配完了事物的性质。但后两部分区分了事物的实体（substances），或更确切地说，是它们的质量（masses）。相同性质的（connatural）物体聚集形成较大或较小的质量集合（masses），我通常称其为关于事物的更大的集合体或次要或更小的集合体，并且，在世界的政体中，它们以部落或家庭的形式彼此关联。因此，我将元素志，或更大的集合体志按顺序排在第四位，而第五位也即最后一位则是物种或次要或更小的集合体志。我的意思是，元素不能被理解成事物的开端，仅能作为纯自然物体的较大集合。

现在，巨大的性质（greatness）和物质的质地是容易的、简单的、明显的且有所准备的；而物种难以由自然提供，因为它们的质地不同，且通常是有机的。[1] 至于自然中那些可能被当成最主要（Cardinal）且最普遍（Catholic）的德性[2]——比如稠密、稀有、轻盈、沉重、热、冷、连贯的、流动的、相似的、相异的、特殊的、有机的，如此种种，通过如阻碍、连接、聚集、扩张及其他（在我从事理智的工作之前，我肯定会编辑并整理好这些历史记录）的运动使

---

[1] 五重划分方式中的第四种和第五种之间的差异显然比其他几种更有说服力，因为这显然是新的划分方式。

[2] 这些最主要和最普遍的德性，在别的地方被称为物质的图式（schematisms），与这里列出的运动共同组成了《崇学论》的一个重要部分。它们后来被称为抽象物理学——因此培根在此评论道，德性的历史记录位于历史和哲学之间。这些运动中的十九种被提及于《新工具》（第 2 卷，第 48 则）。《崇学论》对图式的处理位于天文学和占星术之后。本文对天文学、占星术和图式的讨论顺序应该与之相同，但这里在讨论前两个问题时，可能因其他主题的问题而使其与后一个分开。

其成其所是——在我解释完三个方面的历史记录,也即普通的、变异的和技艺的历史记录之后,我将处理这些德性与运动的历史记录,及我组合它们的方式。当然,我并未将其列入我的三重划分中,因为它并非适当的历史记录,但可以说成是历史记录和哲学之间的一个中间项。不过,我现在要说明并加以阐述天体志,而后再讨论其他。

第五章

让我们再次开启对天体的讨论,展现它们一般而言是怎样的同时,也说明这一历史的合理秩序所依赖的三种规则:目的、材料以及构成这种历史记录的方式。

我希望天体志是简单且未经诸教条浸染的,暂时悬置这些关于天体的理论学说;这一历史记录只包含现象本身,朴素且脱离了那些现在快要结合在一起的教条;最后,它是一段提出叙述的历史记录,就好像天文学和占星学的技艺尚未解决任何事情,人们只是收集实验并进行精确地观察,再加以清晰地描述一样。但到目前为止,我仍没有找到我所需要的那种历史记录。老普林尼虽然已经触及了类似的事情,但仍是浅尝辄止,囫囵吞枣。而最好的天体志却可从托勒密、哥白尼和其他更为博学的天文学作家那里提取并引出,只要我们把技艺从实验中完全剥离出来,再加上新近权威人士之观察。现在,如果有人认为这是奇怪的,认为我欲将经过如此多的努力而产生、发展并完善的事物拉回原始愚昧且简单朴素的观察中去,那我要说:我并未抛弃以前的发明,但我正在开启一项更大的计划。我的脑中不仅只有计算或预测,还有哲学,它们根据自然的和不容争辩的理由,摒除传统的迷信与轻率,不仅能让人类理智了解天体的运动及其周期，还有天体的实质以及各种性质、力量与涌入；① 甚至，它在运动中发现并展开的不只是拯救现象的东西，而是自然内部实际且真正的东西。

现在，显而易见的是，无论是那些说地球在旋转的人，还是认为地球维持着第一运动（Primum mobile）② 及旧结构的人，几乎都能通过同一事物不同方面的现象找到支撑他们观点的理由。此外，在我们这个时代，新结构的作者③ 将太阳作为第二运动（secundum mobile）的中心，正如地球是第一运动的中心一样，如此，行星按适当的旋转方式似乎在绕着太阳旋转（此即一些古人对金星和水星的猜想），如果他将想法贯彻到底，肯定能圆满解决这个问题。但我毫不怀疑，我们的聪明才智和敏锐的头脑可以发明其他类似的结构。提出这些理论的人并不完全坚信理论绝对真实，只是认为它们便于计算，也利于绘制表格。④ 但我的计划另有目的，因为我并非追求花样繁多的精巧设计，而是追求简单的事情真相。现在，一个明了的现象史将开启通往真理的道

---

① 这意味着本文会在天文学之后扩展一些占星术的内容，详见后文。

② 在亚里士多德的体系中，地球驱动着它下面那些星球的运动，也即固定着的恒星和运动着的行星。

③ 第谷（Tycho Brahe, 1546—1601），丹麦天文学家，帝国的数学家。他认为太阳、月亮和恒星的轨道以地球为中心，而其他行星的轨道则以太阳为中心。培根很可能是跟着帕特里奇称呼第谷为"作者"。

④ 哥白尼和第谷提出的行星模型都不仅是作为实际或潜在的预测或追溯表观天体坐标的手段。他们两个人都提出了物理方面的要求，因此涉及一门学科（数学天文学）对另一门学科（自然哲学）的定义域的干涉。对于这一问题，见 Westman, "The astronomer's role", pp. 105 - 147; idem, "Proof, poetics, and patronage: Copernicus's preface to *De revolutionibus*", *Reappraisals of the Scientific Revolution*, pp. 167 - 205。培根有时候会把哥白尼的体系当成一套虚构的东西，有时候又会将其视作一组物理学的假设。

路,而受教条影响的历史将成为我们前进的绊脚石。

我不会隐瞒这样一个事实:我希望能在这本按照我的要求制作和汇编的天体志中发现天体的真相,但我更希望通过观察两个星球上物质的共同激情(common passions)与欲望来找到它。那些区分天上和月下之事物的说法,对我似乎是杜撰或轻率的迷信,因为可以确定的是,诸如扩张、收缩、印象、退让、聚集、吸引、排斥、同化、结合等许多影响不仅在我们生活的地方有效,在天体之上和地球之下同样灵验。再者,我们既无法雇用或咨询更为可靠的解释者,以帮助人类理智抵达我们从未见过的地球深处,也不能使其让我们正确地知晓天体之上那些鲜能见闻的东西。因此,古人曾有很好的说法,会变形的普罗透斯也是一位三重伟大的先知,因为他通晓未来、过去和现在的秘密。无论是谁,只要知道了物质最普遍的激情,并借此知晓什么是可能的,他也就能根据事物的总和,知道其过去、现在和未来。因此,对天体进行反思的最佳希望和保证在于物理原因,此处所谓的物理原因并非通常意义上的,而仅关涉物质的那些欲动(appetite/appetitus),它们不会因地区和地点的不同而有所差异。

但(回到现在的问题上)我并非要因此放松对天体现象本身的叙述和观察,对这种表象的供应越充足,一切就越容易和更安全。显然,在我对此说更多的话之前,我必须祝贺机械师们的勤奋,以及某些学者们的殷切和热忱,他们借助光学仪器的小艇和船只,最近才刚开始与天体现象做新的交易。现在我相信,这项事业,无论是其目的还是初衷,都是高尚且值得全人类为之付诸行动的,我们要赞扬这些人的胆量与诚心,因为他们坦率且清晰地阐述了如何确立天体的真相。现在,我们只需下定决心,辅以最为严肃的判断,来改变工具、增加证人的数目,再多次、多样地检验事实,最后,让这些人自我谋划,列举任何遭受他人攻评的可能,不轻视任何可能的隐患,以防他们的结局重蹈德谟克里特①和老妪在甜无花果问题上的覆辙,让老妪被认为比哲学家更有智慧,让一座巨大而耀眼的思辨大厦建立在一些微小而愚蠢的错误之上。

以上只是一个普通的序言,让我们正式开始对天体志进行更详细的描述,以说明其究竟,及我们应该探索它们的哪些事情。首先,我将列出与自然有关的问题,或至少是一些主要的问题;除此之外,我会补充说明研究天体可能给人类带来的益处。现在,我想到的是那种调查自然之事实而非原因的问题。因为在事实上,这属于历史记录的范畴。然后,我将清楚地表明,天体志由什么组成,它的各个部分又是什么,以及我们需要讨论或检查什么事情,要收集和关注哪些实验,要采纳怎样的观察并对其进行怎样的思考,也即,提出哪些归纳的主题,或审问天体的文章。最后,我不仅会列出一些应该调查的事情,还会对其作出规定:应当如何思考调查的主题,并以书面形式提出和记录,②以防在原初的调查中所付出的努力亡佚于传播的过程,或者更糟糕的是,让后续的工作建立在谬误与危险的基础上。简言之,我将解释调查天体的目的和性质,以及我们应该如何去做它。

---

① 德谟克里特吃了一些带有蜂蜜味的无花果。为了解释这种非同寻常的甜味,他打算去找采摘它们的地方,正当出发之际,他的仆人告诉他,这些无花果之所以甜,是因为她把它们放在一个曾经装过蜂蜜的罐子里。随后,(如蒙田所讲的这个故事)德谟克里特对这个老妪大发雷霆,因为她剥夺了自己寻觅事情真相的机会,也褫夺了他从事研究的好奇心。"滚开,"他说道,"你冒犯了我,我会继续寻找原因,就当能在大自然中找到它的原因。"(*An apology for Raymond Sebond*, in *The complete essays*, trans. M. A. Screech, Penguin Books:London, 1991, pp. 569 – 570.)

② 事实上,培根并未抽空完成这件事。

第六章

有关天体的哲学问题,即便是那些与意见相反且难以置信的问题,也应当要接受。我将提出五个有关系统本身的问题,即,是否有这样一个系统?如果有,它的中心是什么,它的高度又有几何,彼此之间如何联系,以及各个部分会有怎样的组合?

现在,许多人无疑会认为我在挖掘早已埋葬在坟墓里的旧问题的残骸,觉得我近乎是在召唤它们的幽灵,使其附身于新的问题。但是,由于现存的天体哲学至今尚无稳固根基,而我决意把一切都交由合法的归纳法重新测验,① 外加如果正好忽略了一些问题,会使在历史记录上投入的工作和努力少很多,因为去探究那些没有提出问题的事情是在浪费时间,所以我认为,基于事物本质提出的问题务必要得到解决。此外,我对我的行动方式所决定的问题越不确定,我在采用它们的过程中遇到的困难就越少,因为我知道此事的结局。

因此,首要的问题是:是否有这样一个系统,也即,世界或万物的宇宙是否为一个单一的天球,并在其中有一个中心。还是说,地球和诸星体是各自分散的单独星球,建立在自身不成系统、没有共同中间点或中心点的根基之上。当然,德谟克里特和伊壁鸠鲁学

---

① 这又是另一个暗示,培根计划在本文提供一个序言性的内容,以向读者概述自己复兴科学的计划。

派会吹嘘他们的创始人业已拆除了世界的墙垒。① 然而，他们所言并不尽然。当德谟克里特规定质料或种子在数量上无限，但在属性和力量上有限，且并非固定于一处，而是永恒地运动时，他就被这种观点折服，去建构多重世界了。这些世界也有生天变化的规律，其中一些井然有序，另一些则混乱不堪，甚至存在真空地带。

但即便如此，也不得不承认，我们所见世界中那部分物质是球体的形状。因为每一个世界必须要有一个形状。哪怕无限世界没有中间点，其内部也能形成一个圆形，在一个世界中就像在一个球体内一样。其实，尽管德谟克里特是一位优秀的世界解剖者，② 但在

---

① 有关原子论者夸口推翻世界围墙的说法见卢克莱修，《物性论》，Ⅰ.72-9：

> 就这样他的意志和坚实的智慧获胜了；
> 就这样他旅行到远方，
> 远离这个世界的烈焰熊熊的墙垒，
> 直至他游遍了无穷无尽的大宇。
> 然后他，一个征服者，向我们报道
> 什么东西能产生，什么东西不能够，
> 以及每样东西的力量如何有一定的限制，
> 有它那永久不易的界碑。

与本书的Ⅱ.1144-5对照。在Ⅱ.522-31，1048-76，Ⅴ.416 ff 培根也提到了原子主义宇宙论的其他方面。这涉及培根对有限宇宙和无限宇宙的看法。

② 培根经常说德谟克里特是一位优秀的自然剖析者，相关的例子见《新工具》（第1卷，第57则）："观察自然和物体的简单形式，会令知性破碎和零散；观察自然和物体的组合与结构，会令知性震惊并使其虚弱。这在留基伯与德谟克里特的学派同其他哲学学派的对比中，可以观察得最为真切。前者极为关心事物的原子，以至几乎忽略了它们的结构；而其他学派则惊愕于所观察到的结构，以致未深入洞悉自然的简单性。因此，两种观察需交替进行，俾使知性既敏锐也全面；也能避免我们所提到的麻烦及其所产生

有关世界结构的问题上,他甚至不如普通的哲学家。可我现在所说的观点,①也即崩溃和混乱了的系统,是本都的赫拉克莱德、锡拉库扎的厄克方图和尼塞塔斯,以及菲洛劳斯的观点。同样地,也是我们同时代的吉尔伯特,以及除了哥白尼之外的所有相信"地球是一颗同诸星体一样的可移动行星"的那些人的观点。

现在,这一观点所造成的影响是,②各个行星与星体,及其他

的假象。"培根认为自然的"解剖者"比"抽象者"更可取。培根认为德谟克里特在宇宙结构的问题上不如平庸的哲学家,这一观点见《新工具》(第1卷,第51则;第2卷,第43则),培根在那里对德谟克里特有关运动的描述提出了同样的批判。

① 这种说法几乎可以肯定源自吉尔伯特。本都的赫拉克莱德(Heraclides of Pontus,约公元前388—约公元前315年)似乎认为地球绕地轴自转,而系内行星绕太阳旋转。锡拉库扎的厄克方图(Syracusans Ecphantus,公元前五世纪)和尼塞塔斯(Nicetas,约公元前400年)似乎都认为地球绕地轴自转。菲洛劳斯(Philolaus,公元前五世纪)坚持包括太阳和地球在内的天体都围绕着一个中心火旋转,它总是被一个"对立地球"(counter-Earth)所隐藏,而此对立地球也围绕着中心火旋转。培根并未提到萨摩斯的阿里斯塔克斯(Aristarchus of Samos),他被误称为"古代的哥白尼"。

② 培根强调,对科学而言,了解变化问题(conjugationes quæstionum)是重要的(培根委婉而明确地假定某些问题——一个系统是否存在,地球是运动还是静止的,星体是固体还是气体,星际空间是有形的还是虚无的——是不可分割的)。其推理(很大程度上是"形而上学",因为它涉及自然性质的命题)如下:固体物质要么是集中在地球内部,要么是分散在宇宙其他天体以及地球中;如果是前者,那么从某种意义上来说,可以很自然地设想行星,星体和星际空间均充满了稀薄的物质;如果是后者,则星际空间就是一片虚空。培根并不关心天体是固体的、不透明的或密实的这些概念,因为如果这样的天体移动了,为何地球(同样是固体且密实的)就不能移动呢?培根更倾向于把坚固性和密集性与不动联系起来;那宇宙的系统或结构将会建立在矛盾之上:固体、不动的地球位于一个移动、稀薄的宇宙的中心。没有这种矛盾,就没有这种不动的性质。培根显然认为宇宙的稳定性问题在某种意义上是由物质在宇宙中的分布方式引起的。

由于距离或因光芒暗淡以致于我们看不见的星体，均呈球状或原初形态，它们分散并悬浮于如上所述的那片广袤无垠的空间内。这个空间要么是一片真空，要么由一些稀薄且几乎没有差异的物体组成，像无边大洋中那些散落的岛屿，不是围绕着某个共同的中心点旋转，而是围绕各自的天球中心旋转，其中一些是简单运动，另一些则是绕着中心做渐进运动。① 现在，使这种观点特别难以接受的是，它的支持者消除了自然的静止和固定状态。然而，正如宇宙中有旋转的物体，也即作无限且永恒之运动的物体，那么也应当有一些静止的物体；在这两者之间存在着作直线运动之物体的中间性质，因为这种运动适于天球的各个部分及从其流溢出来的东西，这些东西朝着与它们有相同性质的天球运动，进而合并它们，其自身要么旋转，要么静止。

但这一问题（也即是否有这样一个系统）将终结于地球的运动是静止还是自转，星体的实质是固态还是如焰火一般，以及天上的东西是以太这样的实体还是星际间空隙那样的虚空。如果地球静止不动而天空昼夜不息地转动，那么无疑存在一个系统，即使地球在自转，也不能证明没有一个系统，因为该系统的中心可能另在他处，也即是太阳或是其他什么星体。再者，如果地球这个天球是唯一密实的固体，那么宇宙的物质似乎都集中并凝聚在这个中心，但如若我们发现月球或其他什么行星也是如此密实的固体，那么密实的物体似乎就并非集中在一个中心，而是随机分散开的。最后，如果我们假设星际间的空隙是一片真空，那么每个星球的周围就会有较为稀薄的气体，往外再是真空。但如果这些空隙也充盈着实体，那么可能会有密实的东西汇聚其中，而其

---

① 即物体沿路径的运动，不同于单纯的轴向运动。

周围则是较为稀薄的东西。现在，知晓这些问题的变化（conjugations）对科学大有裨益，因为历史记录和归纳法有时可以解决它们，有时则不能。

既然有这样一个系统，那接下来就是第二个问题，该系统的中心是什么？如果所有星球都应当占据中心的位置，那么地球和太阳这两个星球则尤为突出地表现出中间点或中心点的性质。

我们的观点和一贯的看法是将地球作为中心，最重要的是，由于密实的物体集中在一个小的空间内，很少分散于大的空间中（每个圆的区域都向中心收缩），看起来，我们几乎必然要把世界中间点的那块小空间设定为密实物体适当且唯一的位置。然而，若把太阳视为中心，相关的考量是，应当将中心位置留给在系统中最重要且最强大的物体，该物体在此处可以最好地运转，并将其与整个系统联结起来。事实上，因为太阳通过传递热量和光线赋予世界生气，因此将其置于世界的中间点似乎也是绝对正确且适当的。此外，在第谷看来，显而易见的是，太阳有金星和水星以及其他行星作为随从，因此太阳无疑能够保持中心的性质并履行它对其他天体的职责。就此而言，它更有资格成为宇宙的中心，这便是哥白尼的主张。

然而，我们在哥白尼的体系中发现了许多难以克服的难题。其中之一便是他给地球施以三重运动的负荷，同样难以做到的事情是，他将太阳从诸行星中抽离出来，可它们之间有如此之多的共同激情；他还给自然引进了相当多的固定状态，他认为太阳和诸星体是固定的，这主要是因为它们是所有物体中最明亮且最为灿烂的；他还猜想月球紧贴地球，就像它在本轮上一样。

以上这些及他假设的其他事情是一个人的脸面，只要便于计算，他就会毫不顾忌地编造他在自然中所喜欢的任何东西。但如果我们承认地球的运动，那根据我已经提到的那些人的观点，更为恰当的做法似乎是完全放弃系统，并让诸星球各自分散，而不是建立一个以太阳为中心的系统。这是我们这个时代与古代的共识，也得到了人们的利用和认可。有关地球运动的观点并不新颖，古人那里业已有之，如上所述；但这一观点却是全新的（除了一节错误的翻译），即把太阳当成世界固定不动的中心，哥白尼率先提出了这一观点。[1]

接下来是第三个问题，即该系统的高度，这并非为了获得一些精确的测量值，而是为了确定星空是像一个单独的区域还是（用常用的术语）成轨道（orb）；或者所谓的这些星体之间存在着高度差，相互之间有一定的距离。严格来说，这些星体无论如何都不可能有相同的高度，遑论处于同一水平线上，所以它们只有像斑点或气泡那样的单面维度，事实上，它们是完整的天球，充盈且深邃。因此，既然它们的大小如此不均匀，就绝对有必要使其中一些比其他的更突出，无论是向上还是向下，而且它们不可能在一个单面上相互连接，无论是上面还是下面。

如果星体的部分之情况如此这般，那就不能认为，星体就其整体而言并不比其他星体更高了，这显然是轻率的，尽管这

---

[1] 三种运动被归因于地球惹恼了培根。培根反对哥白尼将太阳排除在行星集体之外。理由是，这些天体共享"激情公社"。他反对哥白尼的静止太阳和固定恒星，理由是，它向自然引入了太多的不稳定性——这表明培根可能接受了特勒肖的假设，即巨大的辐射与流动性是密不可分的。培根认为，哥白尼和天文学家们为了计算方便虚构了一些自然事物。但他不认为日心说过时；或许，培根虽然听过阿里斯塔克斯，但对他的学说一无所知。另一种可能是，培根的意思是，哥白尼误译或误解了（托名）普鲁塔克对菲洛劳斯的评注（哥白尼显然把菲洛劳斯的中心火和太阳搞混了）。但这两种可能都不太合理，插入语太模棱两可了，不能简化处理。

就是事实；但我们仍然可以认为，被称为苍穹或恒星域的区域有确定的（即使显然如此）高度，这可能限制了此种投影和高度的数值，我们从行星的远地点和近地点可以看到，通过它们的上升和下降，它们各自的天空都有一定的高度。但该问题仅能检测这一讨论，即一些星体是否在另一些星体之上，正如行星在行星之上，就像在不同的轨道上一样。

这一问题关联到地球是运动还是静止的问题。如果星体围绕地球作昼夜运动，由于它们的运行速度一致且运行动力一样（这清晰地表现在行星上，因为它们的位置高低不同，所以它们的速度也就快慢相异），星体的速率有可能相同，且位于一个单独的以太区域，尽管其高度或深度被设置得很大，但还不至于大到使运动的速度或快慢有所不同。我们可以认为整个区域内的所有东西（正如相同性质的物体会彼此结合）都在一起旋转，即便有微小的差异，我们几乎也看不到。但是，如果地球在运动，那么星体有可能是静止的，如哥白尼坚称的那样，更有可能像吉尔伯特提议的，每颗星体都在它自身的位置绕着其中心旋转，而中心本身却不移动，这种情况和地球一样，只需要你将哥白尼所附加的两种外在运动和它的昼夜运动分开。① 然而，

---

① 在哥白尼体系中，地球的轴向自转意味着固定的恒星必须静止。吉尔伯特认为地球和恒星都在各自的轴上自转，而恒星并无昼夜运动——他反驳了"旋转中的地球会飞离"的观点，他的观点是，如果每24小时绕地球旋转一次，那么行星更有可能飞离地球。接下来是关于地球轴向运动的论证，这些论证基于地球和带有磁性的物体之间的类比。哥白尼体系的两个额外运动是年度运动和岁差运动。培根不相信地球会有任何旋转运动。此处可对照《天体理论》。他总是觉得哥白尼并没有提出一个物理学意义上的主张，而是提供了一个便于预测的数学模式。吉尔伯特也拒斥岁差运动，但对年度运动持保留态度。

无论如何我们都无法阻止一些星体在另一些星体之上，直至它们从我们的视野中消失。

我要提出的第四个问题关涉该系统的连结（nexus）。我之后会去探究位于星体间的纯以太的物体或事物的性质与本质。现下我只讨论该系统的连贯性。此处存在三种可能。一是真空，二是相邻（contiguity），三是连续（continuity）。

我们首先要探究的是，在星际间的空隙中是否存在聚集的真空，这是吉尔伯特明确提出的，似乎也是那些认为天球并无系统且彼此分散的古人，尤其是那些宣称诸星体的实体是紧凑密实的人所提及的意见。有一种观点认为，所有的星球，包括星体和地球在内，均由坚固且密实的物质组成；然而，这些星球的周围紧紧围绕着某种物体，在某种程度上，它们与星球性质相同，但它们不甚完美，运动缓慢，且更为稀薄，只不过是这些星球本身的流射物（effluvia）或流射气（emanations）。以地球为例，它们是蒸气和散发物，或空气本身；这些流射气离开星球的距离并不会很远，星球间剩余的空隙（更为广阔）则是一片虚空。

以下事实增加了该观点的可信度，即我们能经过如此遥远的距离看到星体的本体。如果所有的空间都被某种物体填满，特别是那些密度明显不同的物体，那么光线的折射就会非常大，使我们无法看到它们；反之，如果这片区域的绝大部分空间是真空，那我们就可以公允地认为出线能很轻松地穿过它。

其实，这一问题很大程度上取决于我接下来要讨论的问题：星体的实质究竟是密实的，稀薄的，还是展开的。如果它们的实质是坚固的，那么宇宙间的各个天体就会占据一个固体空间，但这些天体之间则是真空。因此，如果这些星球中心厚实，表面松散，周围及流射物不可见，最后边缘消散于真空中，也不是不可能。① 另一方面，如果星体的性质稀薄且炽热，就会显得稀薄不仅是因为密度降低，还意味着它本身的强大和原始。这种强大和原始不亚于坚固的性质，它在星体本身，以太和空气中都很常见，因此并不需要那种聚集的真空。

关于星际间空隙的真空问题又取决于另一个与自然原理有关的问题，即是否存在真空。然而，真空还需要加以区分，我们完全否认真空是一回事，否认聚集的真空又是另一回事。对于星体的运动而言，设立一个离散的真空，比主张一个聚集的真空，乃至一个占据更大空间的真空更具说服力。希罗是一个精通机械的聪明人，但他并非唯一注意到这一点的人；亚里士多德试图以某种微妙的方式攻讦并摧毁留基伯和德谟克里特的真空理念，他们同样注意到了这点；这两位令人信服的卓尔不凡的哲学家声称，存在一个离散的真空，他们否认有聚集的真空。在德谟克里特看来，真空是有限且封闭的，如果超出一定的界限，就不能强行聚集和压实物体，遑论区分或分离。尽管据我们所了解，德谟克里特从未明确规定过这一点（是否存在聚焦的真空），但当他肯定物体和空间一样无限时，给出的理由似乎是这样的：若不这样（即若空间无限，而物体有限）物体就不会彼此粘连。

因此，物质和空间的无限必然要求真空被限制在一定的范围

---

① 这里所说的古人是原子论者。吉尔伯特认为，地球、月球和其他天体都是固体的，只是有些星球会发光，另外一些则不发光。这些星球外层都环绕着流射物，如地球，这是一种源自星球核心的不完美物质的流射气体。在距每个星球外层一定高度的地方，流射物让位给了"真空分离物"。在培根看来，如果行星和恒星不是固体，那么物质在宇宙中会分散得更稀薄，因此就不需要真空了。

内，这似乎是我们对他真实观点的正确把握，换言之，由于真空与物体相互结合，物体的展开或膨胀可能会受到一定的限制，所以并不存在单独的真空，也不存在被物体包围的真空。①

但如果宇宙系统中不存在真空，那么如何解释连续性的问题？我们看到，宇宙系统中存在许多不同部分，这些部分间的差异与不同民族间的差异一样大。第二个问题随之而来，它涉及系统的联系，也即，纯以太是单一不间断或连续的流体，还是由若干相邻的流体组成。我不是在玩文字游戏，我所谓的相邻是指一个物体在另一个物体上面，而非将其混合。

另一方面，我并非指普通天文学家制造的那种如刚性地板的系统，而是如流体般的系统，它的状态就像水浮在水银上，油浮在水上，而空气浮在油上一样。② 毋庸置疑，那一大片纯以太在稀有性、密度以及其他许多方面都有显著的差异，无论连续或者相邻均是如此。显然，海水里上层与下层水的浓度和味道也不一样，而在空气中，接近地面的空气和较高空的空气亦有很大差异，纵使它们都是完整且不间断的流体。因此，问题就来了，以太区域中的差异是随着某种连续的流动而逐渐显现出来的，还是

---

① 亚历山大里亚的希罗（Hero of Alexandria）明确区分了连续的或独立的真空与分散在物体粒子之间的真空；他认为前者可由人工创造，而后者存在于自然。培根在别处赞扬了希罗的认真和勤勉，但将他列为机械论者（homo mechanicus），位于德谟克里特之后，因为他否认了自然分离真空的可能性。当论及亚里士多德对真空学说的批判时，培根可能想到了《物理学》（214b–217b），德谟克里特的"真实"观点是，真空被限制在"一定的范围"，培根或许受到了卢克莱修的启发。吉尔伯特认可了单独的真空的概念，但没接受分散的真空的概念，培根对真空学说的态度十分谨慎，但似乎从未认可它，即使用它来解释膨胀和收缩。

② 有关连续和相邻的区别源自亚里士多德，《物理学》（227a）。

有明显的边界，物体互不混合，彼此邻接，就像空气位于水面上一样的。

当然，对于不太成熟的观察者来说，这些物体置身于纯净而清晰的整体之上，如同地球和星体悬浮于一个广袤的海洋之上。这个处于诸星球之间的物体，其数量及所占空间几乎是诸星球的千万倍，似乎是某种不可分割的东西，而且在最高程度上是统一的。然而，对于较为细心的自然观察者而言，他们能清晰地看到，自然一般是先循序渐进，再戛然而止，如此循环往复。除此以外，即使人们以正确的方式观察它，若此过程总是过于精细，也无法建立起事物的结构或有机的形状。因此，这种渐进的过程可能适用于世界之间的空隙，却不适用于世界，就世界的建构而言，我们必须将彼此迥异的事物分隔开来，但又必须使其相互毗邻。鉴于此，气位于土和水之后，与其相邻，又泾渭分明，即使它们之间靠得很近；并非先有泥浆，再有蒸气或水汽，然后才是纯粹的空气，而是以上这些事物都直接挨着空气，其间隙则空无一物。

至于空气和以太（我把这两者放在一起讨论），它们最明显且最根本的区别在于，其性质受恒星性质之影响的程度。因此，在地球和天空的上方这两个区域之间，一般会有三个特别值得注意的区域：空气域、行星域及星空域。在最低的地方，恒星的性质并不持久；在中间的地方，星体的性质持续不断，但会聚集成单独的天球；在最高的地方，星体的性质散布于满天星斗，直抵最高天。①

同时，我不会忘记我刚才说过的话，自然通常会在渐进和快

---

① 培根此处的表述比《天体理论》中的更保守，那里他用"自然火"（flammea natura）代替了"恒星火"（natura stellaris），这更能表达他的理论立场。

速的过程之间往复循环。所以,第一个区域的边界与第二个区域相连接,而第二个则与第三个相连。在较高的空气域,大气受地球流溢出的废气影响,变得更加纯净,也会因那些天体的影响而更加稀薄,此时,火光会尝试并企图变得持久,就像在较低彗星上的状态,它们的性质介于持久和短暂的恒星的性质之间;同样,太阳周围的天空或许星光点点,具有星空的性质。那些通过可靠而勤奋的观察所探测到的太阳黑子,可能是恒星物质的雏形(rudiments);[1] 但在木星上方的天空中也能看到绝对完美的星体,尽管它们很小,不借助望远镜就难以观测;再者,在星空的高处,繁星的性质更加分散,无数星体间的以太发出无数星光,我们似乎可以由此认为,闪烁另有他因,通常只有在极低的温度中才能产生星光。但我会在即将提及的有关星体和星际空间的实质问题中着重谈论这些事情。以上仅关涉系统的连结问题。

最后还有第五个问题,即系统的各个部分如何搭配,也就是天体的秩序问题。假设不存在一个系统,且星球彼此离散,或有一个以太阳为中心的系统,甚至天文学家又找到了某些新的系统,我们都需要探究行星间距离的远近,以及各行星与地球,或与被当成中心的太阳的距离。现在,如果我们接受古人的系统,似乎就没有理由继续坚持对四个上位天体,也即固定不动的星体、土星、木星和火星做新的探究。就它们的位置和秩序而言,每个时代的意见都出奇地一致,我们也找不到与之相悖的现象;计算它们的运动(由此我们可以推导出天空的高度,这是最为重

---

[1] 太阳黑子的雏形:这里和别处一样,培根用"rudimentum"来表示一种发育停滞的状态,或指事物正朝着更完美的方向发展,但还没达到完美的状态。举例而言,某些盐是"生命的雏形",天火的雏形构成了木星附近的小星体(卫星)。

要的证据）是适当的，并无任何不妥。但即使按照旧有系统，古人对太阳，金星，水星和月球仍持怀疑态度；与我们时代比较接近的人们亦对金星和水星有争议，焦点在于哪个更高。赞成金星更高的理由是它移动得更慢，而支持水星的理由则是它更接近太阳，所以人们认为它应当在太阳的旁边。相反，关于月球，尽管人们对它与太阳的距离意见不一，但从来没人质疑过它就在地球的旁边。

如果我们认真思考了这一问题，就不可避免地会涉及另一个与系统结构有关的问题：一颗行星是否有时交替经过另一颗，有时又会在它的下方。这种情况似乎能通过金星的例子得到合理且细致的证明，人们发现，它有时在太阳的上方，有时又在太阳的下方。同样绝对正确的问题是，低位行星的远地点是否会切断高位行星的近地点，并越过其边界。

关于系统各个部分的搭配还剩下最后一个问题，也即，该系统是否存在许多不同的中心，并有许多种旋转方式，特别是我们还把地球设为第一运动的中心，而将太阳设为第二运动的中心（按第谷的看法）。同样，木星也被伽利略设为最近发现的那些较小的卫星（wanderers，游星）的中心。①

那么，这就是有关系统的五个问题：它的中心是什么，它的高度有几何，彼此怎样连结，以及它那些被搭配起来的部分如何安排。然而，我不会去编造关于天空尽头和任何九重天（最高天，empyrean heaven）的论题或问题。因为我们并未记录这些东西的历史，也没观察它们的现象。因此，我们只能通过推论而非归纳来了解它们。故而对于这样的探究，我们既要有合适的时

---

① 这并不意味着培根认为这些东西实际上绕着木星旋转。

间,也要有一定的方法和手段。至于天空和无形空间,我们只能完全仰仗宗教,不去理会这个问题。① 柏拉图主义者和最近的帕特里奇(Patrizi)所说的那些话(能使他们在他们的哲学中得到更加神圣的尊崇),我认为是极不严谨的构思,因为这基于他们迷信,傲慢和精神失常,以及(像瓦伦丁[Valentine]的臆想和白日梦那样)恬不知耻和徒劳无功的想法。② 我们绝不能接受将如此荒唐的事情神化,就像神圣的克劳狄(Divine Claudius)所做的那样,如果我们对虚荣附以尊崇,其糟糕程度堪比一场瘟疫,将会极大地败坏我们的理智。

第七章

现在的问题来到了天体的实质上,即相较于月下区的物体,天体的实质一般是什么;相较于星体的实体,星际间以太的实质是什么;与其他的星体相比,与我们的焰火和其本身的性质相比,星体自身的实质是什么;银河的实质是什么;南半球上黑点的实质又是什么。现在我们的第一个问题是,天体究其本质是否不同于月下区的物体,以及这种不同可能是什么?

在讨论了与系统相关的问题后,我们必须把视线转移到有关天体之实质的问题上。对天体之实质的探究正好属于哲学,对其运动的探究也是如此;对运动本身及其偶然事件的探究属于天文

---

① 传统的基督教中,最高天是神和天使们的居所,是最高的天穹,超越可见的自然宇宙之外。培根认为可见的天穹是有限的,而最高天不是。

② 此处所说的柏拉图主义者无非就是帕特里奇提到的普罗克鲁斯、辛普利休斯和杨布里科斯。

学；而对其涌入和力量的研究则兼属两者。现在，天文学和哲学应当将事情如此安排：天文学喜欢最利于缩短计算的假设，哲学则喜欢最接近自然真理的假设。进而言之，天文学出于方便而使用的假设不应有损事实的真相，反之，哲学的规定也应与天文学的现象完全相容。然而，当下的情况正好相反，天文学的虚构被带进哲学，使之败坏堕落；同时，哲学家对天体的推测只是为了满足自己，而荒废了天文学，对天体的观察也是一概而论，并未注意特殊的现象及其原因。因此，既然这两门科学（就目前的情况而言）均如此草率和敷衍，所以我们必须站稳脚跟，将这两门科学视为一体，合并成一门科学，多年来，因为人们狭隘的沉思和教授们的实践，我们业已习惯了那种分割。①

因此，我们提出的第一个问题是，天体的实质是否与以下物体有所不同。巧舌如簧的亚里士多德轻率地为我们创造了一个源自第五元素的虚妄的天空，没有变化，甚至没有热量。② 暂且不谈四种元素，先说假设出来的第五元素。当他将气和火这两种元素与星体和以太相对应时，就完全破坏了所谓的基本物体和天体的关系，这

---

① 培根很反感数学天文学家对物理学（哲学）的干涉，并重申了天文学（虚构的领域，其唯一的理由是准确的预测）和物理学（其工作是解决有关天体的真实性质和运动的问题）之间的传统界限。对这一问题的讨论见 Rees, "Mathematics and Francis Bacon's natural philosophy", pp. 413 – 425. 对天文学和宇宙论之间日益模糊的界限的讨论见 R. S. Westman, "The astronomer's role", pp. 105 – 147。也见 Michel-Pierre Lerner, *Tre saggi sulla cosmologia alla fine del Cinquecento* (Istituto Italiano per gli Studi Filosofici: Lezioni della Scuola di Studi Superiori in Napoli, 14), Bibliopolis: Naples, 1992, pp. 11 – 43。

② 培根肯定会批判亚里士多德有关月下区的元素和月上区的第五元素的区分，因为这种区分违背了培根"自然应当统一"的信念。培根对亚里士多德元素的讨论见《新工具》（第1卷，第45则）。

无疑是一个冒失的举动，只可惜那人（亚里士多德）习惯耗费自己的智慧来自寻烦恼，实乃故弄玄虚。毋庸置疑的是，月球上方和下方的区域，以及包含于其中的物体在许多重要的方面不尽相同。同样可以肯定的是，每个区域的物体都有许多共同的倾向、激情和运动。因此，在适当考虑自然统一性的前提下，我们应当区分它们而非分离它们。但在异质性的问题上，存在一种错误的看法，即认为天体永恒，而较低等的则有朽，因为他们所谓的永恒并不属于天空，易变也不属于大地。当然，如果我们想要如实地考量地球，就不应基于我们所见的东西做出判断，因为人类肉眼可见的东西，没有一个是从超过三英里深的地方挖掘或吐露出来的，与整个地球的范围相比根本不值一提。

鉴于此，没有什么可以阻止我们认为地球内部不像天空本身那样具有永恒的性质。如果地球的内部发生了变化，则必然会使我们行走的地球表面隆起，程度远大于我们实际所见。地球表面那些我们能看到的变化，几乎总是在相同的时间出于一些明显的原因，从上方施加到我们身上。比如天空的骚动、降雨、热浪以及其他类似的情况，所以地球本身似乎并不是任何值得一提的变化的原因。但是，假如我们承认（这当然也很有可能），除了天体，地球也能对空气域产生影响，要么排出冷气，要么放出风或者其他类似的东西，无论怎样都涉及地球附近的区域。那么在此之中，只要是头脑清醒的人，就不会否认发生了很多变化。我们必须承认，地球上的各种现象，发生位置最深的是地震，以及相关的海啸、火山爆发、地裂和地缝等；即便是这些现象，也并非源自很深的地方，它们中的大多数通常只占地球表面的一小块区域。地震或任何其他类似的事件在地球表面所占的面积越大，其根源和起源就需被推测得越深，反之，面积越小，源头越浅。然而，如果某人声称有时会发生波及范围甚广的地震，我也完全同意。可这些事极为罕见，属于较大变动。因此，我们可以将它们当成较高区域的彗星，但这同样不常见。

我的目的并非简单地维护地球的永恒性，[①] 而是想要表明（正如我一开始所说），在永恒和变化方面，天空和地球没有太大区别。那种建立在运动原理上的有关永恒的观点同样是空谈，密实天体的同质聚集就像稀疏天体的自转一样受到永恒的影响，因为它们被撕裂的部分都以直线形式运动。这也能证明，地球内部的腐朽并不比天空本身更甚，通常一个地方的东西在被消耗后，就会有别的东西作为替代。现在，既然雨水和从上方落下的东西更新了地球的上层表面，就无法渗透到它的深处，而且，由于地球深处的质量和数量保持不变，因此它不会损失任何东西，也没有什么东西能作为替代。最后，地球外部那些明显的易变性本身也是偶然的。那个向下延伸数英里的地壳（其中包含那些高贵的工坊和植物工厂，也就是矿产）几乎没有任何多样性，遑论如此美丽和精妙的工艺了，除非地球的这部分向天体开放并持续地被它们刺激。但是，如果有谁认为太阳和诸天体的热量与功率（active power）可以贯穿整个地球，那他可能被当成迷信和狂热分子。因为很明显，一个小小的障碍物就能削弱并阻挡它们。

对地球恒常性的讨论就到此为止，我们现在必须要探究天体的易变性。首先，不能因为看不到，就说天空一尘不变。距离的远近、光线的强弱以及物体的细微和渺小都能让我们的视线受挫。

[①] 在亚里士多德的自然哲学中，天体的运动是圆形的，因为这是唯一永恒不变的运动。在月下区，自然运动是直线运动，因为它能将一个基本物体从其本来的范围中以最短的距离移回其本来的位置。培根的观点是，虽然直线运动最短，但一个物体回到其同质的范围时所享有的休息可能和天体的运动一样持久。

换言之，如果我们紧盯着月球周围，就无法注意到地球表面的变化，如洪水、地震、房屋、建筑或大型工程。隔着遥远的距离，这些东西看起来还不如一根小小的稻草。由于星际间的天空是透明的，在晴朗的夜晚，我们看到的星体数量与往常一样多，基于这一事实，没人能轻易地宣称整个以太体都是清澈、纯净和不变的。空气能够吸纳无数的热量、寒冷、气味，并能与各种更为细微的蒸气混合，而不会因此失去透明度。同理，我们也不该相信天空粗浅的表象。那些悬挂在天空较高位置的大片云朵，即便有时能遮天蔽日，也绝对无法改变朗朗晴空的表象，它们既不会因距离而被我们看到，也不会因相对巨型星体而言渺小的身躯而引发星食。此外，即便月球本身，除了受光的那一面，也无法改变天空的样子。换言之，如果没有光，就算像月球那样巨大，我们也看不到。

另一方面，通过那些以体积和大小克服距离和空间的物体集合，及因其光亮进入我们视线的物质，我们能十分轻松地发现，天上的确发生了奇妙的变化、产生了新奇的事物。我们看到，更高级的彗星，也即那些具备星体形状且无尾巴的天体，它们不仅通过视差原理被证明在月上区，而且还与固定的星体维持着某种恒定的形态构造，以保持它们的相对位置，不至于沦为流星。我们这个时代已不止一次发现过类似的东西，先有仙后座，后有蛇夫座。① 但有种观点认为，彗星身上的恒定性源自它们对某些星

---

① 培根在《论事物的本性》中没有提到蛇夫座的新星（可见于1604—1605年）。这能证明《论事物的本性》成书于1604年之前。据此，我们很容易察觉天体的变化，就像我们观察仙后座的那样（可见于1572—1574年）。此处和别的地方，培根似乎认为新星是一种固定的、没有彗星式尾巴的星体。这种"彗星"比"小彗星"（Cometis humilioribus）更持久，这也与亚里士多德的看法一致，属于月下区，根据《天体理论》和《论海水的涨落》，它由处于

体的追随（此乃亚里士多德的意见，他认为一颗彗星和单一星体之间与银河系和其他星系之间的关系大致相同，但两方面均错误），这种观点早已被摒弃，亚里士多德的理智名声为此付出了相当大的代价，因为他竟敢以浅陋的想法推出这类事情。

其实，与新星有关的天体变化不仅适用于即将消亡的星体，也对那些固定不变的星体有效。在希帕克斯（Hipparchus）的新星案例中，古人谈到了它的出现，但对其消亡却只字未提。最近，我们开始观察位于天鹅座顶部的一颗新星，它已经持续了整整十二年，远超一颗彗星应该停留的时间，但却仍未变小，也没准备飞走。另外，通常而言，没有特殊情况的前提下，旧星体不会有任何变化，而最近才出现的那些星体如果有什么变化，也不是多么稀奇，因为它们的产生与起源并非无迹可寻。

抛开阿卡迪亚人有关月亮起源的传说不谈，若要寻找他们自诩更古老的事件，在可靠记忆中也不乏这样的例子：在没有发生日食和被云层遮挡的情况下，空气清澈而平静，太阳分别出现在三个场合，其外观的改变持续了很多天，但每次所受的影响都不一样：其中有一次出现了日晕，有两次出现了红褐色的

恒星火焰的永恒性质与地球的临时性质之间的火焰物质组成。这表明，那个时期培根还是认为彗星主要是月下区的现象，尽管他此时肯定已经读过帕特里奇的著作，帕特里奇认为彗星位于月球的上方。较高和较低彗星之间的区分再次出现于《新工具》（第2卷，第36则），但并未细谈。在那里（《新工具》，第2卷，第30则），彗星一般被当成介于恒星和炽流星（fierymeteors）之间的东西。同时，培根抨击了亚里士多德的看法（《新工具》，第2卷，第35则），即彗星跟随或与特定的某个星体相联系；吉尔伯特对此亦有批判，关于那个时期的彗星理论，见 P. Barker and B. R. Goldstein, "The role of comets in the Copernican revolution", *Studies in history and philosophy of science*, 19, 1988, pp. 299–319; Michel-Pierre Lerner, *Tre saggi*, pp. 73–104。

太阳。此类事情在公元 790 年有十七天，查士丁尼时期有半年，尤利乌斯·恺撒死后有若干天。对于尤利乌斯那次出现的黑色太阳，维吉尔的证词引人注目：

> 他在恺撒死后十分怜悯罗马，
> 便将自己光亮的脸庞埋藏于阴郁的黑暗中，
> 一个不虔诚的时代要畏惧永恒的黑夜。

此外，奥古斯丁提过瓦罗（Varro）的记述，后者是一位最专业的古物学家，他说过，俄古革斯王朝（King Ogyges）时期，金星的颜色、大小及形状发生了变异，如果不是我们这个时代（1578 年）发生过类似的著名且壮观的事情，我们很可能会怀疑它的可靠性。当时，金星也发生了一件令人难忘的新奇事，并持续了整整一年，其大小和亮度异乎寻常，比火星还红，形状也历经数次改变，时而呈三角形，时而呈方形，有时又会变回圆形，似乎它的质量和实质都在不断变化。另外，亚里士多德说他看到位于天狼星尾部的那颗古老的星体有一条正在晃动的尾巴（特别是对那些漫不经心的观察者来说），这条尾巴现在似乎有所改变，它消失不见了，我们已探测不到它的存在。[1]

还有一个事实是，由于观察者的疏忽，我们很容易忽略天体（尤其是那些较小的星体）的变化。[2] 但是，即便一个门外汉，也很快就能反应过来，这些事情并不受蒸气和介质状态的影响，但如果我们看到哪一颗星体的本体受到持续、均匀且长时间的变化之影响，并随着星体旋转，那么，我们就可以认为这些影响完全

---

[1] 亚里士多德，《天象学》，343b。
[2] 亚里士多德，《天象学》，344b。

在这颗星体内部,或至少是在临近它的以太中,而非在较低的空气域;同样有力的证据是,这些变化并不常见,且间隔时间特别长,但在那些混入蒸气的空气中,该现象俯拾皆是。

但若有人因天空的秩序与其运动的规律性就认为天体是永恒的,并将它们的运动周期和重置(restitution)的可预测性当成其永恒的确凿证据(因为有朽的物质很难具有运动的恒定性),那么,他就需要更加留意身边的事物了。地球上某些事物的更迭往返,与天体在轨道上的交替轮回并无二致,最直观的例子便是海洋中的潮汐运动。但天体的周期之间常会有一些细微的变化,这就不是我们能看到或者计算的了。① 我们不能再把天体的圆周运动作为永恒的论据,即不能认为圆周运动永不停歇,且不朽的运动只适用于不朽的物质。② 位于月球下方的低位彗星也能凭借自己的力量旋转,除非你刚好相信它们与星体存在关联。当然,如果我们硬要通过天体的圆周运动来论证它们的永恒性,那就应当将其推广至整个天空,而不仅是它的某些部分;对于空气、海洋和大地而言,尽管它们在质量上永恒,但它的部分却会消亡。从反面来说,通过旋转运动论证天体的永恒性并非良策,因为天体的这种运动,就其本身而言并不完美,每一圈也不新像一个完整纯粹的圆那样精确,而是带有偏离、曲折和螺旋的。③

此外,我说过,地球上发生的变化出于偶然,它们之所以这样,是因为地球受天空的影响。现在,如果有人把这句话扔回给我,认为天上的情况完全不同,我倒不会奚落他的反对意见,他

---

① 培根不止考虑到了潮汐,还兼顾了昼夜风和地球磁极。
② 亚里士多德,《论天》,277b–279b。
③ 有关这些运动见《天体理论》。

可能会说，无论地球发生什么都不能影响天上的物体，因为地球所做的一切都止步于天体之外，更可能的情况是，在有害影响的力量之外，天体有其永远持续的东西，因为它们丝毫没有被相反的性质动摇或破坏。我并不赞同泰勒斯的朴素想法，他认为从大地和海洋上升华的蒸气是天火的来源，能不断为其提供原料，并促其代谢（那些蒸气再以同样的数量回落，然而，地球和诸天体根本无法同时更新，它们也无法上升到如此高度）。

但是，无论地球的流射物在天空下方多远的距离驻足，如果地球如巴门尼德和特勒肖所说，是原初的冷（primal cold）的发源地，我们就不能轻易地断言，这种与天空对立的力量会逐步到达如此之高的地方，尤其是那些受冷热影响的稀薄物体，更不可能被带到这么远的地方。① 虽然现在我们知道，天体并不受地球的影响，但这一观念仍旧没错，即认为天体能相互作用，并改变彼此：太阳受星星影响，星星又被太阳影响，两者均能影响行星，而这一切又受周围以太，尤其是地球两极的以太的影响。

此外，天文学家们为证明天空的永恒性已经做了很多努力，最有力的论据似乎源自他们对天空机制和构造的描述。鉴于此，他们已经非常小心地使天体除了简单的自转以外什么都不做，只需保持静止，免受干扰即可。故而他们假定，星星的本体应像钉子一样被固定在各自的轨道上。然而，对于它们各自的倾斜、高度、凹陷和弯曲，天文学家们设计了许多厚度适中的完美圆圈，认真使之转动并打磨其中凹凸不平的地方，使圆圈不再有任何突起或者粗糙之处，星体能在其中畅快移动，另一颗紧跟其后的星

---

① 对照《论本原和起源》。其中，培根否认特勒肖的地球理论能应用于天体。

体亦然——这种永恒不朽的秩序消除了所有的暴力和骚动,的确是腐化的不可分割的预兆。

当然,如果是像星体这样巨大的天体穿过以太,却总不经过相同的地方,而是每次都穿过极为迥异的区域——我们看到,它们有时会出现在较高的区域,有时又会朝着地球坠落,时而转向南方,时而转向北方——那天上必然会出现许多令人印象深刻的灾难、震荡、往复和波动,这些天体可能会由此进一步凝结,或变得松散,为接下来的生产和改变铺平道路。① 其实,物理原因和现象本身就能证明我最后说的这件事,而我前面提到的天文学家们捏造的东西(对所有心智正常的人来说)俨然是在亵渎自然,完全没有任何根据,因此,同样地,我们也要批判与天体之永恒性有关的想法。

现在,倘若有人借着宗教的名头提出异议,我想回答他:只有傲慢的异教徒才会认为这种永恒性仅属于天空,相反,圣经授予大地和天空同样的永恒性。它告诉我们,"如日之恒一般,又如月亮永远坚立、如天上确实的见证"。② 还有"一代过去,一代又来,地却永远长存"。③ 至于它们短暂性和易逝性,经文中的一则神谕已经给出了答案:"天地要废去,我的话却不能废去。"④

---

① 指在天体上分割(cutting)以太从而产生了往复,凝结,印迹等。该概念与培根关于物质的普遍和广泛的激情学说相吻合,即某些类型的变化既存在于月下区,也可见于月上区。

② 参圣经拉丁通行本《诗篇》,88:38:"et thronoseius sicut sol in conspectumeo | et sicut luna perfecta in æternum | et testis in cœlo fidelis."和合本见 89:36 – 37。

③ 参圣经拉丁通行本《传道书》,1:4:"Generatio præterit et generatio-advenit, terra autem in æternum stat."

④ 参圣经拉丁通行本《马太福音》,24:35:"Cælum et terra transibunt, verba autem mea non præteribunt."

接下来,若仍有人坚持认为,地球的表面及临近它的那些部分有着不计其数的变化,而天上却没有,我会如是答道:我并不认为这两件事方方面面都如出一辙,相反,假如我们将所谓的高空区域和中空区域视作天空的表面或内部护罩,就像我们把地球那些包含动物、植物和矿物的空间当成它的表面或外部护罩一样,那我们也能在天空中找到各式各样的变化。因此,我们发现,几乎所有的动荡、冲突和分裂都只发生在天空和大地的边界,正如政治事务中,我们经常能看到两个王国的边境会受到持续不断的入侵和暴力,但每个王国的内部行政区却享有长期的和平,它们仅在更大更罕见的战争中才会被波及。

至于天体异质性的另一个方面,即(如亚里士多德所说)它们并不是热的,否则赫拉克利特的活火便会随之而来。但是,它们只能借由空气的摩擦和分裂产生热量,我不知道他这种逃避经验的做法除了违背古人们的共识,还能达到什么目的。[①] 不过,这对他而言也不是什么新鲜事,从经验中攫取某一东西后,对自然的态度直接就变得狂妄无礼,优柔寡断的同时还专横独行。姑且先这样,我稍后会在讨论星星是不是真正的火时再说这个话题。另外,在我有关德性志的计划中,我将更加全面和精确地探讨热和冷的起源和发源地,对于必有一死的凡人而言,这是一个至今尚未被发现和尝试的问题。那么,有关天体异质性的问题就以这样的方式来述说吧。这种方式可能要求我们与亚里士多德的观点作无休止的纠缠,但我并不打算这样。

还有一个问题需要解决:星际空间的内容是什么?它们要么

---

① 见亚里士多德,《论天》,289a. 尽管亚里士多德在那里并未提及"赫拉克利特的活火"。

是一片虚空，要么如吉尔伯特所想，充盈着一种物质，它们之于诸星体，正如空气之于火焰（这是以一种友好的方式在理解），要么就是被一种与星星本体同质的物体所填充，我们可以将其理解成等级稍低的清澈星体，即一堆不那么耀眼和明亮的光——把星体当成天空的某个致密部分，这似乎已是共识。然而，既然这种清澈物质具有透明的特性，我们何不将其作为传递更强光线的介质呢？特勒肖曾敏锐地指出，即便是寻常的空气，其内部也含有一些光，他的理由是，某些动物在夜间也拥有视力，它们的眼睛无疑已经适应了这种微光环境，进而得以接收并利用这些光。那就不可能一点光都不需要，哪怕是视觉感官内部的那一点光。我们看到，火焰本身是一种透明的介质，但它却能穿透某些不透明的物体，例如蜡烛的灯芯；比火焰更强的光则能透过更不透明的物体。且火焰本身的透明度亦不同。这与该物体的可燃性（nature of inflamed）及数量有关。牛油和蜡的焰火较为明亮（暂且这么说），也更猛烈，但酒精（spirit of wine）的焰火则不那么有力，就像空气一样，尤其是当酒精的数量不多时，它的焰火就会更加稀薄。

我曾亲手做过一个实验，将一支蜡烛直立放在支架上（须用金属支架，以免蜡烛被其周遭的火焰影响），再将支架置于一个盛有少量酒精的盘子里。接着，先点亮蜡烛，再点燃酒精，我能通过火焰这一介质明显地观察到，蜡烛闪耀着白色的光芒，而酒精那微弱的光亮则趋近透明。[①] 同理，我们经常能看到一束明亮

[①] 该实验及其反馈见 Rees, "Semi-Paracelsian cosmology", p. 96; idem, "The fate of Bacon's cosmology in the seventeenth century", *Ambix*, 24, 1977, pp. 27 – 38, pp. 28 – 29。

的光束划过天际，发出耀眼的光芒，照亮夜空，不过，借助这束光，我们仍能看到天上的点点繁星。然而，星体和星际以太之间的这种不等并不能以其稀薄与密实的程度来很好地界定，好像星体无疑更密实，而以太更稀薄似的。一般而言，我们所知的火焰会比空气更精妙、稀松，我的意思是，单位空间内它的物质数量更少，天上很可能也是如此。

但是，如果前面提到的那些天文学家的意思是，星体就像宇宙这个大球体中一颗被钉子固定住的东西，而以太则起承载的作用，那这个错误就太令人反胃了。这纯属虚构，就像他们说星体的运动轨道彼此相邻一样。要么星体在其运行的过程中穿过以太，要么以太本体同样做旋转运动。如果以太不以同样的运动节奏做旋转，那星体肯定就要穿过它。但这种相邻的轨道结构并不真实——外侧轨道的凹陷要承受内测轨道的凸起，又由于每一个轨道都具有平滑的特性，导致即使它们的转速不同，彼此也互不妨碍——因为以太的本体如空气一样是不间断且连续的。尽管我们发现两者在稀有性和其他方面都有很大差异，但为了阐述的目的，我们非常恰当地区分了它们的区域。所以，这个问题就采用我所解释的方式吧。

接下来是另一个令人头疼的问题，它关涉星体的实质。我们首先要问，除了地球本身之外，是否还有其他由固体和致密物质组成的星球或质量集合。那本关于月球轨道表面的书十分严肃地提出了这一猜想，即自然在分配物质的时候，不太可能将所有致密的东西都塞进地球这一个地方，只把那些罕见且难以凝聚的物质分给其余所有星球。但吉尔伯特对该想法却极尽夸张之能事（尽管如此，就此而言，他也有一些古人作为先驱，更确切地说，是作为向导），他声称，不仅是地球和月球，还有许多其他散落于广袤宇宙中的发光星球,均被分配了固体和不透明的物质。①他的观点不止于此,他还认为那些外表闪亮的星球,即太阳和最耀眼的星星,仅由一种固体构成,尽管它们更加绚烂与规整,他就此将原始的流光(lux)与被视为流光之映像的流明(lumen)混为一谈(他认为即使是我们的海洋也能投射出一定距离的光)。吉尔伯特承认,除了固体物质之外,其他东西皆不能聚集成一个天球。他还认为,围绕在这种物质周围的那些罕见且稀薄的东西只是一种流射物,类似于星球的逃逸物,它们之外的地方便是真空。②

现在,最勤奋且最清醒的自然调查者或许已经在心里接受了这一理念,即月球是由固体物质构成的。月球能反射光线却不能透过光线,就像它自己并不发光一样,构造上也不怎么均匀——这些都是固体的特性。我们看到,以太和空气这两种稀薄的物体,能吸收太阳的光线,却不能像月球那样反射它。事实上,太阳光的力量足以穿透稠密而富含水分的云层,但对月球却束手无策。不过,我们偶尔能在日食的时候看到些许月光(尽管很模糊),但在新月和弦月中,除了被太阳照亮的那部分,我们检测不到任何光亮。此外,不纯和浑浊的火焰(恩培多克勒认为月球由该物质构成)肯定也不等,但这些不等并非原地不动,反之它

---

① 培根第二次批评月球是坚硬的说法见《新工具》(第 2 卷,第 36 则),培根对月球性质的讨论见《天体理论》。吉尔伯特引用了泰勒斯、毕达哥拉斯、阿那克萨哥拉和德谟克里特等古人的观点,认为月球和地球一样。吉尔伯特在论述月球之坚硬和不透明的性质时,还附上了自己画的月球表面草图。

② 培根否认星际真空存在的观点见《天体理论》。有关真空存在的相关实验见《论本原和起源》。

们大多可以移动，而月球上的斑点则被认为是不变的。还有，那些用到了望远镜的研究表明，这些斑点自身也有细微的差别，所以我们现在发现，月球的形状显然不尽相同，吉尔伯特梦想中的月相图已在伽利略等人的努力探索下得以实现。[1] 但是，如果月球是由某种固体物质构成，并成为地球的亲密伙伴、苍穹的沉淀物（此类事物遍地都是），那么，我们必须要探究它是否为孤例。

我们有时候也能看到水星与太阳结合在一起，就像太阳上的一个小斑点或微小的日食。[2] 但我们在南半球发现的像银河一样固定的杂黑斑点，即使处于在苍穹的较高区域，也会给不透明的星球带来巨大的不确定性。但这其实不太可能，因为苍穹较为稀薄且充满空洞，况且我们绝无可能看到相距如此之远的东西被缩小或者消灭，即使存在以太体的剩余部分，也得有星体作为衬托，否则根本无从辨认。更为合适的做法是，将这些黑色的斑点归结为光的缺失。因为我们很少能在苍穹的那个部分看到星星，但却能在银河的周围见到很多，所以可能的情况是，某个地方持续发光，而另一个地方阴暗无光。

南半球上的天火似乎比我们这边的更密集，星空也更为广

---

[1] 培根无疑知道了伽利略对月球表面的观测和草图，见 *Sidereus Nuncius*, in *Le Opere di Galileo Galilei*, ed. Antonio Favaro, 20 vols., G. Barbèra：Florence, 1890 – 1909, repr. 1929 – 39, 1964 – 66：III, Parte Prima, pp. 66 – 67。至于伽利略草图的影响见 Mary G. Winkler and Albert Van Helden, "Representing the heavens：Galileo and visual astronomy", *Isis*, 83, 1992, pp. 195 – 217。

[2] 有时候太阳黑子的出现会被解释成水星凌日。开普勒错误地认为他在 1607 年 5 月目睹了这样的日食现象，见 *Phænomena singulare seu Mercurius in sole*, Leipzig, 1609。也见 J. D. North, *The universal frame：historical essays in astronomy, natural philosophy and scientific method*, Hambledon Press：London, 1989, p. 111。

衮，其中星体数量虽少，但体积更大。然而，观察者们对这些斑点的报告尚不能完全说服我们，或者说，他们在此项研究中付出的努力还不够，故而得不到有价值的结论。就目前的探究来说，更有意义的结论是，以太中可能有许多分散着的不透明物体，只是我们压根看不到。每当恰逢新月，只要有阳光照射，它的棱角和纤薄的外缘就格外扎眼，中间部分则毫不起眼，后者就像以太的剩余部分；伽利略在木星周围发现的那些小卫星（假如此报告可信）就像一些微乎其微、且不那么显眼的岛屿，沉没在以太的汪洋中，消失不见了；同样地，那些聚集在一起组成银河的小星星①，如果各自散开，而不是集中一处，我们就完全看不到了，就像许多在晴朗的夜晚，尤其是在冬天闪闪发光的星星一样。

另外，那些星云状的星星或鬼宿星团的开口现在已被望远镜编号为不同的星体。事实上，利用同一台望远镜，我们也能在所有光源最纯净的那颗星体（即太阳）上发现一些疑点，如存在斑点、不透明物以及不均匀的现象。② 但如果没有别的什么，天上的星体会有一个从极明到极暗的梯度，必然会让我们相信不透明星球的存在。从一颗星云状星体到不透明星体的距离似乎要小于非常明亮的星体到星云状星体的距离。但我们的视线显然受到了欺骗和限制。那些没有巨大体型，也没有明亮强光的分散着的星

---

① 其他涉及木星的"星星"的说法，以及培根对这些发现的谨慎解释，见《天体理论》和《新工具》（第2卷，第39则）。培根对银河的看法见 Paolo Rossi, "Galileo e Bacone", in *Saggi su Galileo Galilei*, ed. Carlo Maccagni, G. Barbèra Editore：Florence, 1972, II, pp. 248 – 296。

② 太阳黑子就像发展中的木卫那样对称；伽利略直到1613年才发表他的观测结果。J. Fabricius 在他的书中预料到了这两点，见 *De macu personality, tradition and revolution*, University of Michigan Press：Anne Arbor, 1970, pp. 177 – 199。

体各自隐匿，不会改变天空的面貌。

如果有人怀疑致密的星球能否继续悬挂在空中，缺乏经验的人其实不需要担心。不仅只有地球悬垂于极柔软的空气当中，大量的富水云层和冰雹也聚集其内，它们接近地面之前，与其说是坠落，毋宁说是在被迫下降。对此，吉尔伯特很好地注意到，当重物被放置在离地球很远的地方时，它们会逐渐失去坠落的倾向，因为坠落的原因无外乎是物体的一种欲动，这种欲动会联合起来，并聚集在一起坠向地球（地球是大量同质物体的集合），它们坠落时会被限制在各自本有的轨道内。至于他们所说的朝向地球中心的运动，肯定是某种看不到的强力之作用，能将如此巨大的物体拖向它，这并非由一个物体作用于另一个物体。因此，这个有关不透明星球和固体星球的问题，虽然是新的，对一般的看法而言也很难被承认。

让我们将其与一个古老但一直没有定论的问题联系起来：哪些星体的光是自身的，哪些又是来自太阳——前者似乎与太阳的实质一样，后者则与月球一样。总之，在所有关于星体实质差异的探究中——它们看起来花样繁多，有的火红，有的铅灰，有的苍白，有的灿烂，有的朴素，有的则始终黯淡无光——这便是我想讨论的第七个问题。

另一个问题是，星体是不是真正的火，我们在回答这个问题时还是需要些许判断力。因为说星体是真正的火是一回事，说星体（尽管它们是真正的火）具备普通火焰的所有力量，并能行使与普通火焰相同的作用又是另一回事。但我们并不应该因此被带到一些想象中的火里面，它们虽然保留了火的名称，却没有火的属性。如果我们的火也以多如繁星的数量被放置在以太中，它的效果与我们现在看到的不一样，因为实体（entities）的德性会因数量和相对位置或组合方式的不同而相差甚远。对于更大的质量集合而言，比如说，按照与宇宙总和相似的某种数量关系聚集一批同质的物体，在后者身上，我们完全看不到任何宇宙的德性。又如海洋，它是水的最大聚集地，具备潮起潮落的德性，而池塘和湖泊则不然。同样，整个地球都是悬浮的，但它的一部分在坠落。

鉴于友好和敌对事物的相邻和接近，一个实体的组合方式也是极其重要的，无论是较大的部分还是较小的部分。但恒星之火与我们这里的火的作用确有差别，两者不仅数量和组合方式不同，在实质上也有很大的差异。恒星之火是纯粹、完整且原生的，而我们这里的火是次生的，就像摔倒在大地上的火神伏尔坎一样残缺不全。如果有人注意到这一点，地面上的火就显得不那么合适了，它蜷缩不前，遇到危难时靠乞食为生，四处漂泊。但苍穹之火却处于适当的位置，远离任何相反物体的压力，被与自己类似的东西稳定支撑，不受干扰地自由活动。因此，帕特里奇没必要为了保存在我们这里发现的角锥状火焰而提出这样的想法：星体的上半部分，即朝向以太的部分可以是角锥状，即使我们所见的下半部分仍是球状。火焰的角锥状样式出于偶然，因为火焰在源头附近比较饱满，往上逐步被空气的敌意挤压，并塑造成角锥的形状。因此，火焰的底部宽，顶部尖；另一方面，烟雾则是底部尖，顶部宽，就像一个倒立的金字塔，其原因莫不是空气渗入了烟雾，却压缩了火焰。它很合理地解释了为什么我们这里的火焰呈角锥状，而天上却是球状的。

同理，我们这里的火焰并不持久，但以太火焰却恒久且耐用。然而，即使是我们这里的火焰，如果没有被周围的事物干扰，它也能存活并保持自己的形态，较大的火焰尤其如此。因为位于火焰中间部分并没有消失，而是保持尚未熄灭的状态，以同样的数量迅速上升。但它侧面的火焰却逐渐熄灭，开始消亡了。我们可以使用两种颜色的火焰来做实验，以证明它的工作原理（即球状火焰的内部如何保持恒久性，而角锥状火焰的外部为何稍纵即逝）。

再有，就猛烈程度而言，天上的火和我们这里的火相差甚远。① 前者可以像在家里一样自由而平静地舒展自己，而我们这里的就像被关进了一个陌生的地方那样恣意燃烧。当火焰全都挤在一个地方被关住时，它会变得更加猛烈。此外，天上的火到达更为密实且更为顽固的物体上后，会舍弃自身的礼节，变得更加炽热。所以亚里士多德不必担心赫拉克利特的活火会冲击他的世界观，即使他相信星体是真正的火。因此，这个问题就采用我的解释吧。

接下来我们讨论另一个问题，星体是否得到了滋养，以及它们到底有没有增长、消减，以及生成和熄灭。确实曾有一位古人通过粗浅的观察相信，星体就像火一样被喂养，它们以地球上的水、海洋以及湿气为食，通过吸取蒸气和呼出气体来恢复自身。此观点显然不能为虑。因为那样的蒸气远不可能到达星体的高度。它们既不足以任何方式恢复水和地球、雨水和露水，也不能更新如此众多的巨大天体。因为大地和海洋中的水多年来显然未曾减少，所以补充的水分和流失的水分似乎守衡。滋养的原则同样不适用于星体，也不适用于我们的焰火。这一原则是，不管在哪里、是何物，只要它消失不见了，就会被别的东西取代并同化（assimilation）。这种同化常见于混乱的地方，起始于含有相反或

---

① 根据《天体理论》，微弱的地面火会受到周围以太的压制；而更强大的恒星火则不受以太那些杂乱的媒介干扰。

相异物体的环境中。但在星体内部物质统一的地方就不会发生这种事情，正如地球内部的物质自身并未得到滋养，也不需要通过同化保持其实质，只需在同一性（identity）中保持其实质。

至于恒星体的外层，我们有理由发问：它们是保持在一个相同的状态，还是会吞噬周围的以太，再与之混合。因此，在此意义上，也可以提出一个与星体供给有关的问题。除此之外，还有关于星体整体的增长和消减问题，尽管能够引起这一疑问的现象极其罕见。首先，我们在地球上找不到这种或类似的例子作支撑，因为我们的地球和水作为一个整体，似乎并未有过明显的增长与消减，总是保持质量和数量。但就我们所见，星体似乎有时更大，有时更小，这是真实存在的。但恒星的这种变化可能由于它们和地球距离不同（如行星的远地点和近地点），或是介质的成分所致。

现在，我们可以很容易辨认出由介质成分引起的变化，因为它不是单独改变某一个星体，而是所有星体的外观。就像冬夜严寒的霜冻中，星体看起来更大，因为此时的蒸气上升较少，且又易被压缩，使得空气整体有些凝结，趋向于液态或结晶态，进而放大星体的轮廓。现在，假如某种特殊的蒸气恰好居于我们的视线和任何星体之间，它就会增大星体的轮廓（这种情况在太阳和月球上很明显，且经常发生，其他的星体也可能如此），我们不要被它带偏，因为星体大小的改变并不持久，也不会跟着星体或随其本体移动，星体很快就会摆脱它并恢复正常。

然而，我还是认为第九个问题的这一部分是正确的。我的理由如下：无论古代还是我们这个时代（当时它是一个著名且壮观的景象），金星的大小、颜色，甚至形状都发生了很大的变化；一个变化如果能不间断地跟随任意一颗给定的星体，并随本体一同旋转，那么我们就应视这种变化为星体自身本有，而不是介质诱发的，由于缺乏观察，天上的许多可见事物都被我们忽略和丢失了。

　　该问题的另一部分同样如此，在漫长的公转过程中，星体是否有创造和毁灭的活动，比起星体的增长问题，有更多的现象（尽管只有一类）纷至沓来，只为让我们先思考这一问题。至于那些古老的星体，在有记载的历史中，从未有人目睹过它们当中任意一颗首次升起（抛开阿卡迪亚人从前捏造的关于月球的故事），也没有哪颗星体消失过。然而，某些被当成是彗星的物体，却具有恒星的形状和运动，就像一颗新的星体，我们已然见证过（同样也从古人那里听到）星体的出现和消失，尽管有些人觉得它们可能耗散完了，有些人则以为它们被带走了（因为，它们在近地点时离我们很近，然后又会回到更遥远的地方），但在其他人看来，它们好像又变得更稀薄，并溶于以太当中了。但我会在之后讨论彗星的地方再谈新星体的问题。

　　这里还有另一个有关银河的问题，即银河是一个由许多极小星体聚合而成的物体，还是一个由连续物体和部分以太聚合而成的物体，因而具备以太和恒星之间的中间性质。有关呼气的理论早已过时了，这也有损亚里士多德聪敏的名声，他竟敢编造这类东西，给一个如此恒定和被固定的东西赋予短暂可变的性质。如果我们相信伽利略的报告，我说的这个问题似乎也快要解决了，他把各种混乱的光分别安置给编号不同的星体。事实上，银河没有隐藏其中的星体，这无疑并不能解决该问题，也没有使我们更相信某种说法，认为银河由分散的繁星组成，或由连续的东西组成；或许，它（亚里士多德的观点）只是用一种否定的方式在证明，银河并不在恒星域之下。因为如果是这样，再考虑到银河由连续部分组成，那么银河就会遮挡我们的视线，使我们看不到星空。但如果银河和恒星域处于同一高度，为什么星体不能像在以太中的分布一样，零散地分布于银河中呢？因此我也承认这个问题。

所以这六个问题是在讨论天体的实质：通常而言，天体的实质是什么；星际间以太的实质是什么；银河的实质是什么；以及星体本身的实质是什么，无论是它们彼此相互比较，还与我们这里的火相比，抑或与它自身的本体相比。① 但关于星体的数量、大小、形状和距离的哲学问题，（把这些问题与接下来要谈的现象和历史记录问题分开）是相当简单的。②

关于数量还有另一个问题，那就是星星的数目是否如它看起来那样，是否如勤奋的希帕克斯观察、记录并囊括在其天球模型中的一样。③ 但是，他们对晴朗的夜空，尤其是冬季夜里中的大量隐匿的、近乎看不见的星体的解释尚不充分，因为这不是小星体的表象，而是来自已知星体的辐射、闪光以及（可以说是）光束；伽利略现在已有计算天体总数的新点子，它不仅能算出银河这一总体，还能算出行星的位置和行列。④ 然而，星体变得不可见，要么是因为其体积小，要么因其不透明（我并不完全赞同用稀薄这一术语，因为纯粹的火焰就是一种极其稀薄的物体），要么是延伸和距离。至于新增星体的数量，我会推迟到彗星的部分讨论。

---

① 培根驳斥亚里士多德理论的说辞和他驳斥斯塔利亚人有关彗星的看法时的说辞一样。至于亚里士多德的理论，见《天象学》，345a – 346b。

② 培根在此区分了"现象"（单纯的外观）和哲学意义上的（也即物理学）真实。

③ 尼西亚的希帕克斯（Hipparchus of Nicaea，公元前 2 世纪），是第一个绘制了星体位置索引的希腊天文学家。

④ 此处的行星中的"星体"是指木卫。

现在，恒星的大小、与现象有关的表面大小，及真正属于哲学探究的实际大小——都在第十二个问题①的范围内：每颗星体的真实大小是多少，绝对大小抑或（如果不是）相对的大小又是怎样？相较而言，虚构或证明月球的体积小于地球更简单，但论证月球大小的具体数值则很难。因此，我们必须努力发现精确的数值，如果不行，就用相对大小来表示。现在，真实的大小是通过日食和阴影，或光的延伸以及其他德性——物体发出的光及传播距离与自身的大小成正比——推演出来的。最后是通过宇宙的对称性，②其通过一种必然性来调节和限制同质物体的各个部分。然而，我们绝不能依赖天文学家流传下来的对星体真实大小的记录，尽管这似乎是一件非常精确且精妙的事情，但他们做过的工作还是太松散和粗心了，所以我们必须要寻求（如果有的话）更可靠和真切的证据。但是，星体的大小和距离可以通过光学计算的方式相互揭示，而这种方式本身也应当接受检验。那么，有关星体大小的问题就是第十二个问题了。

　　接下来是另一个关于其形状的问题，即这些星体是否为球

---

　　① 埃利斯否定了"第十二个问题应该是前一个问题"（即关于星体数量的问题）的想法。当然，前文已经提出了十一个问题：上一章的开头就列举了五个问题，本章临结尾部分又提了六个问题。至于埃利斯的想法，这里倾向于认为，有关星体数量的问题不是本文讨论的主要问题。

　　② 对称这个词在培根的作品中极为罕见，对称似乎指物体以某种方式彼此适应时所形成的情况。目前尚不清楚培根如何通过星体的对称性来确定其大小。可能的情况或许如下：如果一个物体要保持其存在，那么任何给定的实质在这个物体中所聚集的数量都是有限度的（上限和下限）。因此，若能计算恒星火的极限，就能知道最大的星体有多大，最小的星体有多小。培根对确定这样的自然边界很感兴趣。另一方面，说得更简单点，他可能是在考虑天文学的特殊用法中的对称性。

状，换言之，物质是否聚集为一个实心的球状物。现在看来，天体似乎有三种形状：像太阳一样的竖满刚毛的球状、像星星一样的布满尖角的球状（刚毛和尖角仅指我们看到的东西，而球状才是它们的实质），以及像月球一样的简单球状。没有哪一颗星体是椭圆形或三角形或正方形，抑或其他形状，为了保存和更完善的结合，大量的物质似乎会自然而然地聚集成球状。

第十四个问题与距离相关：苍穹深处任意两颗星体的真实距离是多少？行星之间的距离以及它们与恒星之间的距离，无论是横向还是环绕苍穹的周围，均由它们的运动决定。但正如我在上文提到过星体大小的计量——如果我们不能测量出精确的大小，就必须用相对大小，因此，对于它们之间的距离，亦复如是：如果不能测出精确的距离（例如，从地球到土星或木星的距离），那就必须确定土星比木星更高。即使就天体系统的内部（也即行星的排列顺序与它们高度之间的关系）而言也并非全无争议，现下流行的理论放在以前就没人相信。哪怕是现在，对于水星和金星孰高孰低的争论仍尚未解决。现在，我们计算距离的方法有：视差、日食、运动，以及表观大小的差异。此外，应该设计其他的辅助工具来解决这个问题，这是人类现今的工业能够办到的。另外，天球的厚度或深度也适用于计算距离。

天体理论

既然我在各方面都遇到了很大的困难,如果我能叙述一些不那么难以接受的事情,我必定会感到满意。因此,我将根据迄今已知历史的尺度去构建一个属于我的宇宙理论,我保留对这些问题的判断,直到我的归纳哲学在历史中沉淀得更加成熟。现在,我首先会提出一些关于天体物质的观点,以便更好地理解它们的运动和构造,然后再提出关于运动本身的想法和结论(这是目前的主要问题)。①

自然在分配物质时似乎把稀薄的东西和厚重的东西分开了,比如地球本身属于厚重的部分,而从陆地和海洋表面到天空尽头之间则是稀薄或布满气体的部分,这两类基本事物的比例虽不相等,但却适当。② 事实上,凝结于云层中的水和依附于地表的风都不会扰乱事物的性质和适当的比例。其实,稀薄或气态的物质(thin or pneumatic)与厚重或有形的物质(gross or tangible)之间的区别最为根本,在宇宙系统中也最为常见。③ 它源自所有事物中最简单的

---

① 本文主要关注宇宙的实质和结构,因为它揭示了天体运动。
② 培根可能已经隐微地表示,他的系统是就有形和气态之差别而言的,这比特勒肖的系统更好,后者是就不可能的冷热原理展开讨论的。
③ 有形和气态物质之间的区别是原初的,也即事物的基本性质;培根可能是从卢克莱修那里借用了原初质料这个词,对后者而言,始基就是事物的基本粒子,相关的例子见《物性论》,483–6:

状态，即物质的丰富性和稀缺性与其体积的比例关系（即密度）。此处所谓的气态物质（我是指那些简单且完美的物质，而不是复合而不完美的混合物），①显然是指空气和火焰。我们应将其视作两种完全异质的（heterogeneous）物体，而非顺应流俗的观点，认为火焰是燃烧的空气［即气位于火之上］。稀薄与厚重的区分在较上区域体现为以太和恒星的性质；在较下区域体现为水和油；再往下的区域是汞和硫，通常是粗糙和厚实的，或者说是疏离和蕴含火焰的（实际上，盐具有复合性，由粗糙的和可燃烧的部分共同组成）。

现在，对于空气和火焰这两大类，我们须得探究它们以何种契约占据了宇宙迄今为止最大的部分，及其在此系统中的角色。临近大地的空气只能供火焰燃烧片刻，随即便会熄灭。但在空气稀薄且受大地流射物（effluvium）污染较少的地方，火焰的性质会不断变换，最终达成某种特定的一致性，有时会保持一定的稳定性，但并非像我们这里，即地表上那样断断续续（succession）地维持，而是通过始终不变（consistent）的方式维持；在一些较低的彗星中这样的情况会存在一段时间，其性质大致介于断断续续和始终不变的火焰之间。然而，月球本体外面的火焰性质并非恒定，它以这样或者那样的方式保持燃烧，但火焰比较微弱，缺乏力量，辐射低，其生命力既不能靠自身壮大，也不能被相

> 物体可以分两种：一种是事物的始基，
> 一种是始基结合而成的东西。
> 始基没有什么能将其毁灭，
> 由于它们坚实的躯体，它们总是战胜的一方。

① 完美的气态物指有形的生命体和无生命体中的精气；不完美的气态物指烟雾和蒸气。

反的东西激活。此外，它并不完整，带有斑点，而且已被污染，因为月球附近的掺杂了月球上可见的以太物质。即使在水星区域，火焰的位置也不太有利，它只能聚集成一个小行星，该行星复杂多变，混乱无序，如同暗夜幽灵一般费力挣扎，不敢离太阳的怀抱太远。

接下来，当我们来到金星的区域时，火焰开始变得强大而明亮，能将自身聚集成有一定体积的星球，但也只能在太阳的活动范围内，不敢离它过远。

然而，在太阳区域，火焰的性质发挥得最好，诸行星上的火焰都以太阳上的火焰为尊，太阳上的火焰有着更大的逆流动性（antiperistasis）① 和极强的浓缩度，因而比固定恒星的火焰更加强劲且更易摆动。但火星区域的火焰看起来也很旺盛，火红的颜色显示它和太阳的距离很近，现在却主动与太阳分离，中间隔着一整个天体［即地球］的距离。

然而，在木星区域，火焰逐渐不再躁动，显得更加苍白无力，与其说这是由于它自身的性质（像金星那样，它无疑更加炽热），不如说是因为周围的性质不再焦灼和激越；伽利略也发现，天空开始变得星光璀璨，尽管其中一些星体小到看不见。但到土星区域，火焰又变得软弱无力，因为它和太阳相距甚远，又因离恒星天体太近而疲惫不堪。

最后，在最高天，恒星火取代了以太。以太和恒星火以不同的此例混合在一起组成了星空，就像地球是由土和水混合组成的，以太在不同的星体区域有不同的比重，越靠近最高天，以太

---

① 逆流动性是一种对周围相反性质反应极其强烈的性质。亚里士多德曾用它解释某种气象学的现象，见 S. K. Henninger Jr., *A handbook of Renaissance meteorology*, Duke University Press: Durham, NC, 1960, pp. 39 f.

的比重越小，直至完全被恒星火取代。

就此而言，我们发现大地到天空之间就火焰的性质来说可分成三个区域：火焰熄灭区，火焰统一区，以及火焰分散区。[1] 现在再去讨论软体和液体的相邻性和连续性就太老套了。尽管如此，我们必须明白，自然的习惯是先循序渐进地走一段路，再突然跃进，然后重复这一过程；若事物总是循规蹈矩地运动，那它就不会存在结构。就物质的展开而言，从土和水到气——即便是最浓稠最浑浊的空气——是多么伟大的一次飞跃啊！这些性质如此不同的物体居然能靠点和面连接起来，中间没有任何缝隙和断层。就物质的性质而言，从空气区域到月球的飞跃并不算小，同样地，从月球到恒星天体的飞跃更是巨大。因此，如果人们所说的连续性和相邻性不是指连接的方式，而是指被连接的物体的多样性，那就只能把我所提的这三个区域当成在它们的边界处相邻。

但为了更容易地支持或推翻它，我们必须搞懂我这个关于物质系统的理论究竟否定了什么东西，又肯定了什么东西。它否定了火焰是燃烧的空气这一常见的概念，肯定了空气和火焰是两种完全异质的东西，就像水和油，硫和汞那样的不同。它否定了吉尔伯特的观点，即认为离散的星球之间是一堆真空，而肯定空间充满了空气或者火焰。[2] 它否认月球是一种水态物质，也否认它

---

[1] 对照《对理智天球的说明》，培根在那里用自然的星光代替了自然的火焰；《对理智天球的说明》最为清晰地表述了推测中的自然志的理论基础。

[2] 这个结论源自文本的暗示，因为迄今为止本文从未明确提到过吉尔伯特和聚集的真空。该结论基于这样的观点，即固体的行星意味着星际之间的空隙是真空的，而气态物质的行星意味着星际之间的介质是气态的。这一观点只在这里出现过。可见，阅读本文的基础是看过《对理智天球的说明》，或者培根是先构思了《对理智天球的说明》，或是写作本文时他面前就有一本《对理智天球的说明》。对聚集和分散的真空的讨论见《新工具》（第2卷，第48则）。

是致密或固态的物体，而肯定它具有火焰的性质，如同天体火焰最初的雏形和最后的沉淀物，即便它缓慢且微弱，因为火焰不亚于空气和液体，也有着难以计量的紧密程度。① 它肯定火焰在其适当的位置上永恒不变地燃烧和熄灭，如同空气和水一样，而不像我们这里的火焰那样转瞬即逝，② 只能通过更新和补充才能使其质量保持断断续续地燃烧。它肯定火焰有一种吸引自己或将自己聚集成球状的性质，类似于土地的性质，但不同于空气和水，后者虽能聚集于星球的凹陷和缝隙中，但却无法形成完整的球体。③ 它肯定在适当的地方，也即星空，相同的火焰散布于无垠的宇宙中，尽管如此，以太和恒星的二分对立并未被搁置，火焰也没有进入单纯的穹顶（empyreum，即最高天）。它肯定星体才是真正的火焰，但天体火焰的活动绝不能归因于我们这里的（即地表）火焰活动，后者大多出于偶然。它肯定星体间以太和星体的关系就像空气和火焰之间的关系一样，但得到了升华和矫正。因此，我对宇宙理论和系统的实质有了如下想法。

我现在必须说一下天体的运动，我们似乎有理由认为，就任何整体而言，自然并非永不停歇（我现在不是在讨论微粒）。抛

---

① 培根经常使用雏形（rudiment）作为 tentamentum 的同义词（见《新工具》，第 2 卷，第 7 则），意指对某事的尝试或者不完美的认识，也即次级特性（in infimâ virtute）（见《新工具》，第 2 卷，第 25 则）。月球火焰的沉淀物：这不仅让人想起一个古代的观点，即认为月球是不洁的火焰，但也表明火焰是炼金的分离过程中所产生的重质部分或残留物；因此月球火焰是光谱的一端，而另一端则是被固定星体的火焰标记，它来自分离过程中的升华和矫正。

② 在《论本原和起源》中，培根把地上的火焰比作因堕落而跛足的火神。

③ 培根认为火焰"自然的"形式是圆球状的。

开辩证法和数学的微妙不谈,这一点非常明显地体现于如下事实:① 天体运动的速度是逐渐减弱的,最终或许会停在某种不动的状态,就两极而言,哪怕天体也会静止;如果排除不动性,系统便会解体。现在,如果存在某种具有不动性的集合和物质,我们似乎无须追问,就能证明这是由土元素组成的星球。因为物质稠密和紧实的堆积致使运动有迟钝和冷漠的倾向,这正如另一种相反的情况,即松散的展开会诱发敏捷和活跃的倾向。

特勒肖(他在其有关原初的冷的来源的书中复兴了巴门尼德的哲学)也并非做得不好,他不仅引入了同质性(coessentiality)和配对性(conjugation)(他也坚持这一点),还引入了热、光、稀薄和流动,以及与其相反的冷、暗、稠密和不动的亲和性与关联性,并将第一种关联的位置放在天上,第二种放在地上。但若静止和不动的确存在,那无限制的运动和完全的流动也应当存在,尤其是在相反的性质中。后者通常指旋转,这种情况在天体中很常见。因为圆周运动是没有限制的,这似乎源自物体的一种欲动(appetite/appetitus),其目的在于运动和追随自己,在于环绕自身,在于激发本性并使之乐在其中,在于可以自我调控的运动;相反地,直线运动就像一段朝向终点的旅程,到站后就放松懈怠,其目的在于抵达终点,然后停止运动。鉴于此,对于这种真正的、永恒的、被视作天体特有的旋转运动,我们必须认识它是如何显现自身、怎样控制其加速和减速的,它的一般运动又是什么。

现在,当我解释这些事情的时候,我会把花哨的数学(运动被简化为完全的圆心,要么是偏心圆,要么是同心圆)和空洞的

---

① 从这里开始,针对地球的静止状态,培根发展了一些他最重要的物理和形而上学论点。

闲谈（地球在整个宇宙的背景下被简化成一个点，而非数值），以及天文学家那些虚妄的工具统统扔到计算和表格中去。我会从天体运动之间的区别开始：它们有些是宇宙的，有些是交互的。我所谓宇宙的，是指它们的运动不单只要天体的许可（consent），还需要整个宇宙的许可；所谓交互的，是指其运动需要不同的天体相互配合。这是一个真切而且必要的区分。

因此，由于地球是静止的（现在对我来说这是更为真实的观点），显然，该天体的昼夜自转运动大约是 24 小时一轮；由东向西绕着某些点（所谓的南北极点）做旋转运动。该天体不能在可移动的两极上运行，除去我提到的那些点，其他的点也不行。现在，这一运动似乎才真正是宇宙的，因而也是奇特的，除非它允许减弱和偏离。这种运动能协同宇宙中其他可移动的天体，从恒星开始逐渐扰动到大地的内部，该运动不是通过某些暴力或扰人的强制手段实现的，而是通过一连串的许可。① 现在，此运动在恒星天体那里也是完全并且完整的，无论是在时间的测量上，还是在地点的完全复位上。但是，我们离上层区域越远，它在低速运动和离心运动方面就越不完美。

但我首先须得谈谈低速运动本身。据我判断，土星的昼夜移动过程极慢，以至于无法在 24 小时内绕行或复归原位；但恒星天体转得比土星快，将其差值乘以 30 年的天数，才等于该星体完整走一圈的时间。其他行星的情况大致如此——视其旋转周期而定，所以恒星天体的昼夜运动（单纯就其周期而论，不涉及转

---

① 即，任何参与宇宙运动的物体都不是出于强迫，它们的本质是"自然地"参与并达成一致。培根和弗勒卡斯图罗一样经常使用许可这个术语作为交感（sympathia）的同义词。

圈的大小）比月球的昼夜运动大约快一个小时。如果月球能在24天内走完一圈，那么这一差值就会多整整一个小时。所以那种广为人知的运动，即由西向东的对立和对抗运动，实乃行星固有，并不真实，仅是一种表象，源于恒星天体向西的快速推进，以及行星向东的降落回归。基于这一假设，显而易见的是，此种宇宙的运动速率会随着它的下降而有规律地减少，那么，无论是哪颗行星，离地球越近，它的速率就越慢。

但公认的观点却混淆了这种顺序，将其上下颠倒的同时赋予行星以一种自洽的运动，使其陷入一种荒谬的境地——即行星离地球（该观点认为地球的位置固定不变）越近，它们的速度就应该更快。天文学家草率地试图通过缓冲第一运动（primummobile）的力量来解释这件事，却失败了。但是，如果有人好奇，为什么恒星天体和月球间的空隙如此之大，而这种运动放缓得却如此之小，甚至不到一个小时（也即一个昼夜运动的二十四分之一），那就得记住，无论是哪颗行星，离地球越近，它们的轨道圈就越小，其旋转的周期也就越短，因此，如果我们把走一圈所减少的数值和一个周期所减少的时间相加，就会发现这一运动明显放缓了。

到此为止，我已经谈到了速度本身，比如行星（例如，在春分线或其他平行线以下的那些行星）只是被恒星天体和彼此超越，但仍在同一个轨道上。这就是简单的落后，不涉及斜度。但显而易见的是，行星不仅运行的角度不一样，也不会每一圈都回到该轨道的同一点上，而是会转向北方或者南方，这一偏转的极限是回归线，这让我们看到了倾斜轨道（Oblique Circle）及其极性的差异（Difference of its Polarity），正如极速的不等使我们发现了对抗运动。

现在，事物的本性其实根本不需要这种概念，只要我们承认螺旋线的存在（这是最接近感官和事实的），就可以解决问题并拯救这些现象了。此外（这是最主要的一点），这些螺旋线只不过是有缺陷的完整轨道，行星是很难接受这种情况的。正如物质在纯度和扩散上的退化一样，它们的运动也在退化。现在发生的情况是，就其速度而言，较高的行星移动得更快，而较低的行星移动得更慢，所以较高的行星只能做出近似的螺旋，以及接近圆形螺旋，但较低的行星则会形成更为明显和开放的螺旋。随着它们下降，它们触发偏离耀眼的速度和完整的圆周运动，这一偏离永远是有规律的。尽管如此，行星对此达成一致（虽然它们各有不同，但仍保留了许多共同的性质），即它们的偏转极限相同。土星不会在触发回归线之前回归，月球也不会在回归线以外游荡（至于金星的游荡，我们绝不能忽视一些人流传下来的东西），所有的行星，一旦抵达回归线，就会沿着原来的路线往回折返，它们拒斥小的螺旋运动，如我们所知，行星越接近地球的两极，其速率就越慢，相应的螺旋圆圈也就越小，而且运动的损失会导致收缩，这好像损害了它们的性质。①

尽管我们承认，无论是靠近两极还是赤道，固定星体都会保持它们的顺序和位置，一颗接着一颗，有着完美而稳定的一致

---

① 固定星体的性质是这样的，它们不介意日常的循环是非常大的（靠近天体赤道，固定的星体）还是非常小的（靠近两极的星体）。但行星显然不能在过大或者过小的轨道上长期运行，因为它们不会往两极偏离太远，也不会在赤道上停留过久。对此，培根对恒星性质和行星性质的区分是模糊的：按照他自己的推断，恒星的性质比行星更加混杂。或许培根在此使用混杂只是为了表示"不纯"的意思，以此表示恒星物质的纯净性和行星的简并性之间的区别，意指不纯的可能是因为行星未能模仿恒星的固定运转（summa & æquabili constantia），恒星无论在什么纬度都能保持这种状态。此外，行星的性质可能是混杂的，因为它们的螺旋运动既有圆形的又有直线的。

性，但是行星的性质并非如此，它们更为混杂，以至于根本不想承担更短或者更长的循环。既然如此，在我看来，尽管这些关于天体运动的观点似乎比运动的冲力（Compulsion）和斥力（Repugnance）、黄道带的不同极性、速度的颠倒顺序等类似的观点要好一些，而且计算起来还很方便，但绝不符合事物的本性。优秀的天文学家也并非没有注意到这些东西，但他们专注于技艺，痴迷于完美的圆圈，竭力追寻微妙的东西，还纵容败坏的哲学，也不屑于遵循自然。可如果一个人因为崇尚繁琐而蔑视朴素的事物，那么智者们对自然的这种蛮横态度甚至比大众的愚蠢和草率更加糟糕。然而，人类的才智即使达不到事物的水准，也偏要凌驾于它们之上，这是多么骇人并且普遍存在的罪恶啊。

我们现在须得探究一下，这种在南北极点上由东向西的单一而简单的圆圈运动和螺旋运动，是结束于天空的尽头，还是也会一直延伸到更低的物体那里。因为这些区域离我们很近，故而我们无法对他们（即天文学家）编造的有关天体的观点视而不见。因此，如果这些区域也有这种运动，那么我们所经历的运动与天上的似乎都符合共同的、宇宙的性质。首先，显而易见的是，该运动并不局限在天体的范围内。然而，我在预测海水的涨落时已经给这个问题提供了充分的证明和证据；因此，我建议读者参考这一确证的预测，我将继续讨论天体的其余运动。①

---

① 培根在此暗指他的"预测"，见《论海水的涨落》，他认为天体的昼夜运动也体现在风、潮汐和向磁极性上。本文临近结尾处，培根肯定了这些月下现象是昼夜运动的体现；他可能忘记了，本文的前些部分从来没有提到过这些问题。

我说过，这些不是宇宙的，而是交互的。① 除了我已经提到

---

① 培根很早就阐明了宇宙运动或昼夜运动和交互的（ad invicem）运动之间的区别。本文所提的其他运动或直接或间接地与后者相关。交互的运动包含了培根似乎一直不愿意正面解决的现象。对此，培根关于天体运动的一般理论并未提供现成的连贯解释。他抨击了六种错误的学说和运动原理，它们支配着人们对天体本性的传统思维，此外他还抨击了数学的虚构。他的批判围绕着对问题的解决方案而展开。这些受到批判的学说体现了（在他看来）对美学和形而上学简单的依附，以至于采用武断的物理和数学原则，不仅践踏自然，有时在实践中还会变得过于复杂。培根作品的其他地方均未区分交互的运动和昼夜运动，参照《新工具》（第 2 卷，第 48 则）："旋转运动有九个不同的要素。第一，中心点，物体围绕着它运动；第二，极点，物体围绕着它运动；第三，物体的周长或轨道，视它们与中心点的距离而定；第四，它们的速度，因为它们移动得更快或更慢；第五，它们运动的方向，如自东到西或自西到东；第六，它们与完美圆的偏差，在呈螺旋形运动时，它们或多或少都远离它们的中心点；第七，它们与完美圆的偏差，在呈螺旋形运动时，它们或多或少都远离极点；第八，它们的螺旋线彼此之间的距离远近；第九个也是最后一个，极点本身的差距，如果极点可动的话；最后一点和旋转无关，除非旋转是圆形的。"本文所提的四种交互运动如下：

1. 天体离地球忽近忽远。在磁力的作用下，行星会被拉到它们的远地点。

2. 行星也在黄道带的范围内向北或向南移动，由此形成了龙形轨迹。培根以一种古怪的口吻使用这个术语；在天文学的语言中，"龙"（dragons/dracones）通常指位于黄道以南的月球运动的路径。本文后面会解释，不要把该运动和第三个交互的运动混淆。

3. 天体运动的速度和方向各不相同。培根似乎想到了加速、减速、停留和倒退，亚里士多德和托勒密传统将这些归结于行星的周期性运动。培根不相信任何行星都有独立的周期性运动，但他又不得不解释停留、倒退和其他周期性现象，而这些现象没有一个与他对行星运动的单向理论吻合。看来他可能是想克服这些困难（这里的），即把谈及的这些运动和第二组交互的运动归结于以太的星际介质的不平等。

4. 每颗行星的运动都不会使它远离太阳超过一个固定的距离。这里培根无疑想到了行星的最大延伸率，尤其是水星和金星的最大延伸率。如同第一个交互的运动，这也是一个和磁力有关的运动。

的回归线内呈螺旋状的昼夜运动（即宇宙的运动），还有四种可见的天体运动：星体有时升得更高，有时降得更低，所以它们要么远离地球，要么靠近地球；有时在黄道带的两侧转来转去，向北向南循环往复，由此勾勒出移动的龙形轨迹（dragon）；有时它们的速率和运动方向也不一致（我把速率和运动方向这两者结合在一起），要么很快，要么很慢，要么前进，要么倒退，要么保持静止、停滞不前；有时会固定在某一点上，离太阳或远或近。我仅会概括性地给出这些运动的原因和性质，因为我的设想要求如此。

但是，为了确保并为我的理论开辟道路，① 我必须公开说明我对某些哲学观点的看法，还有天文学的假设和各个时代天文学家们的观察，后者是他们构建技艺的根据；这些理论在我眼里可谓漏洞百出，混乱不堪，与其说是公理，毋宁说是意见，哲学家们认同并错误地相信了这套理论，将其应用于天文学这门技艺，使之败坏。

我会直接面对并批判这些问题，因为我已没有时间逞口舌之快。其中的第一条是，从月球往上的一切事物都是不朽的，不会以任何方式受新生代或变异的影响。我在其他地方已经说过这是迷信和空谈。但是，从这一源头涌现出一个巨大的罪恶，那就是天文学家能在一切反常的现象上虚构出崭新和（他们臆想中）改进的理论，并且总是把永恒不变的原因归结为偶然的发生。②

---

① 培根现在开始对公认的天文学说的特点进行六点批判，该批判旨在为四种交互的运动所提出的问题扫清障碍并给出解决方案。
② 六条批判中的第一条是天体的不朽性，这在《对理智天球的说明》中已被否定，本文所谓"在其他地方已经说过"可能就是指在《对理智天球的说明》中提过。这种虚假的学说是培根最喜欢的主题之一，这与他对亚里士多德学说的批判有关，亚里士多德的学说将一种物理学应用于地面区域，另一种用于天体领域。

第二条是，天空由第五元素构成，缺乏基本的质料，故而它不能进行压缩、放松、排斥、让步（giving way）等类似的动作，因为这些动作需要具有基本性质的物体的某种坚硬性和柔软性。但这种自以为是的论断显然不假思索、罔顾事实。无论哪里的自然物体都会有与自身成比例的阻力。只要有自然物体和局部运动，就会产生排斥、让步、分裂，因为我所提的压缩、放松、排斥以及让步，和许多其他东西一样，是各地物质的普遍激情（universal passions）。因为这种谬论，我们看到了大量复杂且随意的圆圈，然而人们依旧坚信这些圆圈可以相互适应，一环套一环，顺畅平滑地移动和旋转，没有任何阻碍和波动——这些想法无一不是异想天开、不切实际的。[1]

第三条是，每个自然物体都有相对应的运动，如果有额外的运动，那么它们肯定全部（除了该物体本身适配的运动之外）来自其他地方和一些与之不同的运动体。再也找不出比这还要虚伪的理论了，物体在诸事物的相互作用下也被传导了许多运动，有些占据统治地位，有些处于服从地位，有些在没被激发前是隐匿的；任何对应的运动，无非就是一般运动的不同量度或者不同形式。这就是我们得到一个分离的第一运动的地方，即诸天之上的诸天，以及无穷无尽足以支撑这般复杂运动的新结构。[2]

第四条是，天体的所有运动均被置于完美的圆环上，这极其令人厌烦，也带来了那些偏离圆心和超过本轮（epicychic）的现象。他们但凡请教过自然就能发现，虽然有规律且均匀的运动是在完

---

[1] 这个论点可以作为解释第二种和第三种交互的运动的起点。

[2] 培根抨击所有物体均有对应的运动的观点，他认为这种观点导致人们虚构天体，并致使人们没有观察到天体运动可能被许可的。

美的圈圈上进行的,但有规律却形式多样的运动,如许多天体的运动,则是在其他的线路上进行的。吉尔伯特对此特别有发言权,他嘲笑道,自然不太可能拼凑出周长为(比方说)一英里或者两英里的轮子来承载一个拳头大小的球。因为行星本体和为了承载它而组成的轨道相比,似乎都不太大。

第五条是,星体是其自身轨道的一部分,就像被铁钉固定住一样。但这显然是那些只研究数学而不关注自然的人捏造的,他们只考虑物体的运动,却完全忘记了它们的实质,这是愚蠢的。因为此种固定性是紧凑的和始终不变的事物的一种特殊倾向,它们通过其各部分的压力紧紧相连。然而,这种固定性完全不可能应用于软体和液体。

第六条是,星体是其自身轨道中密度较大的部分,但真相是,星体既不是部分,密度也不大。它们和以太程度或有不同,但绝对是异质的,也即实质不同;这种物质的密度也低于以太,且更不紧凑。同样地,还有许多虚妄的意见,但就目前的打算而言,这些也够了。那么,对天体哲学的看法就到此为止了。

至于天文学家的假设,他们的反驳或多或少是无用的,因为没有人声称自己是正确的,况且只要每个人都对现象进行整理,他们彼此之间就会有差异和矛盾。如果你愿意的话,那就让它在天文学和哲学之间找到位置,好像有一个及时且合法的契约:天文学应该提供有利于减少计算的假设,哲学应该提供最接近自然的真相,并且天文学的假设不能损害事实的真相,而哲学的判断应该和天文学的现象相互协调。[①] 那么,对假设的讨论就告一段落了。

---

① 培根希望把数学式的天文学限制在预测的范围内,并把宇宙学的问题放在物理学的领域中。

至于天文学的观察，它们早已积累多时，正在不断泉涌，我希望人们对此保持格外的谨慎，以防在这些事情上变得像伊索寓言中的那只苍蝇一样——这是一个精妙的小故事——趴在奥林匹克运动会战车的扶手上，说："我掀起了多么大的尘土啊。"一些小型的观察有时也会出错，问题可能出在仪器上，或者肉眼，或者计算，还有可能是宇宙真的发生了某些变化，有了新的星系，新的星球和新的轨道。但我并不想看到人们在观察和记录的工作上有所懈怠，我认为应该想方设法地强化和巩固这方面的工作。我的意思是，在提出完美且绝对成熟的判断之前，我们不能轻易地放弃或更改假设。因此，既然我已经准备充足，我将对运动本身做一些一般性的评论。

如上所述，天体的宏大运动可分为四个类型：天空深处的运动，升起和降落；穿过黄道带所在纬度的运动，向北向南交替；黄道带方向的运动，时快，时慢，时前，时后，有时又静止不动；还有与太阳的延伸运动。毋庸置疑的是，既然它是一种南北交替的倾斜运动，那么纬度或龙形轨迹的第二运动，也能算作宏大的宇宙的运动，因为这些螺旋线同样也在南北回归线之间，只不过宇宙的运动仅有一条螺旋线，而另一种运动也是蜿蜒的，并且间隔小得多。对此，我并没有逃避。显然，太阳在黄道上永恒不断的运动并没有纬度和龙形轨迹，所以我绝不会再被这个观点困扰了，哪怕太阳在两条回归线之间的螺旋运动与其他行星有一些共同之处。因此，应该寻找这种运动和另外三种运动的其他来源。

此即我对天体运动的看法，它相对比较简单。我们须得看看它们否定什么，又肯定什么。它们否认地球在旋转。它们否认天体有两种运动，一种自东向西，一种由西往东，它们肯定赶超和回落。它们否认倾斜轨道和极性的差异，肯定螺旋状运动。它们否认一个分离的第一运动以及冲力，肯定宇宙的许可是系统的共同纽带。它们肯定昼夜运动不仅存在于天上，还存在于空气、水，甚至在（就其向磁极性而言）地壳中。它们肯定这种在液体中流动的和旋转的宇宙的运动在固体中也具有向磁极性和方向性，① 直到它达到真正的不动为止。它们否认星体像木板上的钉子一样固定。它们否认偏离圆心，本轮和类似的设计是真实的。它们肯定磁力运动或者在星群中活力四射的聚集运动，火焰能用它来召唤和吸引火焰。它们肯定行星体在自身领域内的运行和转动速度比其他的天体更快，② 后者在该行星领域内无疑转得更慢。它们肯定行星的以太的涌动、波动和来往，以及各种各样的运动均产于这种不匹配。它们肯定行星旋转的快慢必然由其在天空中的高低决定，这源于宇宙的许可。但与此同时，它们肯定，行星厌恶异乎寻常的速度，以及过大或过小的圆。它们肯定，金星和水星的微弱火焰因其性质贫乏而追随太阳，③ 伽利略的发现也支持这一点，事实上，木星的跟班是几颗小型的流浪星体。

当我站在自然志和哲学的门槛上时，我才意识到这些事情：一个人在自然志中浸淫得越深，他就越乐在其中。尽管如此，我

---

① 这清楚地表明，培根所考虑的是在本文中提及的第一个交互的运动。培根所说的火焰吸引火焰，意指恒星和行星（由天体火焰构成的）相互吸引。

② 天体的以太比行星的运动要慢得多，因此，人们认为这就是第三种交互的运动。

③ 培根的意思是，相关的天体并未分别离太阳和木星过远。他既不是说水星和金星绕着太阳转，也不是说伽利略发现的卫星绕着木星转。

再次声明,我不想受到这些东西的约束。因为它们和其他东西一样,虽然我能掌控自己的道路,但却无法把握自己的处境。但我已经说得够多了,这是以防有人认为我是出于判断不准或无力肯定而选择了否定性的问题。因此,既然我讨论的是天体,那么我就会像它们一样,保持一个统一的可变路径。

对自然志和实验志的规划

对自然志和实验志的说明
——作为真正哲学的基础

我将《伟大复兴》分成若干板块发表，是为了不让其中的某一部分陷入危险。出于同样的原因，我将在此附上这部作品的另一小部分，并与方才所述的内容一同发表。这是一篇概述自然志和实验志的文章，内容真确又详实，当然，我会对它进行适当的加工，以此为哲学奠基，也为后来的解释者提供方便。① 等我正式研究

---

① 对照《宇宙现象》和《对理智天球的说明》。本文所谓的"历史"（historia），即对实验考察的记录，此词在培根时代意指记录、描述、叙述（narrations）等呈现自然事物之属性、特征和卓越性（virtues）或本质的活动，一般不涉及具体的实践实验，与自然哲学相对，如亚里士多德的《动物志》、老普林尼的《博物志》中的"志"（自然志的用法最早出于此）便是此意。这与我们现代人所理解的历时性的历史学尚有不同。后世所谓"培根式"的自然志，皆源自培根对自然志的编排，如英国皇家学会的第一个项目——对诸如天文学、贸易、农业、航海、制衣等技艺的历史的编纂，便是受培根启发，参照本文"特定的自然志之标题的目录"，值得注意的是，培根此时的"历史"的目标是对自然物进行描述、分类和命名，而不是研究自然随时间所发生的变化或者对其进行实际的干预，换言之，natural history 更倾向于观察记录，而不是实施实验。就培根而言，他坚定地认为，自然志是科学知识的真正基础和出发点，事实上，他本人发表过若干"自然志"，如《风志》（*Historia Ventorum*）、《生死志》（*Historia Vitae et*

《规划》的时候会给它预留位置。不过,我觉得现在就是引介它的最佳时机,那就不等了吧。因为这种历史记录,如我设想和即将描述的那样,是一件十分复杂的事情,不付出艰苦的劳动和卓绝的代价是不可能完成的;另外,它还需要许多人的帮助,是一项皇家的事业(就像我在别的地方说的那样)。所以我想到,如果有其他人愿意着手参与这些事情,那也不妨一试。若能如此,我将继续完成我最初的设计,但这部分内容实在太过繁琐,可能一辈子(如果神明保佑的话)都实现不了,因此需要其他人和我一道努力,毕竟我一个人的力量(如果没人帮我)很难征服这片领域。我自己或许能够把握那些与理智本身相关的工作,但理智所需的材料极为分散,所以我们不得不雇用代理人和中间商到处去搜寻它们并将其带回。

此外,如果连我也要在那些人人都能办到的事情上劳心费神,那就太不体面了。不过,为了实现我的目标,我还是会亲自阐述这一问题的主要部分,多多用功,进而准确地给出这类历史记录的方法和说明。当然,这是为了提醒人们不要走上错误的道路,也即不要将现在的自然志奉为圭臬,偏离了我的计划。同时,我必须再次强调一遍我常说的那段话:就算把古往今来所有的智者都聚集起来,让全人类的心思都在哲学上,即使地球上到处都是学术机构、专科院校和综合大学,只要没有我所描述的自然志和实验志,哲学和科学就不可能取得与上述事物相称的进展。反之,只要我们能很好地阐述这类历史记录,并加上一些在解释过程中会出现或必须被发现的附录,以及对人们有所启迪的

Mortis)、《密稀志》(Historia Densi et Rari)及最广博的《木林集》(Sylva Sylvarum)等,这些文章主要收集于 *Spedding* 版培根全集(14 卷)的第 2 卷(部分在第 3 卷)。

实验，那么很快便能审查完自然和所有的科学，或许短短几年就能办到。鉴于此，我们必须这样做，否则就只能放弃这项事业。因为只有这样，也唯有如此，我们才能建立起真正的、积极的哲学基础。到那时，人们才如梦初醒，觉察到明智的教条和臆想与真正且实用的哲学间到底有什么不同，并想清楚自己要问自然什么问题。

鉴于此，我将给这一历史记录的结构提出若干条一般性的规则；接着，我会列出它的具体图表，有时也会插入调查所需适应和提及的目标，并将其作为调查的具体事项，使人们充分地理解它并能据此做出有效的推断，例如想到那些可能被我个人所忽略的事情。我把这种历史记录称为初级历史（Primary History），或基础历史（Mother History）。

有关初级历史之结构的若干规定

一

自然有三种存在状态，并受制于三种不同的规则。其一是按自己的常规发展自己，也即自由的；其二是受乖戾的物质与蛮横的外力所迫，脱离了自然应然的状态；其三是受技艺与人类工事所限，也即被塑造的存在。第一种状态指自然的事物；第二种指怪异的事物；第三种指人造的事物。① 只有在人造物中自然才会

---

① 培根在此区分了三种事物，既自然的事物（species of things）；怪物（monsters）；人造物（artificial）。其中第一种即自然的物种（species，此词直译即物种或种属，可结合《创世纪》中神造物时的命令，"各从其类"（after his kind），每一物种在其自然的形式内都必然按照它们的种类进行这样或那样的活动，因而就其内在的发展活动而言是自由的，培根此处意指不受人类

接受人类的命令，并按其指示工作：如果没有人类，这样的事物便永远不会被制造出来。但有了人类的帮助和干预，另一个事物的宇宙才得以展开。因此，自然志包含三方面的内容，它涉及自由的自然、错误的自然和受限的自然，我们因而可以恰如其分地将它们分为物种志（*Generations*）、奇异志（*Pretergenerations*）和技艺志（*Arts*）；后者我也称为机械志或实验志。但我并未要求必须将这三者分开讨论。我们何不把物种志中的奇异志与物种志本身放在一起讨论呢？这是当然可以的。另外，人造物和自然物有时候也能适当地结合一下，不过有些情况还是需要分开处理，这样会更好。总而言之，我们最好根据实际情况来考虑这些事物。因为提前设置太多的方法意味着会有更多琐碎的过程，以及无用的结果。

技艺之外在干预或约束的在自然之中的事物，是以往自然志的研究对象），是符合理性且不可控的存在物；第二即怪物，是不合理性且不可控的存在物，系奇迹或说想象的产物，如人马、独角兽等；第三种即培根欲建立的自然志区别于古代自然志的关节所在，是符合理性且可控的存在物。人类可以通过隶属自身的技艺去改造其形式（*forms*），使之符合人类的认识，这是人类认识自然和控制自然的准备工作，它的最终目的是增添人类的现世福祉。显然，依其本身之方式运行的自然物并不具备此种特征，因此，培根自然志的重点是技艺的历史记录，其对象便是此处所说的人造物。相关说法可对照《宇宙现象》（培根在此将人造事物称为"自然事物最值得信赖的解释者"）；《对理智天球的说明》（第2-4章）；《工作计划》（计划三）；《新工具》；《学术的进展》（卷二，对应于培根知识分类之三种）；《论古人的智慧》（"普罗透斯或物质"）；另参 *Perez-Ramos, Antonio, Francis Bacon's Idea of Science and the Maker's Knowledge Tradition*. Oxford: Oxford University Press, 1988; "Bacon's forms and the maker's knowledge tradition", in *The Cambridge Companion to Bacon*, ed. by Markku Peltonen, New York: Cambridge University Press, 1996。

二

自然志,就其主题而言(如我所说)可分成三个方面,就其目的而言可分为两个方面:其一是了解它包含的具体事物,其二是用作哲学的初级材料和真归纳法的原材料与主题。而我们现在着手处理的正是后者,要知道,这是一项前无古人的事业:至今尚未有人正视过它。无论是亚里士多德,还是泰奥弗拉斯托斯(Theophrastus)、狄奥斯科里迪斯(Dioscorides),或老普林尼,都没将此作为自然志的目的。问题的核心在于:今后撰写自然志的人应该永远牢记这一点——他们不应想着怎么取悦读者,甚至不要以为自己的叙述能马上给出什么有用的东西;而应想着如何搜寻足够丰富多样的事物,以促进真公理的形成。只要铭记这一点,他们就会自己找到编纂历史记录的方法。毕竟目的决定方法。

三

但越是操心劳神的工作,就越要剔除那些装腔作势的花架子。因此,我应该告诫人们三件事,以精简他们的任务——我指的是那些徒劳无益的事情,它们只会平添人们的工作量,却没有哪怕丝毫的价值。

其一是,远离古籍及其引文和证明,也包括其中的争论、辩驳和相左的意见,总之就是所有和语言相关的东西都要扔掉。除非在值得怀疑的事情上,否则永远不要引用作者的话;除非是在紧要关头,否则永远不要引入争论性的言辞。我们应该彻底抛弃华丽的辞藻、空洞的比喻和喋喋不休的辩论以及其他言之无物的活动。同时,我们应该简明扼要不加修饰地记录那些被认可的事情，使之仅仅是一段叙述。要知道，没谁会像在商店陈列商品那样去搜集装点造船所需的材料或其他不讲究卖相的东西，因为造船这类活动的目的不在于使人赏心悦目，而是材料的周全，以及安置的妥当，后者是为了使之尽量少占用仓库的空间。所以说，这才是我们应该要做的事情。

其二是，我们在撰写自然志时没必要给物种作多余的说明和图解，对同一物种的奇异形态也不用过多着墨，因为这无益于我们的目标。要知道，这些奇形怪状的东西只是自然的一个玩笑或嬉闹的畸形产物。我们大可将其当作对象本身来观赏，漫步其中，也不失为日常的消遣；但对科学而言，它们能提供的信息就微乎其微，几乎是些废话了。

其三是，所有迷信的故事（我不是说神迹的故事，只要被报道的神迹看起来真实可靠，也不是不能接受）和仪式性的魔法实验应该完全杜绝。因为我不希望哲学在心智尚未成熟时的乳母——也即自然志——是一个爱听老妪讲寓言故事的人。也许某天（在我们对自然的研究稍微深入一点后），我们要对这类事情进行简单的审查。那时，如果这些沉淀物中仍残留着什么自然的德性，就可以将它们提炼出来以备日后使用。同时，它们应该被搁置在一边。即使是自然魔法的实验，我们也应该对其进行仔细且严格的筛选，再加以接受；尤其是那些源自实验者个人情绪——比如他们的共情和反感——的材料，他们一般非常懒惰，且惯于听信他人的意见，擅长胡编乱造。

使自然志摆脱上述三种累赘绝非易事，若不抓紧解决，它们（这些自然志的材料）就会堆积成卷。但这也不是全部。因为在一部伟大的作品中，被认可的内容必须简明扼要，而多余的内容必须剔除。尽管这种精简干练的文字不能给读者带来多大的乐趣，但一定要记住，我们现在所处的地方，仅仅是一个粮仓或材料库，其目的不是休憩或生活，只在我们需要某些东西的时候才走进去，而这样的需求便促成了下面的解释者的工作。

四

特别值得注意的是，我所要求和设计的历史记录，范围必须广，要以宇宙为尺度。换言之，不要让世界来适应（目前就是这样在做的）我们有限的理解力（narrowed understanding），而应该打开并拓宽我们的理解力，使之得以接受世界如其所是的真实形象。因为那种只考虑少数事物的做法已经毁了一切。那么，回到我刚才对自然志的划分——即物种志、奇异志和技艺志——接下来，我将物种志分成五个部分。① 第一部分是以太和天体；第二部分是大气层和空气区域（他们如此称谓），也即位于月球和地球表面之间的区域。不管什么种类的彗星，也不管它们的位置是高是低，我都把它们划到这部分（出于秩序的考量，暂不管事情

---

① 对照《对理智天球的说明》第四章。值得注意的是，培根的一般自然志的第四与第五部分，即更大的集合体和次要或更小的集合体（前者即自然中常见的物质，比如那些结构简单但体量巨大的东西，如土、水、气、火所构成的巨大事物；后者即结构复杂且精妙微小，用肉眼很难直接判断其成分的东西，如花鸟草木），意在说明较大的元素种类集合与较小的元素种类集合，两者成分上或有相同之处，区别仅在于物质聚集量的大小，可对参本文《目录》的第二、第三部分（见后文，即更大集合体/大质量志；次要或更小的集合体/物种志）。对更大的集合体和次要或更小的集合体的划分是培根不同于传统自然志地方，也是他的革新之处。但在《对理智天球的说明》中，培根显然未对此做进一步的探讨。有关元素之大小，也即物质精细程度的讨论可见《论事物的本性》。

的真相如何);第三部分是陆地和海洋;第四部分是诸元素(他们是如此称谓的),如火焰或火、气、水、土。然而,这些元素并非万物的第一本原,而是自然物体的主要成分。事物的性质是这样分布的——之所以宇宙中某些物体的数量或质量非常大,是因为它们的配置需要一种简单且显眼的物质结构,比如我上面提到的四种东西。而其他某些物体的数量很少,供应也不足,因为它们所要求的物质结构极其复杂精细,大部分都是有限和有机的。比如自然事物的种属——金属、植物、动物。鉴于此,我将前一种东西称为更大的集合体(Greater Colleges),后一种称为次要或更小的集合体(Lesser Colleges)。换言之,我所说的历史记录的第四部分讨论了那些更大的集合体,也即所谓的元素。不要因为我在第四部分提到了第二、第三部分出现过的气、水和土,就以为我把这些东西混为一谈了。要知道,第二、第三部分的历史记录是世界的组成部分,与宇宙的结构和配置有关。而历史记录的第四部分则包含它们自身的实质和本性,是其统一结构的若干部分,与整体无关。最后,历史记录的第五部分包含次要或更小的集合体或物种,此前的自然志大多都以此为研究对象。

至于奇异志——我指的是自然的神迹志——我已经说过,它可以和物种志放在一起讨论。而迷信的奇迹志(不管什么类型)我会单独讨论,它有一个专门的分区;因此我暂不涉及相关内容,等到我们对自然的研究更加深入后,再行商榷。

至于技艺志,以及被人类干预和改变的自然志,或实验志,我将其分成三个部分。它要么来自机械技艺,要么来自自由教育的操作部分(operative),或者是来自一些工艺和实验,它们尚未发展成为一门真正意义上的技艺,而且有时确实是在最平常的经验中出现，还没有上升到技艺的层次。

因此，只要完成了我所提到的所有这些事物的历史记录——也即物种志、奇异志、技艺与实验志——那就没有什么是我们不能提供的。换言之，这些材料可以为我们提供理解力所能理解的一切信息。到那时，我们将不再像被施了魔法的人一样，只能在小圈子里跳舞，我们的领域和征途将像世界的罗盘那样宽广无比。

五

在我提到的这些历史记录中，技艺志是最有用的，因为它展示了运动中的事物，且能更直接地指导实践。此外，技艺志还能揭开作为对象之自然的面具和面纱，尽管它们有着各色各样的形状和外观，通常是自然隐匿或遮蔽自身的手段。最后，技艺的烦扰无疑就像束缚普罗透斯的手铐，它展现了物质在最极限状态下的挣扎和努力。① 物体不会被摧毁或消灭，只会将自身转变成各种样态。因此，虽然技艺志看起来机械且不自由，但（姑且悬置所有的自负和傲慢）我们仍须全力以赴。

再者，对特定的技艺而言，那些展示、更改和预备自然物体与事物材料的技艺更受欢迎，比如农业、烹饪、化学和染整，以及制造玻璃、珐琅、糖、火药、人工火和纸张等类似物品的工艺。而那些主要是靠双手或器械之精细加工的技艺则不那么

---

① 对照《论古人的智慧》中的"普罗透斯或物质"；《论事物的本性》，第3节，培根认为处于运动中的物质之结构极为复杂精妙，而认识物质的结构又是理解物质嬗变和自然秘密的首要通路，相较于作用在物质上的外力而言，物质的内在配置更能反映事物的变更和转化。

有用，比如纺织、木工、建筑、磨坊和钟表制造等类似的工艺。但我们也绝不能忽视这些技艺，这既是因为它们当中尚有许多与自然物之变化有关的东西，也是因为它们能准确地提供关于局部运动（local motion）的信息，它们在很多方面都是非常重要的事情。

但在整个技艺志的收集过程中，有一点尤其值得注意并时刻铭记于心：除了与技艺本身之目的直接相关的实验外，我们也不能放过那些偶然出现的实验。例如，一开始是泥黄色的蝗虫或螃蟹在烤制过后会变成红色。这对烹饪来说没什么，但对探究红色的本性来说却颇有价值，我们看到，烧砖时也会发生同样的事。同样，肉类在冬季比夏季更易腌制，这不仅对厨师很重要——他可以借此掌握如何控制盐的用量，而且也是一个展现冷的性质和印象的好例子。因此，如果以为我只满足于收集各种技艺的实验以进一步完善它们，那就大错特错了。虽然大多数的情况下我并不反对这个说法，但我的意思是，所有的机械实验都应该像溪流一样，从四面八方涌入哲学的海洋。但是，如何在诸多实例中选出更重要的（这是主要的，要像狩猎一样拼尽全力去寻搜寻它们），便是一个从实例的特权（prerogatives）中学习的问题了。

六

在此，我也要重拾我在卷一第 99 则、119 则和 120 则格言中所阐述的内容，但现在姑且以规则的方式简要说明就够了。①换言之，对于这段历史记录而言，我所说的事物首先意指那些最

---

① 即《新工具》第一卷。

常见的东西——以往的人们认为无须浪费笔墨去记录这些事物，因为他们对此非常熟悉；其次是指不自由的、污秽的东西（因为"纯洁的人看一切都是纯洁的"，而且如果从维斯帕芗（Vespasian）的税收中得来的钱闻着不臭，那么，不管光和信息的来源如何，它们也都是香的）；[①] 再次是指的是那些琐碎的、孩子们所热衷的东西（毕竟我们要重新变得像小孩子一样）；最后是指那些看起来过于精细的东西，因为它们在自身之内是无用的。要知道，这段历史记录所要阐述的东西并不是因其本身而被收集的（如我所言）；所以说，它们的重要性也不应以其本身的价值来衡量，而应根据它们对其他事物的间接作用，以及它们对哲学所造成的影响来判断。

七

另一条规则是，所有与自然中的物体和德性相关的事物，都要（尽其所能地）进行编号、称量和定义。因为我们追求的是成果，而不是猜测。实际的成果来自物理学和数学的结合。因此，天体志中——行星的确切转数和距离，陆地和海洋志中——陆地的范围和它较之水域而言所占的浅层空间，空气志中——空气在

[①] 维斯帕芗（Vespasianus），罗马帝国第九任皇帝，发迹于行伍之间，最终在尼禄死后的帝国内战中夺得皇位，在任期间以极度的贪财著称，其名言"金钱永不臭"。曾征收过所谓的"尿税"。另外，据传维斯帕芗曾放任手下敛财，等他们捞足后再治罪，故当时的百姓传言："他把这些人当成海绵，在他们干的时候让他们吸水，过后则从他们身上挤出水来。"可参考[古罗马]苏埃托尼乌斯，《罗马十二帝王传》，谢品巍译，杭州：浙江大学出版社，2019，页351-355，即XVI-XXIII。

没有强大阻力的情况下能承受多大的压力，在金属志中——一种金属比另一种金属重多少，以及其他无数类似的细节都有待查证和记录。当我们无法获得精确的比例时，就必须借助于模糊的估量和比较。例如说（假如我们刚好不相信天文学家对行星间距的计算）月球在地球的阴影之内、水星在月球之外等等。另外，当我们不能求得均值时，不妨用极值代替。比如一块弱磁铁能举起数倍于自身重量的铁，那我们就可以讲最强的磁铁能举起比自己重六十倍的铁（这种情况我曾在一块非常小的军用磁铁上见过）。我足够清醒地认识到，这些经典的例子不常有，但在解释的过程中，在需要它们的地方，我们就不得不借助它们去寻求答案。即使这些东西仅仅出于偶然，只要它们不会打断自然志的进展，就也应该把它们录进去。

八

至于被录进历史的事物的可信度，要么确定无疑，要么尚且存疑，要么肯定不对。第一类事物应该被简单地记录下来；第二类事物应该加上一个限定性的注释，比如"据报道""他们认为""我从一个可信度高的人那里听说"等等。因为添加任何一方的论据都过于费力，而且必定会频繁地打断作者。这倒不会妨碍我们手头的工作，因为（对照我在卷一的第 118 则格言的说法）真正的公理很快就能检验并修正实验中的错误，除非这样的错误俯拾皆是。不过，假如这个例子很重要——不管是就其本身的用途而言，还是就由它而来的事物而言——那就理应记载作者的名号；除了姓名之外，也应该说清楚它是来自口头的报告还是书面的记载（就像普林尼在大多数的情况下所做的那样），或者更确切点，是否出自他本人的学识。还有，被记载的这些事发生在他所处的时代，抑或更早的时候。再有，如果这件事真的发生过，那就必然有许多见证人。最后，要说清楚作者是一个虚荣且轻浮的人，还是一个清醒且严肃的人等等，我们要注意的事项还有很多，它们都会影响证据的分量。

总而言之，有些东西虽然肯定不是真的，却家喻户晓妇孺皆知，之所以会这样，要么是因为疏忽大意，要么是因为人们用它打比方，如此口耳相传以致流传至今。（比如我们听到，钻石能强化磁铁，而大蒜会削弱它；又比如，琥珀能吸引除紫苏以外的一切东西，诸如此类。）这些流言仅靠默默拒绝是不够的，必须明文驳斥它们，以便科学不再为其所扰。

此外，把那些碰巧出现的虚荣或轻浮的来源记录下来也无伤大雅。例如，兰花球根（Satyrion）这种草本植物具有催情的功能，因为它的根茎呈睾丸状，据传维纳斯就曾被其激发情欲。[①] 可真实的原因是它每年都会长出一个新的球状根，但同时也保留着去年的根茎，所以才有了双球根。事情显然是这样的，因为新生的根总是结实多汁，而老旧的则像是枯萎的海绵。因此，如果我们看到一个沉在水里，另一个浮在水上，也就不足为怪了。尽管如此，这仍是一种令人不禁啧啧称奇的植物，也给它的其他德性增添了许多光彩。

九

还有一些规则可以放进自然志中，它们适于也更便于解释者

[①] "另一种品种的 satyrion 通常长在山里，人们相信只要用手握住它的根就可体验到它的催情作用，放入劣质葡萄酒送服功效更强……"参老普林尼，《自然志》（即《博物志》），B26：62。

的工作。共计五条，详情如下：

其一，应该增加一些问题（我说的不是原因，而是事实），以促成和激励人们更深入地调查。如在陆地和海洋的记录中，里海是否也有潮汐现象，如果有，它的间隔是多少小时；南半球是否也有大陆，还是只有岛屿等等。

其二，要在新的和更精细的实验中加上记录实验方法，以便人们可以自行判断，从此实验中获取的信息是可信还是荒谬的；它还能激发人们的热情，使人们去探索更精确的方法。

其三，无论哪条叙述，只要其中有可疑的地方，就绝对不能置之不理，要以注释或建议的方式将此疑难清楚明白地记录下来。因为我想以最虔诚的态度来编纂这段初级历史，使每一个细节都像经文里的誓言一样；仿佛它就是上帝之书，是圣经的第二形式（就天界之物的尊荣与地界之物的卑鄙相比）。①

其四，如老普林尼那样，偶尔穿插一些观察也未尝不可。比如，在陆地和海洋的记录中，陆地的形状（就目前所知）相较于海洋而言，南部狭窄，往北则愈发宽阔；海洋的形状与此

---

① 培根所处时期的一个流行说法是，神通过两种不同的途径向人类显示自己，一是神启的圣经，它记载着神的意识（言行）；二是神创的自然世界，也即所谓的"自然之书"，它们共同彰显着神的大能，但当时的智识人大多都认为，研究自然世界能更贴切地让人类领悟到神的神圣和伟大。比如波义耳（R. Boyle）曾称哲学家为 priests of nature（自然牧师），认为哲学家们的职责就是阐述并揭示隐匿于自然深处的信息，进而礼赞造物主的权能和伟大。相关说法可参考［澳］P. 哈里森：《科学与宗教的领地》，张卜天译，北京：商务印书馆，2019，页 90–94；［美］L. 普林西比：《科学革命》，张卜天译，南京：译林出版社，2013，页 31；J. Agassi, *The Very Idea of Modern Science: Francis Bacon and Robert Boyle*, New York: Springer Science & Business Media, 2013, p. 157.

相反——大洋以南北通路的方式横贯大陆,而非以东西走向;但两极地区的情况或许有所不同。再补充一些规律也挺好(它们只不过是某些一般且普遍的观察),比如在天体志中,金星与太阳的距离从未超过46度;水星与太阳从未超过23度;位于太阳之上的行星在离地球最远的地方运动得最慢,而位于太阳之下的那些行星则更快。

另外,还有另一种观察方法可被采用,虽说它很重要,但尚未被应用,那就是同时列举既有(which are)事物和未有的事物。比如在天体志中,我们没有发现任何呈长方形或三角形的星体,所观察到的都呈球形。它们或是简单的球形,如月球;或是表面呈角状,但中间仍是球形,如其他星体;或是表面光芒四射,但中间还是球形,如太阳——这些星星毫无秩序地散布于天空之中,故而我们看不到五角形、四角形或其他规则图形的星星(不管人们怎么称呼三角形、皇冠形、十字形、战车形等图案)——甚至连一条直线都没有,除了猎户座的腰带和短剑是个例外。

其五,这对研究者或许有益——对信仰者却是毁灭。扼要地回顾一下现在所收到的意见及其种类和派别,差不多就是这样,它们可以触动并唤醒理智,如此而已。

十

这便足以说明一般的规则了。如果人们认真地遵守,那么历史记录的工作就会径直走向它的目标,并在规定的范围内一往无前。即使限定了范围,这对那些无精打采的人来说,仍是一项浩大的工程——让他去图书馆吧。其中,一则看看民法和教会法的正文，一则看看医生和律师们的评注，看看两者在体量上有什么不同。因为我们（作为忠实的抄写员，我们只记录自然法则本身）钟爱简洁——这几乎是迫于形势，而意见、学说和思辨则是无穷无尽、没完没了的。

鉴于我在《工作计划》（*the plan of the work*）中已经谈到了自然的基本德性（Cardinal Virtues），也说过在开展解释者的工作之前，必须先收集并撰写这些德性的历史记录——我没有忘记这一点，只是我把这部分的工作留给了自己——因为人们对自然的理解尚不充分，所以完全相信他人在这个问题的努力无异于一场豪赌。

接下来就应该划定具体的历史记录了。但目前我还有很多其他的事情要做，所以我只能抽空附上一份它们标题的《目录》。等我有空，我再就其中的几个主题草拟一系列问题，并说清楚这些历史记录的哪些方面尤其需要我们去探究和收集，这一切都是为了达到我所期待的目的——就像一种特定的主题。换言之，我的意思是（按照民事诉讼的惯例来说），在这个由神圣的恩典和圣意（人类借此寻求恢复其对自然的权力）所授予的伟大请求和诉讼中，我们要以审讯的方式来检查自然本身和技艺。

特定的自然志之标题的目录

1. 天体的记录，或天文志。
2. 天穹及其部分与地球及其部分的构造的记录，或宇宙志。[①]

[①] 宇宙志（cosmographia）一词最早于16世纪中叶出现在费拉拉（Ferrara，意大利北部城市），包括地理学和托勒密天文学。

3. 彗星志。

4. 火流星志。

5. 闪电、雷电、雷及闪光的记录。

6. 风、疾风及波动气流的记录。

7. 彩虹志。

8. 云志，它们如上所示。①

9. 蓝天、黄昏、幻日、幻月、日晕与太阳各种色彩的记录，以及因媒介导致的诸天面貌的多重变化之记录。

10. 阵雨、中雨、暴雨和大雨的记录，还有水龙卷（他们是这么叫的）等的记录。

11. 冰雹、降雪、霜冻、白霜、雾、露水等的记录。

12. 从上方产生后落下或降下的一切其他事物的记录。

13. 除了雷声之外的上层区域所发出的声响的记录（如果真有的话）。

14. 作为整体而言的空气的记录，或世界的构造。

15. 季节或气温的记录，以及按照时间和年份的偶然变化所带来的地区差异的记录：如洪水、高温、干旱等。

16. 陆地和海洋的记录：关于它们的形状和方位、相互之间的形状对比；它们的扩大或缩小；海中的岛屿；海湾、陆地内的盐水湖；地峡和海岬。

17. 陆地和海洋之运动的记录（如果有的话），及可以收集这种运动的若干实验。

---

① 培根这里的意思可能是云志的情况与上述几种记录一致，或只与彩虹志一致；也可能培根此时正在探究记录云的情况，并将结果附在这句话的上方。但根据现有文本来看，培根并未记录过云的情况。

18. 陆地和海洋剧烈运动和颤动的记录：陆地的地震、震动和抖动、新出现的岛屿；漂浮的岛屿；水流入海时对陆地的破坏、冲击和覆盖及海水的倒灌；大地上的火山喷发；大地上的洪水；诸如此类。

19. 地理志：与山脉、山谷、森林、平原、沙滩、沼泽、湖泊、河流、激流、泉水等各种走向有关；它们将国家、行省、城镇等行政区划彼此分离。

20. 潮汐的记录，及潮流、波浪等海洋运动。

21. 其他有关海洋之状况的记录，它的含盐量、色彩、深度，以及海底的岩石、山脉和山谷等。

更大的集合体的记录/大质量志

22. 火及被它点燃的事物的记录。
23. 气志，谈其实质，而非世界之构造。
24. 水志，谈其实质，而非世界之构造。
25. 土及其样式的记录，谈其实质，而非世界之构造。[①]

次要或更小的集合体志/物种志

26. 纯金属志：如金、银；矿山、矿脉、白铁矿；在矿山上的工作。
27. 水银志。

---

① 对照本文《若干规定》的第四部分原文；本节原文 Histories of the Greater Masses，下一节为 Histories of Species。

28. 化石志：如硫酸、硫磺等。①

29. 宝石志：如砖石、红宝石等。

30. 普通石头志：如大理石、试金石、打火石等。

31. 磁石志。

32. 既不完全是化石也不完全是植物的复合物：如盐、琥珀、龙涎香等。

33. 金属和矿物的化学志。

34. 植物、乔木、灌木、草本的记录：它们的器官，如根、茎、干、叶、花、果实、种子和树胶等。

35. 植物的化学志。

36. 鱼志，及它们的器官和繁衍。

37. 鸟志，及它们的器官和繁衍。

38. 脊椎动物志，及它们的器官和繁衍。

39. 蛇、虫、蝇等虫类，及它们的器官和繁衍的记录。

40. 动物分泌物的化学志。

人类的记录

41. 人的体型和四肢的记录：他的身形、骨架、面容和五

---

① 此处的化石（fossils，来自拉丁词 fodio［挖掘］）是亚里士多德意义上的用法，并非完全是我们现在的理解，即古生物或古迹的遗骸或遗迹；亚里士多德指的是自然形成的矿物，即现代化学所谓的"无机离子化合物"（旧称矿物质，常以正价金属离子和负价阴离子结合的方式存在），或"无机盐"，如培根此处所说的硫酸石、硫磺，对照《宇宙现象》《论本原和起源》。根据《论矿物》（De Mineralibus，一部伪作）的说法，化石源于在地表内部循环的一种石化浆。此外，伪亚里士多德主义者认为，太阳的热使烟雾在地球内部上升，形成金属和其他化石。参罗西：《现代科学的诞生》，页 231–232。

官的记录；根据种族和气候等差异各有不同。

42. 面相志。

43. 解剖学志，或人体内部的各种器官；以及它们的多样性，它们是以自然的框架和结构被观察到的，而不仅仅是以自然进程之外的形态，即疾病或意外的方式。

44. 遍布人体的结构器官的记录：如肌肉、骨骼和膜等。

45. 人的体液的记录：如血液、胆汁、精液等。

46. 人体排泄物的记录：如唾液、尿液、汗液、粪便、头发、体毛、脓液、指甲等。

47. 人体代谢的记录：吸收、消化、维持恒温、排泄、血液生成、外来营养被同化成人体的成分，血液和精气的转化等。

48. 自主与不自主的运动的记录：如心脏的运动，脉搏、打喷嚏、肺部的扩张和塌陷、勃起等。

49. 部分自然和部分暴力的运动的记录：如呼吸、咳嗽、小便、大便等。

50. 自发运动志：如发音的器官；眼球、舌头、咽喉、手、手指的运动；吞咽等。

51. 睡觉和做梦的记录。

52. 身体不同习惯的记录：胖、瘦；肤色等。

53. 人类繁衍的记录。

54. 受孕、受精、妊娠、出生等的记录。

55. 人类食物的记录：所有可食用的和可饮用的东西；所有的餐饮；不同国家之间各有差异。

56. 身体的成长和增长的记录，就整体及其部分而言。

57. 年龄志：幼年、少年、青年和老年；生命长短的记录，不同国家之间各有不同。

58. 生死志。

59. 疾病志，症候及其病状。

60. 护理和治疗以及患病的记录。

61. 养生和保健的记录。

62. 强身和健体的记录。

63. 愈合和康复的记录。

64. 药志。

65. 手术志。

66. 医药化学志。

67. 视觉及可见事物的记录。

68. 绘画、雕刻和塑像等的记录。

69. 听觉和发声的记录。

70. 音乐志。

71. 嗅觉和气味的记录。

72. 味觉和口味的记录。

73. 触觉和触碰对象的记录。

74. 性爱志，作为触觉的一种。①

75. 疼痛志，作为触觉的一种。

76. 一般的愉悦和痛苦的记录。

77. 情感志：如愤怒、爱慕和羞耻等。

78. 理智能力的记录：如反思、想象、论述和记忆等。

79. 自然占卜的记录。

---

① 此处原文"History of Venus, as a species of Touch."结合75和76，此处应是指让身体产生快感（pleasure）的触觉活动，而美神维纳斯通常可象征情欲和性爱。

80. 通灵志，或神秘的自然判断。

81. 烹饪志，这项技能属于屠夫和肉贩子。

82. 烘焙志，这种制作面包的技能属于磨坊主。

83. 果酒志。

84. 窖藏及各种饮料的记录。

85. 甜品和糖果的记录。

86. 蜜糖志。

87. 食糖志。

88. 乳制品志。

89. 沐浴和药膏的记录。

90. 有关身体护理的混合的记录：如理发、喷香水等。

91. 黄金加工的记录，及相关工艺的记录。

92. 毛织品志，及相关工艺的记录。

93. 丝织品志，及相关工艺的记录。

94. 亚麻织品、麻织品、棉织品、毛发制品等毛线纺织物，及相关工艺的记录。

95. 羽绒织品志。

96. 纺织物志，及相关工艺的记录。

97. 染整志。

98. 皮制品、制革及相关工艺的记录。

99. 布料和羽绒的记录。

100. 炼铁的记录。

101. 琢石的记录。

102. 制砖瓦志。

103. 制陶志。

104. 砌砖等活动的记录。

105. 伐木志。

106. 冶铅志。

107. 玻璃及玻璃质物品及相关冶炼工艺的记录。

108. 一般建筑的记录。

109. 马车、战车、轿子等物的记录。

110. 印刷、书籍、写作、印章、墨水、笔、草纸、羊皮纸等的记录。

111. 蜡志。

112. 编篮志。

113. 制作垫子、草帽、箩筐等物的记录。

114. 洗涤、冲刷的记录。

115. 农艺、畜牧和林业的记录。

116. 园艺志。

117. 养殖志。

118. 狩猎和捕捞的记录。

119. 战争术及相关活动的记录：如制造军械、弓、箭、步枪、大炮、十字弩、机关等的记录。

120. 航海术，及相关技术的记录。

121. 体育锻炼及其他健身运动的记录。

122. 马术志。

123. 各种比赛的记录。

124. 杂技和变戏法的记录。

125. 各种人造材料的混合的记录：如珐琅、瓷器及各种黏性物。

126. 盐矿志。

127. 各种机械和运动的混合的记录。

128. 尚未发展成一门技艺的常见实验的记录。

必须以纯数学的方式来撰写的记录，
尽管它们只是观察而非实验

129. 数字之性质和权能的记录。
130. 数形之性质和权能的记录。

其实，我们不难发现，许多实验理应被归入多个标题，而非放在一起讨论（比如植物志和园艺志虽有很多共同点），但为了方便起见，我还是按照技艺的种类去研究它们，并根据研究对象的类型来编排。因为我不太关心机械技艺本身怎么样——我只在乎它们对哲学贡献了什么。不过，随着相关案例的出现，这些事情将会得到更好的规范。①

以上就是我能想到的全部。

---

① 正如培根所言，《目录》中的大部分实验他都没有参与，尤其是各种具体的技艺，结合《论事物的本性》可知，比起特定的制造性技艺，他更关注组成事物之形式的字母表。"所有的术语，无论其种类多么繁复，都是由几个简单的字母构成的，正因如此，事物的所有行动和力量也都是由简单运动的若干性质和原始元素形成的。"另参《学术的进展》："要概括地研究构成词语的字音是不可能的，因为字母通过组合和变换组成的词语是无限多的。从另一方面来说，如果研究那些简单字母发音的形式，就比较容易进行。有了这种基础就可以归纳和证明所有词语的形式，它们只是由简单的形式组合或复合而成。"［此处译文参刘运同译本］综合 Perez-Ramos 的说法，在人类理解力可感知的诸多性质中，有的被赋予了比其他性质更高的本体论地位，这种形而上学的预设表达了一种观念，即自然通过组合这一系列基本的物理特性（如"生和死""密和稀""热和冷""重和轻"等基础性质）就能产生可被人类感官认知的各种事物。

图书在版编目（CIP）数据

迷宫的线团：培根自然哲学著作选 /（英）弗朗西斯·培根（Francis Bacon）著；程志敏选编；方云箭译. -- 北京：华夏出版社有限公司, 2025. --（西方传统：经典与解释）. -- ISBN 978-7-5222-0798-8

Ⅰ．B561.21

中国国家版本馆 CIP 数据核字第 2024UU1635 号

迷宫的线团：培根自然哲学著作选

作　　者	[英]弗朗西斯·培根
编　　者	程志敏
译　　者	方云箭
责任编辑	郑芊蕙
责任印制	刘　洋
出版发行	华夏出版社有限公司
经　　销	新华书店
印　　刷	三河市万龙印装有限公司
装　　订	三河市万龙印装有限公司
版　　次	2025 年 3 月北京第 1 版 2025 年 3 月北京第 1 次印刷
开　　本	880×1230　1/32
印　　张	9.25
字　　数	208 千字
定　　价	79.00 元

华夏出版社有限公司　地址：北京市东直门外香河园北里 4 号　邮编：100028
网址：www.hxph.com.cn　电话：(010)64663331(转)
若发现本版图书有印装质量问题，请与我社营销中心联系调换。

西方传统：经典与解释
Classici et Commentarii
HERMES
刘小枫◎主编

古今丛编

迷宫的线团　[英]弗朗西斯·培根 著
伊菲革涅亚　吴雅凌 编译
欧洲中世纪诗学选译　宋旭红 编译
克尔凯郭尔　[美]江思图 著
货币哲学　[德]西美尔 著
孟德斯鸠的自由主义哲学　[美]潘戈 著
莫尔及其乌托邦　[德]考茨基 著
试论古今革命　[法]夏多布里昂 著
但丁：皈依的诗学　[美]弗里切罗 著
在西方的目光下　[英]康拉德 著
大学与博雅教育　董成龙 编
探究哲学与信仰　[美]郝岚 著
民主的本性　[法]马南 著
梅尔维尔的政治哲学　李小均 编/译
席勒美学的哲学背景　[美]维塞尔 著
果戈里与鬼　[俄]梅列日科夫斯基 著
自传性反思　[美]沃格林 著
黑格尔与普世秩序　[美]希克斯 等著
新的方式与制度　[美]曼斯菲尔德 著
科耶夫的新拉丁帝国　[法]科耶夫 等著
《利维坦》附录　[英]霍布斯 著
或此或彼（上、下）　[丹麦]基尔克果 著
海德格尔式的现代神学　刘小枫 选编
双重束缚　[法]基拉尔 著
古今之争中的核心问题　[德]迈尔 著
论永恒的智慧　[德]苏索 著
宗教经验种种　[美]詹姆斯 著
尼采反卢梭　[美]凯斯·安塞尔-皮尔逊 著
舍勒思想评述　[美]弗林斯 著

诗与哲学之争　[美]罗森 著
神圣与世俗　[罗]伊利亚德 著
但丁的圣约书　[美]霍金斯 著

古典学丛编

伊壁鸠鲁主义的政治哲学
　　[意]詹姆斯·尼古拉斯 著
迷狂与真实之间　[英]哈利威尔 著
品达《皮托凯歌》通释　[英]伯顿 著
俄耳甫斯祷歌　吴雅凌 译注
荷马笔下的诸神与人类德行　[美]阿伦斯多夫 著
赫西俄德的宇宙　[美]珍妮·施特劳斯·克莱 著
论王政　[古罗马]金嘴狄翁 著
论希罗多德　[苏]卢里叶 著
探究希腊人的灵魂　[美]戴维斯 著
尤利安文选　马勇 编/译
论月面　[古罗马]普鲁塔克 著
雅典谐剧与逻各斯　[美]奥里根 著
菜园哲人伊壁鸠鲁　罗晓颖 选编
劳作与时日（笺注本）　[古希腊]赫西俄德 著
神谱（笺注本）　[古希腊]赫西俄德 著
赫西俄德：神话之艺　[法]居代·德拉孔波 编
希腊古风时期的真理大师　[法]德蒂安 著
古罗马的教育　[英]葛怀恩 著
古典学与现代性　刘小枫 编
表演文化与雅典民主制
　　[英]戈尔德希尔、奥斯本 编
西方古典文献学发凡　刘小枫 编
古典语文学常谈　[德]克拉夫特 著
古希腊文学常谈　[英]多佛 等著
撒路斯特与政治史学　刘小枫 编
希罗多德的王霸之辨　吴小锋 编/译
第二代智术师　[英]安德森 著
英雄诗系笺释　[古希腊]荷马 著
统治的热望　[美]福特 著
论埃及神学与哲学　[古希腊]普鲁塔克 著
凯撒的剑与笔　李世祥 编/译

修昔底德笔下的人性　[美]欧文 著
修昔底德笔下的演说　[美]斯塔特 著
古希腊政治理论　[美]格雷纳 著
赫拉克勒斯之盾笺释　罗逍然 译笺
《埃涅阿斯纪》章义　王承教 选编
维吉尔的帝国　[美]阿德勒 著
塔西佗的政治史学　曾维术 编
幽暗的诱惑　[美]汉密尔顿 著

古希腊诗歌丛编

古希腊早期诉歌诗人　[英]鲍勒 著
诗歌与城邦　[美]费斯格、纳吉 主编
阿尔戈英雄纪（上、下）
[古希腊]阿波罗尼俄斯 著
俄耳甫斯教辑语　吴雅凌 编译

古希腊肃剧注疏

欧里庇得斯及其对雅典人的教诲
[美]格里高利 著
欧里庇得斯与智术师　[加]科纳彻 著
欧里庇得斯的现代性　[法]德·罗米伊 著
自由与僭越　罗峰 编译
希腊肃剧与政治哲学　[美]阿伦斯多夫 著

古希腊礼法研究

宙斯的正义　[英]劳埃德-琼斯 著
希腊人的正义观　[英]哈夫洛克 著

廊下派集

剑桥廊下派指南　[加]英伍德 编
廊下派的苏格拉底　程志敏 徐健 选编
廊下派的神和宇宙　[墨]里卡多·萨勒斯 编
廊下派的城邦观　[英]斯科菲尔德 著

希伯莱圣经历代注疏

希腊化世界中的犹太人　[英]威廉逊 著
第一亚当和第二亚当　[德]朋霍费尔 著

新约历代经解

属灵的寓意　[古罗马]俄里根 著

基督教与古典传统

保罗与马克安　[德]文森 著
加尔文与现代政治的基础　[美]汉考克 著
无执之道　[德]文森 著
恐惧与战栗　[丹麦]基尔克果 著
托尔斯泰与陀思妥耶夫斯基
[俄]梅列日科夫斯基 著
论宗教大法官的传说　[俄]罗赞诺夫 著
海德格尔与有限性思想（重订版）
刘小枫 选编
上帝国的信息　[德]拉加茨 著
基督教理论与现代　[德]特洛尔奇 著
亚历山大的克雷芒　[意]塞尔瓦托·利拉 著
中世纪的心灵之旅　[意]圣·波纳文图拉 著

德意志古典传统丛编

论德意志文学及其他　[德]弗里德里希二世 著
卢琴德　[德]弗里德里希·施勒格尔 著
黑格尔论自我意识　[美]皮平 著
克劳塞维茨论现代战争　[澳]休·史密斯 著
《浮士德》发微　谷裕 选编
尼伯龙人　[德]黑贝尔 著
论荷尔德林　[德]沃尔夫冈·宾德尔 著
彭忒西勒亚　[德]克莱斯特 著
穆佐书简　[奥]里尔克 著
纪念苏格拉底——哈曼文选　刘新利 选编
夜颂中的革命和宗教　[德]诺瓦利斯 著
大革命与诗化小说　[德]诺瓦利斯 著
黑格尔的观念论　[美]皮平 著
浪漫派风格——施勒格尔批评文集　[德]施勒格尔 著

巴洛克戏剧丛编

克里奥帕特拉　[德]罗恩施坦 著
君士坦丁大帝　[德]阿旺西尼 著
被弑的国王　[德]格吕菲乌斯 著

美国宪政与古典传统

美国1787年宪法讲疏　[美]阿纳斯塔普罗 著

启蒙研究丛编
动物哲学　[法]拉马克 著
赫尔德的社会政治思想　[加]巴纳德 著
论古今学问　[英]坦普尔 著
历史主义与民族精神　冯庆 编
浪漫的律令　[美]拜泽尔 著
现实与理性　[法]科维纲 著
论古人的智慧　[英]培根 著
托兰德与激进启蒙　刘小枫 编
图书馆里的古今之战　[英]斯威夫特 著

政治史学丛编
布克哈特书信选　[瑞士]雅各布·布克哈特 著
启蒙叙事　[英]欧布里恩 著
历史分期与主权　[美]凯瑟琳·戴维斯 著
驳马基雅维利　[普鲁士]弗里德里希二世 著
现代欧洲的基础　[英]赖希 著
克服历史主义　[德]特洛尔奇 等著
胡克与英国保守主义　姚啸宇 编
古希腊传记的嬗变　[意]莫米利亚诺 著
伊丽莎白时代的世界图景　[英]蒂利亚德 著
西方古代的天下观　刘小枫 编
从普遍历史到历史主义　刘小枫 编
自然科学史与玫瑰　[法]雷比瑟 著

地缘政治学丛编
地缘政治学的黄昏　[美]汉斯·魏格特 著
大地法的地理学　[英]斯蒂芬·莱格 编
地缘政治学的起源与拉采尔　[希腊]斯托杨诺斯 著
施米特的国际政治思想　[英]欧迪瑟乌斯/佩蒂托 编
克劳塞维茨之谜　[英]赫伯格-罗特 著
太平洋地缘政治学　[德]卡尔·豪斯霍弗 著

荷马注疏集
不为人知的奥德修斯　[美]诺特维克 著
模仿荷马　[美]丹尼斯·麦克唐纳 著

阿里斯托芬集
《阿卡奈人》笺释　[古希腊]阿里斯托芬 著

色诺芬注疏集
居鲁士的教育　[古希腊]色诺芬 著
色诺芬的《会饮》　[古希腊]色诺芬 著

柏拉图注疏集
《苏格拉底的申辩》集注　程志敏 辑译
挑战戈尔戈　李致远 选编
论柏拉图《高尔吉亚》的统一性　[美]斯托弗 著
立法与德性——柏拉图《法义》发微　林志猛 编
柏拉图的灵魂学　[加]罗宾逊 著
柏拉图书简　彭磊 译注
克力同章句　程志敏 郑兴凤 撰
哲学的奥德赛——《王制》引论　[美]郝兰 著
爱欲与启蒙的迷醉　[美]贝尔格 著
为哲学的写作技艺一辩　[美]伯格 著
柏拉图式的迷宫——《斐多》义疏　[美]伯格 著
苏格拉底与希琵阿斯　王江涛 编译
理想国　[古希腊]柏拉图 著
谁来教育老师　刘小枫 编
立法者的神学　林志猛 编
柏拉图对话中的神　[法]薇依 著
厄庇诺米斯　[古希腊]柏拉图 著
智慧与幸福　程志敏 选编
论柏拉图对话　[德]施莱尔马赫 著
柏拉图《美诺》疏证　[美]克莱因 著
政治哲学的悖论　[美]郝岚 著
神话诗人柏拉图　张文涛 选编
阿尔喀比亚德　[古希腊]柏拉图 著
叙拉古的雅典异乡人　彭磊 选编
阿威罗伊论《王制》　[阿拉伯]阿威罗伊 著
《王制》要义　刘小枫 选编
柏拉图的《会饮》　[古希腊]柏拉图 等著
苏格拉底的申辩（修订版）　[古希腊]柏拉图 著
苏格拉底与政治共同体　[美]尼柯尔斯 著

政制与美德——柏拉图《法义》疏解　[美]潘戈 著
《法义》导读　[法]卡斯代尔·布舒奇 著
论真理的本质　[德]海德格尔 著
哲人的无知　[德]费勃 著
米诺斯　[古希腊]柏拉图 著
情敌　[古希腊]柏拉图 著

亚里士多德注疏集
亚里士多德论政体　崔嵬、程志敏 编
《诗术》译笺与通绎　陈明珠 撰
亚里士多德《政治学》中的教诲　[美]潘戈 著
品格的技艺　[美]加佛 著
亚里士多德哲学的基本概念　[德]海德格尔 著
《政治学》疏证　[意]托马斯·阿奎那 著
尼各马可伦理学义疏　[美]罗娜·伯格 著
哲学之诗　[美]戴维斯 著
对亚里士多德的现象学解释　[德]海德格尔 著
城邦与自然——亚里士多德与现代性　刘小枫 编
论诗术中篇义疏　[阿拉伯]阿威罗伊 著
哲学的政治　[美]戴维斯 著

普鲁塔克集
普鲁塔克的《对比列传》　[英]达夫 著
普鲁塔克的实践伦理学　[比利时]胡芙 著

阿尔法拉比集
政治制度与政治箴言　阿尔法拉比 著

马基雅维利集
解读马基雅维利　[美]麦考米克 著
君主及其战争技艺　娄林 选编

莎士比亚绎读
哲人与王者　[加]克雷格 著
莎士比亚的罗马　[美]坎托 著
莎士比亚的政治智慧　[美]伯恩斯 著
脱节的时代　[匈]阿格尼斯·赫勒 著
莎士比亚的历史剧　[英]蒂利亚德 著
莎士比亚戏剧与政治哲学　彭磊 选编

莎士比亚的政治盛典　[美]阿鲁里斯/苏利文 编
丹麦王子与马基雅维利　罗峰 选编

洛克集
洛克现代性政治学之根　[加]金·I.帕克 著
上帝、洛克与平等　[美]沃尔德伦 著

卢梭集
致博蒙书　[法]卢梭 著
政治制度论　[法]卢梭 著
哲学的自传　[美]戴维斯 著
文学与道德杂篇　[法]卢梭 著
设计论证　[美]吉尔丁 著
卢梭的自然状态　[美]普拉特纳 等著
卢梭的榜样人生　[美]凯利 著

莱辛注疏集
汉堡剧评　[德]莱辛 著
关于悲剧的通信　[德]莱辛 著
智者纳坦（研究版）　[德]莱辛 等著
启蒙运动的内在问题　[美]维塞尔 著
莱辛剧作七种　[德]莱辛 著
历史与启示——莱辛神学文选　[德]莱辛 著
论人类的教育　[德]莱辛 著

尼采注疏集
尼采引论　[德]施特格迈尔 著
尼采与基督教　刘小枫 编
尼采眼中的苏格拉底　[美]丹豪瑟 著
动物与超人之间的绳索　[德]A.彼珀 著

施特劳斯集
论法拉比与迈蒙尼德
苏格拉底与阿里斯托芬
论僭政（重订本）　[美]施特劳斯 [法]科耶夫 著
苏格拉底问题与现代性（第三版）
犹太哲人与启蒙（增订本）
霍布斯的宗教批判
斯宾诺莎的宗教批判

门德尔松与莱辛
哲学与律法——论迈蒙尼德及其先驱
迫害与写作艺术
柏拉图式政治哲学研究
论柏拉图的《会饮》
柏拉图《法义》的论辩与情节
什么是政治哲学
古典政治理性主义的重生（重订本）
回归古典政治哲学——施特劳斯通信集

＊＊＊

哲学、历史与僭政　[美]伯恩斯、弗罗斯特 编
追忆施特劳斯　张培均 编
施特劳斯学述　[德]考夫曼 著
论源初遗忘　[美]维克利 著
阅读施特劳斯　[美]斯密什 著
施特劳斯与流亡政治学　[美]谢帕德 著
驯服欲望　[法]科耶夫 等著

施特劳斯讲学录
维柯讲疏
苏格拉底与居鲁士
追求高贵的修辞术
　　——柏拉图《高尔吉亚》讲疏（1957）
斯宾诺莎的政治哲学

施米特集
施米特与国际战略　[德]埃里希·瓦德 著
宪法专政　[美]罗斯托 著
施米特对自由主义的批判　[美]约翰·麦考米克 著

伯纳德特集
古典诗学之路（第二版）　[美]伯格 编
弓与琴（第三版）　[美]伯纳德特 著
神圣的罪业　[美]伯纳德特 著

布鲁姆集
伊索克拉底的政治哲学
巨人与侏儒（1960-1990）

人应该如何生活——柏拉图《王制》释义
爱的设计——卢梭与浪漫派
爱的戏剧——莎士比亚与自然
爱的阶梯——柏拉图的《会饮》

沃格林集
自传体反思录

朗佩特集
哲学与哲学之诗
尼采与现时代
尼采的使命
哲学如何成为苏格拉底式的
施特劳斯的持久重要性

迈尔集
施米特的教训
何为尼采的扎拉图斯特拉
政治哲学与启示宗教的挑战
隐匿的对话
论哲学生活的幸福

大学素质教育读本
古典诗文绎读 西学卷·古代编（上、下）
古典诗文绎读 西学卷·现代编（上、下）